論語読みの論語知らず

——無学な者が論語を読むとこうなる

（下巻）

論語の正体

中国人の視点から論語を読むとこうなる——

山内勇吉

目　次

論語　巻第五

子罕第九

一　**子罕言利與命與仁、**

子、罕に利を言う、命と仁と。

※　金谷氏は読み下し文に関して、「徂徠は『罕に利を言う。命と与にし仁と与にす。』と読む。『罕に言う』を『利』だけにかける。」と付記しておられる。

【現代語訳】

先生は、利のことや運命のことや仁のことはめったに語られなかった。

【私の見解】

この章の言葉は解釈が別れるようだ。

〔集解・集注〕では、「子、罕に利と命と仁とを言う。」と読むが、〔荻生徂徠〕は、金谷氏の指摘のように「子、罕に利を言う。命と与にし仁と与にす。」と読む。私の訳は、〔集解・集注〕の解釈に従っている。金谷氏の訳は、

> 先生は利益と運命と仁とのことは殆んど語られなかった。

となっており、私と同様、〔集解・集注〕の解釈に従っておられることが分かる。

ちなみに、齋藤孝氏は、

> 先生は〈利〉（利益・利欲）についてはほとんど語られなかった。語られるときは、天命や〈仁〉とともに語られた。

と訳しておられるから、徂徠の解釈に基づいて訳しておられることが分かる。

私と金谷氏の訳だと、孔子は、利益・運命・仁のことは殆ど語らなかったということになり、齋藤氏の訳だと、利益については殆ど語らなかったが語る時は運命と仁についても語ったということになる。

漢語は実に不思議な言語であると言わなければならない。表意文字だけで成り立ってい

る言語の不思議と言えようが、これでよくまあ、意思の疎通ができるものだと、感嘆せずにはいられない。学者ではない私は、戸惑うばかりである。

それはさておき、孔子はよほど「利益」のことを語るのが嫌だったようだ。おそらく彼は、人間の利欲を忌むべきものと考えていたのであろう。利欲を抑えるところに、人間としての成長があると考えていたのかも知れない。

確かに、利欲は利己心と不可分のものであり、ときとして、人としての道を踏み外すモーティヴェーションとして働くことがある。だが、利欲を一面的に抑えるべきものとして扱ったのでは、人間行動の真の姿（現実）は分からない。

孔子の思想が、ともすれば現実逃避に傾き、綺麗事で彩られるのは、このあたりにも原因の一端があるのかも知れない。

「**子罕言利與命與仁**」（子、罕に利を言う、命と仁と。）が『論語』に載っているのは、利欲を忌むべきものとする孔子の思想を後世に伝えるためだと思われるが、現実逃避の綺麗事は、真に社会や時代を動かす力にはなり得ない。

事実、中国はその対極を行く国になった。利益の追求こそが彼らの正義なのだ。

国民レベルで見ると、その一つの象徴がたとえば「賄賂」の横行だ。身内の誰かが賄賂によって肥え太ることは成功の証であり、一族にとっての誉れなのだそうだ。

賄賂は、もちろん「悪いこと」（腐敗）だが、中国ではこれが「善いこと」（誉れ）になってしまうのだという。

石平氏は、何故そうなるかについて、次のように指摘しておられる。

「家族」「親族」を基準にして判断すれば、腐敗はむしろ「善いこと」であって、中国人にとっての「善」と「悪」はまったく反対のものとなるのである。（『中国人の善と悪はなぜ逆さまか』12ページ）。

こう述べて氏は、家族挙げてのすさまじい賄賂の実態を詳しく列挙しておられる。

国レベルで見れば、日本の固有の領土である尖閣諸島や沖縄に侵略の手を伸ばし、南シナ海を我が物顔で蹂躙する利己行動が進行中だ。これが中国という国の正義なのだから恐ろしい。

かくして中国は、今や、国民は利己心の権化となり、国は利己的な国益追求の権化となっているのである。

二　**達巷黨人曰、大哉孔子、博學而無所成名、子聞之、謂門弟子曰、吾何執、執御乎、執射乎、吾執御矣、**

達巷黨の人曰わく、大なるかな孔子、博く学びて名を成す所なし。子これを聞き、門弟子に謂いて曰わく、吾れ、何をか執らん。御を執らんか、射を執らんか。吾れは御を執らん。

【現代語訳】

達巷の村の人が、

「偉いねえ、孔子は。博学なのに〔これといった〕名声がない。」

と言った。先生はそれを聞かれると、門人たちに向かって、

「私は、何かやってみようかな。御者をしようか、弓引きになろうか。御者をしよう。」

と言われた。

※　金谷氏は訳文に関して、「これという専門を持たないことを謙遜した。本篇第六章参照。」と付記しておられる。

【私の見解】

さて、これは、村人が、孔子のことを、特別な専門の名声はないが博識であることを褒

めた話に孔子が反応して、「御者でもしようか。」と言った話かとはじめは思ったが、金谷氏の付記を参照してよくよく読んでみると、そうではないらしいことに気がついた。

村人は、孔子のことを、博識なのに取り立てて言うほどの専門的技術がないと皮肉ったのではないだろうか。そのことに反応して孔子が、「御者でもしようか。」と言った、そういう話ではないだろうか。その方が、文章全体の雰囲気にマッチしているように思われる。

弓を引くことと比較した上で御者の方を選んだ話になっているのは、孔子が「弓」という武器の方を選ばなかった平和主義者であることを暗示するためであろう。

もちろん、「御者でもしようか。」と言ったのは、孔子一流のジョークであっただろう。孔子は、取り立てて言うほどの専門を持たないことを、むしろ自ら謙遜して、このようなことを言ったのだという筋立てになっている。金谷氏の付記にあるように、本篇第六章にも孔子が謙遜する話が載っている。

この逸話が『論語』に載ったのは、孔子の博識と村人の皮肉にもジョークで受け流す孔子の謙った人柄を後世に伝えるためだと思われる。

孔子の教えを守ろうとする儒者たちにとっては価値のある逸話かもしれないが、私のような門外漢には、何ほどの興味もない話である。

この論語が、日本で人口に膾炙していることを私は寡聞にして知らない。

三　子曰、麻冕禮也、今也純儉、吾從衆、拜下禮也、今拜乎上泰也、雖違衆、吾從下、

子曰わく、麻冕は礼なり。今や純なるは倹なり。吾れは衆に従わん。下に拝するは礼なり。今上に拝するは泰なり。衆に違うと雖も、吾れは下に従わん。

【現代語訳】

先生は次のように言われた。

「麻の冕（冠）が本礼である。今の絹糸〔の冠〕は略式だ。私は皆のやり方に従おう。〔主君には堂の〕下に降りて拝するのが本礼だ。今では〔堂の〕上で拝するがこれは傲慢だ。皆に合わせるとはいえ、私は〔堂の〕下で拝することにしよう。」

※　金谷氏は訳文に関して、「倹約――麻冕はひとはば（漢制二尺二寸、今の約五十センチ）に二千四百本の麻糸をおりこむ手のこんだ布を用いるので、絹の方が簡単であった。」と付記しておられる。

ちなみに、金谷氏の訳は、

先生がいわれた、「〔礼服としては〕麻の冕（冠）が礼である。このごろ絹糸にしているのは倹約だ。〔そこで〕わたしもみんなに従おう。〔主君に招かれたとき〕堂の下に降りておじぎをするのが礼である。このごろ上でおじぎをしているのは傲慢だ。〔そこで〕みんなとは違っても、わたしは下の方にしよう。」

となっている。

【私の見解】

さて、これは孔子が礼式について述べている逸話である。当時、おそらく礼が乱れていたのであろう。それで孔子は、わざわざこのようなことを言ったものと思われる。

当時としては大切なことであったのであろう。『論語』にこれが載っているのは、孔子の礼に関する考え方を後世に伝えるためだと思われるが、礼式は国・地域や時代などによって異なるものであり、今日（こんにち）の教訓にはなり得ない。『論語』にはこのような話も載っていることを知るだけで十分ではないかと私は思う。

四　子絶四、母意、母必、母固、母我、

子（し）、四（し）を絶（た）つ。意（い）なく、必（ひつ）なく、固（こ）なく、我（が）なし。

【現代語訳】

先生は絶たれたことが四つあった。当て推量をしない、無理押しをしない、固執しない、我を張らない、この四つである。

【私の見解】

これは、孔子が四つのことを絶っていたという逸話であり、修験者(しゅげんじゃ)が修行の実(じつ)を上げるために自らに戒(いまし)めを課(か)す行為と同様の類(たぐい)の話と言ってよいだろう。

これが『論語』に載っているのは、孔子の自分に厳しい生き方を後世に伝えるためであろうと思われる。それ以上でもそれ以下でもないだろう。

五　子畏於匡、曰、文王既没、文不在茲乎、天之將喪斯文也、後死者不得與於斯文也、天之未喪斯文也、匡人其如予何、

子(し)、匡(きょう)に畏(おそ)る。曰(のたま)わく、文王(ぶんおう)既(すで)に没(ぼっ)したけれども、文(ぶん)茲(ここ)に在(あ)らずや。天(てん)の将(まさ)に斯(こ)の文(ぶん)を喪(ほろ)ぼさんとするや、後死(こうし)の者(もの)、斯(こ)の文(ぶん)に与(あず)かることを得(え)ざるなり。天(てん)の未(いま)だ斯(こ)の文(ぶん)を喪(ほろ)ぼさざるや、匡人(きょうひと)其(そ)れ予(わ)れを如何(いかん)。

【現代語訳】

先生が匡(きょう)の土地で危険に遭(あ)われた。そのとき、次のように言われた。

「文王は既に亡くなられたが、その文化はこのわが身にあるではないか。もし天がこの文化を滅ぼそうとするなら、私は、この文化に与(あずか)ることはできないはずだ。天がこの文化を滅ぼさないなら、匡の人間ごときが私をどうしようというのだ。」

※　金谷氏は訳文に関して、「匡の土地で……——魯の将軍の陽虎がこの地で乱暴したことがあり、孔子はその陽虎にまちがえられたのだという。衛から陳に行く途中で、孔子五十七歳のとき。述而篇第二二章参照。」などと付記しておられる。

【私の見解】

さて、これは、周の文王の文化を受け継いでいると自負する孔子が、匡の土地で危険に遭ったときに、「匡の者ども何するものぞ。」と息巻いたという話である。孔子には、文王の文化を受け継いだ自分がここにいるということは、天が自分を見捨てていないことだという自信があったことが窺える。文王の文化とは、文王が遺した聖人の道というほどの意味であろうか。

これは、孔子の天命思想の一端を示す逸話と言っていいだろう。孔子の毅然とした自信と意気込みが感じられる話だが、自分は天命を受けているという自信は、あくまでも孔子の勝手な思い込みに過ぎない。前章の「**子絶四、毋意、毋必、毋固、毋我**」とどこか矛盾するような気がするのだが、穿ちすぎだろうか。

この話は、孔子の教えを守ろうとする儒者たちにとっては神聖な逸話であったに違いなく、『論語』に収録されたのは当然であっただろうが、私のような門外漢には、たいした値打ちのある話ではない。

六　太宰問於子貢曰、夫子聖者與、何其多能也、子貢曰、固天縱之將聖、又多能也、子聞之曰、太宰知我者乎、吾少也賤、故多能鄙事、君子多乎哉、不多也、

太宰、子貢に問いて曰わく、夫子は聖者か。何ぞ其れ多能なる。子貢曰わく、固より天縦の将聖にして、又た多能なり。子これを聞きて曰わく、太宰、我れを知れる者か。吾れ若くして賤し。故に鄙事に多能なり。君子、多ならんや。多ならざるなり。

※　金谷氏は読み下し文に関して、「太宰――唐石経・通行本は『大宰』。天縦の……――後藤点では『天、これを縦して将ど聖』と読む。」と付記しておられる。

【現代語訳】

太宰が、子貢に、

「孔先生は聖人であろうか。実に何でもおできになる。」

と言った。子貢は、

「まことに、天与の大聖であられるし、しかも多能なのです。」

と答えた。先生はそのことを聞かれると、

「太宰(たいさい)は私のことをよく知っておられる。私は若い頃微賤(びせん)の身であったので、つまらぬことがいろいろとできるのだ。君子は多能なものだろうか。そうではあるまい。」

と言われた。

※ 金谷氏は訳文に関して、「太宰――六卿（六人の大臣）の一つの官名。呉の国の太宰嚭(ひ)であろうといわれる。聖人でしょうか――聖人という評判に疑問を持った（古注系）。」と付記しておられる。

【私の見解】

さて、この話は、孔子のことを聖人かと訊(たず)ねた太宰の質問に、子貢が「勿論聖人ですし、いろいろなことがおできになるのです。」と答えたところ、それを聞いた孔子が、「私は若い頃に貧しかったのでつまらぬことが何でもできるのだ。君子は何でもできるというわけではない。」と答えたという逸話である。

要するにこれは、孔子が、何でもできる能力をひけらかすことなく、「自分は君子でもないしまして聖人でもない。」と謙遜した話であり、孔子の人柄を後世に伝えるために『論語』に収録されたものと思われる。

孔子に心酔する儒者たちにとっては神聖な話に違いないだろうが、私にはさほど響かない。論語の一コマとして記憶に留めて置くだけで十分だと思う。

七　牢曰、子云、吾不試、故藝、

牢曰わく、子云まう、吾れ試いられず、故に芸ありと。

※　金谷氏は読み下し文に関して、「新注では前につづけて一章とする。」と付記しておられる。

【現代語訳】

牢が、

「先生は『私は任用されることがなかったので、何でもできるのだ。』と言われた。」

と言った。

※ 金谷氏は訳文に関して、「牢――孔子の門人の名。姓は琴、あざ名は子開または子張。ただし『史記』には見えない。　芸――上の『多能』と同じ。こまごまとしたことができる才能。」と付記しておられる。

【私の見解】

さて、孔子は、魯国を出奔(しゅっぽん)して14年間放浪の旅をしたが、それは、随伴(ずいはん)した子貢・子路・顔回などをどこかの諸侯国に仕官させることが目的であったようだ。本当は自分自身も仕官を強く願っていたらしい。

だが、孔子の思想は、空想的(くうそうてき)な綺麗事(きれいごと)の色合いが強く、乱世という現実には受け入れられなかった。孔子が、いろいろな細事(さいじ)をこなす能力を身につけたのも、放浪の旅によって鍛(きた)えられた結果だったのだろう。

牢(ろう)は、孔子が半(なか)ば自嘲気味(じちょうぎみ)に語ったであろう経験談を記憶していて、誰かに「**子云、吾不試、故藝**」と話した、それが言い伝えられて『論語』に収録されたのであろう。

なお、この章は、金谷氏の付記にもあるように、前章に含めて解釈している例も見られる。

八　子曰、吾有知乎哉、無知也、有鄙夫、來問於我、空空如也、我叩其兩端而竭焉、

子曰わく、吾れ、知ること有らんや、知ること無きなり。鄙夫あり、来たって我れに問う、空空如たり。我れ、其の両端を叩いて竭くす。

【現代語訳】

先生は次のように言われた。

「私が何を知っているだろう。私は無知なのだ。田舎の無知な者がやってきて、私に真面目な態度で訊ねるなら、私は質問の隅々まで十分に説明し尽くすまでだ。」

※　金谷氏は訳文に関して、「まじめな態度で――『空空如』、鄭注で素朴で真面目なさまという。もと『空空如』とあった。」と付記しておられる。

【私の見解】

さて、これは、孔子が、謙遜して自分のことをもの知りではないと言ったという話である。どんな人でも真面目に質問してくれれば、隅々まで丁寧に答えると言っているところも、いかにも孔子らしい。

孔子の人柄を伝える逸話として、『論語』に載せたものと思われる。孔子のヴィヴィドな

動静を伝える逸話であれば、どんなことでも収録したのであろうが、これは、取り立てて言うほどの逸話ではないように思われる。

九　子曰、鳳鳥不至、河不出圖、我已矣夫、

子曰（しのたま）わく、鳳鳥（ほうちょう）至（いた）らず、河図（かと）を出（い）ださず。吾（わ）れ已（や）んぬるかな。

【現代語訳】

先生は次のように言われた。
「鳳凰（ほうおう）は飛んで来ないし、黄河からは図版（ずはん）も出て来ない。私ももうこれまでだね。」

※　金谷氏は訳文に関して、「鳳凰も黄河の図版（河図（かと））も、聖天子の出現にともなう瑞兆とされる。聖天子のあらわれない現実を嘆いた。」と付記しておられる。

【私の見解】

金谷氏の付記にもあるように、この言葉は、孔子が、戦乱のない平和な世の中を導く聖天子の出現がないことを知って、慨嘆（がいたん）したものだと思われる。

この章は孔子が本当に言った言葉かどうか、見解が分かれているそうだ。孔子ほどの人が「**我已矣夫**」（吾れ已んぬるかな。＝私ももうこれまでだね。）などと絶望の言葉を吐くはずはない、という見解もあれば、本当に絶望して言ったのではなく、冗談として茶目っ気たっぷりに言ったものであって、孔子自身の言葉に相違ない、などという見解もあるのだという。

孔子自身が言った言葉だとすると、この言葉はいつ頃どういう状況の下で言ったものだろうか。

孔子自身の言葉だとする見解に立つ井上靖は、小説『孔子』の中で、自分が設定した孔子の架空の弟子・蔫薑に次のように語らせている。（ふりがなは山内がつけた。）

〝已んぬるかな〟という言葉を、このまま、子のお詞として受取れば、その戯れの口調の中にも、一種言い難い淋しい思いが感じられます。そうしたところから推すと、孔鯉、顔回の死に続いて、子路も亡くなり、御自分一人になってしまわれた時期に、ふと心をよぎった述懐ではないか、そのように思われてなりません。そして、それが何となく、〝鳳鳥至らず〟と結びついてしまったのではないでしょうか。そうなると、つまり子御自身がお亡くなりになる年か、あるいはその前年ということになりましょうか。

（中略）

本気で〝吾れ已んぬるかな〟などと、口からお出しになる子ではありません。若しもそうしたお気持ちが、お仕事とは無関係に、少しでも、どこかにおありの時があったとしたら、それは魯都にお帰りになった晩年の子を、孔鯉の死、顔回の死と、次々に悲しい事件が見舞い、そしてそのあとに置かれている孤独な子に、ひたひたと迫って来る老いと、死の影、その最晩年の一時期を措いては考えられません。それにしても、天はどうして、晩年の子に、あのように過酷であったのでありましょう。（264～269ページ）。

もし、「**鳳鳥不至、河不出圖、我已矣夫**」が孔子自身の言葉でないとすると、一体誰が言ったのだろう。おそらく、平和な世を作ろうとした志が報われることなく亡くなった孔子の心情を慮り、弟子の誰か、あるいは、後世の儒者の誰か、が創作した言葉だったのではなかろうか。

いずれにせよ、この言葉は、孔子の思想の無力を孔子自身が、あるいは弟子などが、証明した言葉だと言えなくもない。

つまり、孔子は、三千に余る弟子を指導し、14年も自分の思想を広めるべく放浪したにも拘わらず、乱世を鎮める力にはなり得なかった。放浪の末に魯の国に戻ったものの、その故郷でも何ほどのことも為し得なかったのである。愛弟子の顔回が若くして亡くなり、子路も内乱に巻き込まれて憤死した。その上に、自分の人生も終わりが見える年齢になって、孔子は否が応でも自身の無力を覚らざるを得なかったのではないか。「**鳳鳥不至、河不出圖、我已矣夫**」は、そのことを象徴しているのではないかと私は思う。

そのような言葉が何故『論語』に収録されたのか。「**子曰**」とあれば、儒者たちは収録しない訳にはいかなかったのであろう。『論語』に代表される儒学が、もともとこの種の脆弱性を内包したものであることを、この言葉の収録は物語っているのかも知れない。

一〇 **子見齋衰者冕衣裳者與瞽者、見之雖少者必作、過之必趨、**

子、斉衰の者と冕衣裳の者と瞽者とを見れば、これを見ては少しと雖も必ず作ち、これを過ぐれば必ず趨る。

※ 金谷氏は読み下し文に関して、「斉衰の者——猪飼敬所はこの下に『雖狎必変』の四字を補う。郷党変第二一章参照。 少しと雖も——新注の一説に『少』を『坐』に改めよとある。『坐すと雖も』。鄭注も同じ。」などと付記しておられる。

【現代語訳】

先生は、喪服を着た人や、衣冠束帯(いかんそくたい)をした人、そして目の不自由な人に遭(あ)うと、年少者であっても必ず立ち上がり、彼らの側(そば)を通り過ぎるときには必ず小走りになられた。

※ 金谷氏は訳文に関して、「斉衰の喪服――近親者のためにつける重い喪服で、父のための斬衰(ざんさい)に次ぐもの。」と付記しておられる。

【私の見解】

さて、この話は少し分かりにくい。私は、孔子がなぜ「冕衣裳(べんいしょう)の者(もの)」「冕(べん)の冠に装束(しょうぞく)した人」「瞽者(こしゃ)」を見ると彼らの側(そば)を小走りに通り過ぎるのかが分からない。

ちなみに、齋藤孝氏の訳を参照すると、次のようになっている。

> 先生は、喪服を着ている人、貴人の礼服を着ている人、目の不自由な人を見ると、御自分が坐っているときはさっと立ち上がり、歩いているときは小走りに通り過ぎて、敬意を表された。

この訳によれば、孔子は「敬意を表する」ために「冕衣裳の者」「冕の冠に装束した人」「瞽者」の側を小走りに通り過ぎたことがわかるが、原文のどこを見ても「敬意を表する」を示す文字はない。齋藤氏はどうして「敬意を表された。」と訳されたのだろうか。読みようによっては、孔子は「冕衣裳の者」「冕の冠に装束した人」「瞽者」を嫌っており、「彼らを見ると小走りに通り過ぎた。」との解釈も成り立ちそうだが、齋藤氏は、わざわざ「敬意を表された。」との訳をつけておられるのだ。

「冕の冠に装束した人」（齋藤氏の訳では「貴人の礼服を着ている人」）は、公務員を指していると思われる。当時の中国では喪服を着た人や公務員は一目置かれる風習があったという説があり、齋藤氏はどうもその説に依られたようだ。この説によれば、孔子もやはり、「公務員」には弱かったということになろうか。

では、孔子が「目の不自由な人」に敬意を表したと訳されたのは何故か。当時の中国では、楽師には目の不自由な人が多かったという説があり、音楽を教養の仕上げと考えていたほどの孔子だから当然目の不自由な人に敬意を抱いていたと齋藤氏は解釈されたのかも知れない。

なお、些細なことだが、「**見之雖少者必作**」の「少」を齋藤氏は「座」の意味にとっておられる。私の解釈とは異なり、齋藤氏は、新注の説に依っておられることが分かる。

この章が『論語』に収録されたのは、孔子の行動に関する記述であるため、収録せざるをえなかったのであろうと思われるが、真実のほどは私には分からない。

一一　**顔淵喟然歎曰、仰之彌高、鑽之彌堅、瞻之在前、忽焉在後、夫子循循然善誘人、博我以文、約我以禮、欲罷不能、既竭吾才、如有所立卓爾、雖欲従之、末由也已、**

顔淵、喟然として歎じて曰わく、これを仰げば弥々高く、これを鑽れば弥々堅し。これを瞻るに前に在れば、忽焉として後に在り。夫子、循循然として善く人を誘う。我れを博むるに文を以てし、我れを約するに礼を以てす。罷まんと欲するも能わず。既に吾が才を竭くす。立つ所ありて卓爾たるが如し。これに従わんと欲すと雖も、由なきのみ。

【現代語訳】

顔淵が、「ああ」と嘆息して言った。

「仰げば仰ぐほど高く、鑽れば鑽るほど堅い。前方におられるかと思うと、瞬く間に後ろにおられる。わが先生は、順序よくたくみに人を誘い、私を書物で博識にし、礼でひきしめて下さる。やめようと思ってもやめられず、私はすでに才能を出し尽くしているが、足場があって高々と立っておられるようで、ついてゆきたいと思ってもどうすることもできないのだ。」

【私の見解】

顔淵は顔回のことで、孔子の愛弟子であり孔門十哲の一人と言われているほどの高弟である。その顔回が、孔子という人物の偉大さをこのような形で表現しているのだ。文末の「**雖欲從之、末由也已**」（これに従わんと欲すと雖も、由なきのみ。）は強烈である。これは、読みようによっては、「もう、とてもじゃないがついて行けない。」ともとれるが、そう表現したくなるほど孔子は偉大だと言いたかったのであろう。

顔回は、41歳の若さで亡くなったと伝わっている。孔子は、顔回が早世したとき、人目も憚らず慟哭したということだから、師弟ともに肝胆相照らす間柄であったことが偲ばれる。

この顔回の言葉が『論語』に収録されたのは当然であろう。孔子の偉大さと高弟のことを後世に伝える話として、これに勝るものはそうそうあるものではない。

一二　子疾病、子路使門人爲臣、病閒曰、久矣哉、由之行詐也、無臣而爲有臣、吾誰欺、欺

天乎、且予與其死於臣之手也、無寧死於二三子之手乎、且予縱不得大葬、予死於道路乎、

子、疾病なり。子路、門人をして臣たらしむ。病、間なるときに曰わく、久しいかな、由の詐りを行うや。臣なくして臣ありと為す。吾れ誰をか欺かん。天を欺かんか。且つ予れ其の臣の手に死なんよりは、無寧二三子の手に死なんか。且つ予れ縦い大葬を得ずとも、予れ道路に死なんや。

【現代語訳】

先生が病気になられた。子路は門人たちを家臣にしたてた。病気が少し回復したとき、

「由がでたらめをしてもう長いことになるね。家臣などいないのにいるようにして、私は誰を騙すのだ。天を騙すのか。それに、私は家臣の手で死ぬよりも、むしろそなたたちの手で死にたいものだね。それに、私は立派な葬式はしてもらえなくても、道ばたで野垂れ死にはしないだろう。」

と先生は言われた。

【私の見解】

これは、孔子が死出の床についたと思った子路が、孔子を大夫の喪として大勢で立派に送ろうとしたところ、孔子がそれを窘めたという話である。

子路は、孔門十哲の一人に数えられる高弟である。師の葬送を立派にしたいと思うのは

人情として当然である。それをやんわりと窘めた孔子の奥ゆかしい人柄も賞賛に値する。孔子の教えを大切にする儒者たちにとって、この話はしびれるほどのインパクトがあったに違いなく、これが『論語』に収録されたのは当然と言えよう。

一三　子貢曰、有美玉於斯、韞匵而藏諸、求善賈而沽諸、子曰、沽之哉、沽之哉、我待賈者也、

子貢曰わく、斯に美玉あり、匵に韞めて諸れを蔵せんか。善賈を求めて諸れを沽らんか。子曰わく、これを沽らんかな、これを沽らんかな。我れは賈を待つ者なり。

※　金谷氏は読み下し文に関して、「善賈――徂徠の読み。善玉の真価を認める善き商人。新注は邢○の『疏』をうけて『善き賈』。賈を価とみる。」と付記しておられる。（○は日冠に丙の字）

【現代語訳】

子貢が、

「ここに美しい玉（孔子の比喩）があります。箱に納めて大切しまっておきましょうか。

それともよい買い手（よい君主の比喩）を求めて売りましょうか。」
と言った。先生は、
「売ろうよ、売ろうよ。私は買い手を待っているのだ。」
と言われた。

※　金谷氏は訳文に関して、「孔子に出仕の気持ちがあるかどうかを訊ねる比喩。」と付記しておられる。

【私の見解】

子貢は孔子のことを「玉（ぎょく）」と比喩（ひゆ）し、間接的な言い方で孔子に出仕の意志があるかどうかを訊ねている。「先生、出仕のご意志はございますか。」とかなんとか直接的な言い方をしていないところが論語らしいと言えば言えようか。

子貢の問いに、孔子は即座に「売ろうよ、売ろうよ。私は買い手を待っているのだ。」と、出仕の意志があることを即座に明確に答えている。

これまでも何度か触れたが、孔子はやはり仕官を強く希望していたことが分かる。先にも見たように、孔子には公務員を敬（うやま）う気持ちがあり、自分も公務員になりたい気持ちが強かったものと思われる。

余談だが、日本の孔子信奉者たちの中には、孔子のこの公務員志望についてはあまり考えたくないと思う人もいるらしい。今日の日本では、「公務員志望」は利己的かつ即物的でなんとなくよくない印象があるようで、孔子にそのような印象をにじませたくないという気持ちからのようだが、このような孔子観は、孔子の実相を見誤らせるのではないかと私は思っている。

孔子が公務員志望であったことは、「**子曰、沽之哉、沽之哉、我待賈者也**」（子曰わく、これを沽らんかな、これを沽らんかな。我れは賈を待つ者なり。）から分かるように、もはや疑いようのないことである。かつて彼は、魯の国の高級官僚であったのであり、官僚への返り咲きは、彼の悲願であったと考えて間違いない。14年にわたる中原の放浪も、畢竟、どこかの諸侯国に仕官するためのものだったと言っても過言ではないだろう。

これが『論語』に収録された理由は、私にはよく分からない。おそらく、「**子曰**」となっているものはすべて大切だと、儒者たちが考えたのであろう。

一四　子欲居九夷、或曰、陋如之何、子曰、君子居之、何陋之有、

子、九夷に居らんと欲す。或るひと曰わく、陋しきことこれを如何せん。子曰わく、君子これに居らば、何の陋しきことかこれ有らん。

【現代語訳】


先生が東方未開の地に住みたいと思われた。ある人が、

「野蛮なむさくるしいところですが、どうされますか。」

と言うと、先生は、

「君子がそこに住めば、何の野蛮なことがあろうか。」

と言われた。

※ 金谷氏は訳文に関して、「東方未開の地――『九夷』は九種の夷（東方の異民族）。」と付記しておられる。

【私の見解】

「東方未開の地」とは、前にも触れたように、具体的にはわが日本のことだと言ってよいだろう（陸続きで近しい関係にある朝鮮半島は眼中になかったものと思われる）。二千数百年以上も前から、中国は日本を未開の地として蔑んでいたのであり、孔子も例外ではなかったことが分かる。この姿勢は今も変わらない。彼らは、日本のことを「小日本」と侮蔑語で呼んで、悦に入っているのだ。

さて、この章は、中原では自分の思うような政治が行われないことに嫌気がさして、孔子が中国から逃げ出そうとする話である。

こともあろうに、「東方の未開の地（日本）にでも住もうか。」と言っている。それだけでも、私たち日本人からすればずいぶん失礼な話だが、弟子が「野蛮なむさくるしいところですが、どうされますか。」と訊ねると、孔子は、「君子である自分が行けばむさ苦しいところではなくなるよ。」みたいなことを言っている。本篇第六章などで述べていることと明らかに矛盾している。なんとまあ、不遜で傲慢な態度だろうと私は思う。孔子にしてこの有様である。昔から中国は、華夷思想に凝り固まっていることがよく分かる。

『論語』の罪というわけでもないだろうが、儒学思想の根底にもあるこの華夷思想が、中国という国の色合いを決定づけているように私は思う。

『論語』を編集した儒者たちは、何の疑いもなく、孔子の意気込みを表す逸話としてこの話を『論語』に収録したものと思われる。

ところで、この章の解釈は別れるようだ。

たとえば、ネットから得た資料によれば、孔子が自分のことを君子と呼ぶのは不自然で、文中の「君子」は単なる二人称、「諸君と一緒ならば」というほどの意味だとの見解もある。（宮崎市定『論語の新研究』）。また、君子は士大夫の通称だとの説も見受けられる。（荻生徂徠の説）。これらはいずれも、日本人らしい善意に基づく解釈ではないかと私は思う。**「君子居之、何陋之有」**（君子これに居らば、何の陋しきことかこれ有らん。）を「君子が住んでいるのだから、何もむさくるしいことはない。」とする解釈もあるようだ。しかし、その解釈では、文頭の**「子欲居九夷」**（先生が東方未開の地に住みたいと思われた。）とつじつまが合わなくなる。やはり、右の私の解釈が、文全体の流れから言って理に適っていると思われる。

一五　子曰、吾自衞反於魯、然後樂正、雅頌各得其所、

子曰わく、吾れ、衛より魯に反り、然る後に楽正しく、雅頌各々其の所を得たり。

【現代語訳】

先生は次のように言われた。

「私が衛の国から魯の国に帰ってきてから音楽は正しくなり、雅も頌も然るべきところに落ち着いた。」

※　金谷氏は訳文に関して、「雅も頌も――『詩経』の中の分類で、雅は朝廷の雅楽の歌、頌は宗廟の歌。これらの乱

れを整理した。」と付記しておられる。

【私の見解】

孔子は、教養の仕上げは音楽だと考えていたようで、放浪から魯に帰って音楽の乱れが気になっていたのであろう。それで、音楽を彼が考える正しい形に変えることに尽力した。その自負が、「**吾自衛反於魯、然後樂正、雅頌各得其所**」（子曰わく、吾れ、衛より魯に反り、然る後に楽正しく、雅頌各々其の所を得たり。）という言葉になったものと思われる。

これが『論語』に収録されたのは、孔子の考える音楽の形を後世に伝えるためだと思われるが、儒学や中国の礼や風俗に関心のない者には、取り立てて言うほどの値打ちのある話であるようには思えない。

一六　**子曰、出則事公卿、入則事父兄、喪事不敢不勉、不爲酒困、何有於我哉、**

子曰わく、出でては則ち公卿に事え、入りては則ち父兄に事う。喪の事は敢えて勉めずんばあらず。酒の困れを為さず。何か我れに有らんや。

【現代語訳】

先生は次のように言われた。

「外では高位高官に仕え、家では父兄に仕え、葬式では礼儀を尽くし、酒は飲んでも飲まれない。私には他に何があろうか。」

【私の見解】

これは、孔子の日常に関わる心得にまつわる話だ。

「公」とは太政大臣とか左・右大臣のことであり、「卿」は大・中納言や参議および三位以上の朝官のことで、いずれも朝廷の高官を指しているという。孔子はその高官によく仕えること、父や兄によく仕えること、葬式にはしっかりと勤めること、を挙げ、酒のうえの愚行（ぐこう）を戒めて、自分には他に何があろうか、と言っている話である。

孔子は、何故（なにゆえ）にこのようなことをわざわざ言ったのか。おそらく、仕官への悲願があり、その悲願を達成するための一種のキャンペーンとして言ったのではないかと思われる。

そうでなければ、このようなことをわざわざ言う理由が見当たらない。そもそも、何でもないときにこのようなことを言うのは、あまり褒（ほ）められた品性とは言えないだろう。

一般的な見地からすればまことにたわいない話だが、これが『論語』に収録されたのは、おそらく、孔子に仕官の悲願があったことを後世に伝えるためであろうと私は推理する。儒者たちは、孔子が官職に就（つ）いて存分に活躍して欲しかったのではないだろうか。

一七　子在川上曰、逝者如斯夫、不舍晝夜、

子、川の上に在りて曰わく、逝く者は斯くの如きか。昼夜を舍めず。

【現代語訳】

先生は、川のほとりで次のように言われた。

「全てはこのように過ぎ去って行くのか。昼も夜も休みなく。」

※　金谷氏は訳文に関して、「新注は『孟子』をうけて学者を勉励したものとみるが、鄭注では不遇な人生の詠嘆とみている。」と付記しておられる。

【私の見解】

この誰でも言えるような言葉でさえ、読む人によって捉え方が違うことが金谷氏の付記からも窺える。読む人は、その言葉に自己の人生を投影させて感受するのであろう。

私は、素直にそのままに受け止めたい。

幼い頃、私もこれと同じような感慨を持った記憶がある。何かの不幸に出逢ったときだったと思うがその子細はもう記憶の外だ。学校の帰りに小川の辺でふと立ち止まり、小さな堰で泡立つ水の流れを小一時間も眺めていただろうか、そのとき、止まることを知らぬ

水の流れに子供なりの感慨を抱いた。今思えば、あの感慨が、まさに「**逝者如斯夫、不舍晝夜**」（逝く者は斯くの如きか。昼夜を舍めず。）だったと思う。幼い子供でさえ経験することのような感慨を、孔子はなぜわざわざ口にする必要があったのだろうか。

このような何でもない言葉が、どうして『論語』に収録されたのか。おそらく、これも、「**子曰**」となっている以上、載せざるをえなかったものと思われる。前にも触れたが、『論語』には、このような何でもないと思われる言葉も結構収録されているのである。

一八　**子曰、吾未見好徳如好色者也、**

子曰わく、吾れ、未だ徳を好むこと色を好むが如くする者を見ざるなり。

【現代語訳】

先生は次のように言われた。

「私は、色事を好むほどに道徳が好きな人をまだ見たことがない。」

【私の見解】

脇道から入るが、金谷氏は「**好色**」を「美人を愛する」と訳しておられる。齋藤孝氏の訳を見ても同じだ。「好色」は男でも女でも言えることなのに、なぜなのだろう。しかも、原文には「美人」を思わせる文字はないのに、お二人とも「美人」という言葉を入れて訳しておられる。

おそらくこれは、中国という国では、古来男性中心というか男性優位の考え方が強いため、気を利かせて「好色」と言えば男性が女性を、それも美人を愛することだと判断されてのことだろうと思われる。確かに、『論語』を通読しても、殆ど男性が主語になっていて、女性が主語になっている話は皆無に近い。

その点、日本は、古来天照大神（女性神）を祖神としている国だけに、「好色」と言っても男性が女性を愛することだけには限らない。たとえば、井原西鶴は、『好色一代男』だけでなく『好色一代女』の物語も書いているし、紫式部は光源氏を愛する女性たちの細やかな心裏を見事に描写しているのだ。

日常的にも、日本では女性を重視する風習が根付いており、「女将さん」「山の神」「奥方」など、女性を大切に思う気持ちを籠めて呼ぶことが定着している。もっとも、「山の神」は妻の卑称だとする説もあるようだが、それは現実の用法とは異なっていると思われる。

さて、本題に入る。「**子曰、吾未見好徳如好色者也**」（子曰わく、吾れ、未だ徳を好むこと色を好むが如くする者を見ざるなり。）は、道徳を積むことへの欲求よりも、本能の性欲の方が勝っていることを指摘している言葉であり、深読みすれば、異性を求めるほどの情熱で道徳を求めよという意味の言葉とも言えるだろう。

わが国にも、庶民の卑話として「下半身に人格はない」という言葉がある。これは、性行為に及ぶときはどんなに高い人格の人でも野性に返るというほどの意味であろう。

性欲は、生物としての人間存在の根源に関わるものであるだけに、そのコントロールは人生を左右するほどの悩ましい問題なのである。これは、孔子とて例外ではなく、「**吾未見好徳如好色者也**」は、自戒を込めた言葉だったのだろうと思われる。

『論語』にこの言葉が収録されたのは当然であろう。時代が変わろうとも、この言葉の価値が変わることはないと思われる。心したいものである。

一九　子曰、譬如爲山、未成一簣、止吾止也、譬如平地、雖覆一簣、進吾往也、

子曰わく、譬えば山を為るが如し。未だ一簣を成さざるも、止むは吾が止むなり。譬えば地を平らかにするが如し。一簣を覆すと雖も、進むは吾が往くなり。

※　金谷氏は読み下し文に関して、「吾が止むなり、……吾が往くなり——古注では『吾れ止まん、吾れ往かん。』と読んで、孔子が見捨て、あるいは賛成する意味になる。」と付記しておられる。

【現代語訳】

先生は次のように言われた。

「たとえば山を築く場合でも、もう一もっこで完成しないのは、自分が〔その一もっこを〕止めたからだ。例えば土地をならす場合でも、たった一もっこの土をあけただけで〔作業が〕進むのも、自分がそうしたからだ。」

※　金谷氏は訳文に関して、「ただの一もっこが功の分かれめ。それに、停止も進歩も自分の責任で人ごとではない、という意味。」と付記しておられる。

【私の見解】

さて、この言葉は、いきなり「たとえば」で始まっているから、おそらく何かの話の流れの中で孔子が言った言葉なのであろう。

金谷氏の付記にもあるように、何事も自分がすることは自分で責任を持たなければならないと言っている言葉だが、おそらく弟子たちに向かって、修行の心得を話したものであろう。

ただ、他の読み方もできないことはない。修行の心得を話したにしては、内容があまりにも当たり前過ぎて、わざわざ言うほどのことではないように思われる。孔子があえてこのように言わなければならなかったのは、何かうまくいかないときに誰か人のせいにして言い逃れようとする者がいたからではないか。あるいは、当時そのような責任逃れの風潮があったのかも知れない。

いずれにしても、この章の話は、今日でもそのまま通用する教訓だと私は思う。『論語』にこれが載ったのは、「**子曰**」の言葉であるからだろう。孔子の教えを守ろうとする儒者たちにとっては、見逃しにはできない言葉だったに違いない。

二〇　子曰、語之而不惰者、其回也與、

子曰わく、これに語げて惰らざる者は、其れ回なるか。

【現代語訳】

先生は次のように言われた。

「語って聞かせると、しっかりと努力するのはまあ回ではないかな。」

【私の見解】

この章は短い言葉だが、日本語訳は人によってさまざまである。

私の訳は右の通りだが、たとえば、金谷氏の訳は、

先生がいわれた、「話をしてやって、それに怠らないのは、まあ回(かい)だね。」

となっているし、齋藤孝氏の訳では、

先生がいわれた。
「私の話を聞いて、それを身につけようと怠らずに努力し続けるのは、回(顔回)だね。」

となっている。三つの訳は、本筋は同じでも表現は微妙に異なっている。

さて、回(かい)つまり顔回(がんかい)は、孔子の高弟で孔門十哲の一人だ。孔子が魯国を追われて中原を放浪(ほうろう)したとき、子路や子貢とともに孔子に随伴(ずいはん)している。14年の放浪の後、魯国に帰ったが、間もなくして僅(わず)か41歳で病没したという。孔子は顔回の死にショックを受け、慟哭(どうこく)したとの逸話が伝わっている。

それほど、顔回は孔子にとって頼りがいのあるそして教え甲斐のある門弟だったのだ。この章は、顔回に対する孔子の思いを端的に表していると言っていいだろう。

これが『論語』に収録されたのは、孔子と顔回の逸話であり、儒者たちはとても見過ごしになどできなかったからに違いない。

二　**子謂顔淵曰、惜乎、吾見其進也、未見其止也、**

子、顔淵を謂いて曰わく、惜しいかな。吾れ、其の進むを見るも、未だ其の止むを見ざるなり。

【現代語訳】

先生は、顔淵のことを次のように言われた。

「惜しいことだなあ。私は、彼が進むのは見たが、まだ止まるのは見たことがない。」

【私の見解】

顔淵は顔回のことである。いろいろな呼び名があるので戸惑うが、これは中国の文化なので、慣れる他はない。

ちなみに、顔回の諱は回で、尊称は顔子だそうだ。

顔回については何度も触れてきたが、孔門十哲の一人で、儒教では四聖の一人・復聖として崇敬されているという。

その顔回が若干41歳（32歳という説もある）で亡くなった。「**子謂顔淵曰、惜乎**」（子、顔淵を謂いて曰わく、惜しいかな）は、顔回の死に対する孔子の悲しみと落胆を表していると解釈するのが一般的なようだ。

だが、そうだとすると、ひとつ気になることがある。それは、「**子謂顔淵曰、惜乎**」と、「**吾見其進也、未見其止也**」との整合性に狂いが生じないかということである。

つまり、「**吾見其進也、未見其止也**」（私は、彼が進むのは見たが、まだ止まるのは見たことがない。）というのは、顔回が生きているからこそ言えることであって、亡くなったあとでは、「**未見其止也**」（まだ止まるのは見たことがない。）という言い方はできないのではないかと思われるのだ。

だから、この章の話は、前へ前へと進むことにばかり熱心で、立ち止まって考えるゆとりを持たない顔回のことを、孔子が慮って「惜しいなあ」と言った話だと解釈する方が原文の意に沿っていると私は思うのだが、どうであろうか。

後の儒者たちがこの話を『論語』に収録したのは、孔子と顔回の関係やその深い繫がり及び顔回の人柄を後世に伝えるためであったと思われる。孔子と顔回への儒者たちの崇敬のほどが偲ばれる。

二三　子曰、苗而不秀者有矣夫、秀而不實者有矣夫、

子曰わく、苗にして秀でざる者あり。秀でて実らざる者あり。

【現代語訳】

先生は次のように言われた。

「苗のままで花が咲かない者もいるなあ。花が咲いても実らない者もいるなあ。」

【私の見解】

孔子は、誰のことを指してこのように言ったのであろうか。弟子の中には、いい素質がありながら努力を怠り、埋もれてしまった者がいたのかもしれない。ある程度のところまでは頑張っても、あと一押しが足りなくて大成しなかった弟子もいたのであろう。それで、このようなことを弟子たちに言ったのだろうか。特定の弟子のことを論って批判したものだとの説もあるようだが、それは穿ちすぎだと私は思う。

あるいは、読みようによっては、弟子たちとはかかわりなく、一般論としてそう言ったように取れなくもない。ネットで調べたところによると、たとえば「一般的な観察であってこそ意味があるのであって、それを特定の人物に限っては全く價値がなくなってしまう。」と指摘している例も確かにある。（宮崎市定『論語の新研究』）。素質があって努力をしても、病気や事故で挫折せざるを得ない場合もありうることを考えれば、一般論として受け止め

た方が自然かも知れない。

　いずれにしても、この言葉は、孔子自身が言ったものだとは私にはとても思えない。もし、孔子が弟子たちに言ったものだとすると、なんだか嫌みたらしい陰湿な響きに聞こえて仕方がない。一人一人の弟子の性格や素質を的確に把握し、一人一人に応じてその性格を生かし素質を引き出し伸ばすのが、教育者の役割であり責任でもある。大教育者との誉れ高い孔子ほどの人が、このような嫌みたらしい暗い言い方をするとはとても思えないのだ。

　もし一般論として言ったものだとすると、これは言わずもがなのことで、孔子がわざわざ言わなければならないようなことではないように思われる。わが国には、「梅檀は双葉より芳し」という諺がある一方、「十代で神童、二十歳過ぎればただの人」という諺もあるほどで、古来、人間は努力が肝心だということは人々の常識的な智恵だったのである。

　弟子の誰かが、孔子の教えを自分なりに要約して、このように伝えたのではないかとの推測も成り立つ。

　ともあれ、この言葉が『論語』に載っていることは厳然たる事実である。後世の儒者たちは、「**子曰**」とあるからには載せざるをえなかったのであろう。真理の一端を言い表している言葉に変わりはない。教訓としたいものである。

二三　子曰、後生可畏也、焉知來者之不如今也、四十五十而無聞焉、斯亦不足畏也已矣、

子曰わく、後生畏るべし。焉んぞ来者の今に如かざるを知らんや。四十五十にして聞こゆること無くんば、斯れ亦た畏るるに足らざるのみ。

【現代語訳】

先生は次のように言われた。

「自分よりも後から生まれた者を侮ってはならぬ。彼らが今の自分に及ばないなどとどうして言えるのか。ただ、四十五十の年齢になっても鳴かず飛ばずであれば、それはもう畏れるまでもない。」

【私の見解】

孔子の時代も、大人は「この頃の若い者は」と若い者を揶揄していたのであろうか。孔子は、これを戒めて、「**後生可畏也、焉知來者之不如今也**」（後生畏るべし。焉んぞ来者の今に如かざるを知らんや。」と言ったのかも知れない。

これは、孔子が自分の弟子たちのことを指して言っているとの説もあるが、一般的に「若者」と考えていいのではないかと私は思う。

孔子は、返す刀で、「**四十五十而無聞焉、斯亦不足畏也已矣**」（四十五十にして聞こゆること無くんば、斯れ亦た畏るるに足らざるのみ。）とも言っている。

若者が可能性の塊であることは言うまでもないことであり、「**後生可畏也、焉知來者之不如今也**」には驚かないが、「**四十五十而無聞焉、斯亦不足畏也已矣**」には、私は少し異論がある。

四十五十の年齢になっても、評判になるような、成功と言えるほどのことをしていないことを非難する趣旨を込めて言っているとしたら、私は、それには賛成しかねる。

一見何ほどのことも為し得ずに年をとっているように見えても、実はその年齢まで普通に生きてきたこと自体に、私は値打ちがあると思うが、どうであろうか。

自分なりに努力して、頑張って生きて来たことに人生の応分の意義があるのであって、世間的に評価されるほどのことは何一つ為し得ていなくても、その意義は一向にゆるがないはずだ。堂々と胸を張って生きて行けばいいと私は思う。

反社会的なことや人道に反することをすることなく、生命に関わるほどの病に罹ることもなく、普通に四十五十の年齢まで生きるのは並大抵のことではない。

実は、評判になるほどの実績を挙げてきた人の数などは知れたものだ。世の中には、いわば「鳴かず飛ばず」の人が圧倒的に多いのであって、そのような圧倒的多数の人々に世の中は下支えされて成り立っているとも言える。

世の中には、自分の責任でないのに心身に障害を抱えている人たちもいる。そういう人々の殆どは、評判になるようなことを為し得ないまま生涯を終えるのが普通のことなのだ。人生を全うしただけで立派だと私は言いたい。

孔子が生きた時代には、いわゆる立身出世を善しとする考え方が一般的であったであろうし、その出世も、おそらく世の中を動かすほどの官僚になることが一番の眼目であったであろうことは容易に想像できる。孔子自身も官僚になることが悲願だった。だから孔子は、当然のこととして「**四十五十而無聞焉、斯亦不足畏也已矣**」と言ったのだろうが、今の時代には、これはもはやNGだと私は言いたい。

それに、孔子は、『論語』のほかの部分で、人と比較してあれこれ悩むことはないというようなことを言っているが、「**四十五十而無聞焉、斯亦不足畏也已矣**」はそれと矛盾しているように思われる。

悲願の官僚になることができなかったわが身を振り返って、自嘲気味にこのようなことを言ったのだとすれば、孔子もやはり普通の人間だったのだと、私はむしろ安堵する。

二四　子曰、法語之言、能無從乎、改之爲貴、巽與之言、能無説乎、繹之爲貴、説而不繹、從而不改、吾末如之何也已矣、

子曰わく、法語の言は、能く従うこと無からんや。これを改むるを貴しと為す。巽与の言は、能く説ぶこと無からんや。これを繹ぬるを貴しと為す。説びて繹ねず、従いて改めずんば、吾れこれを如何ともする末きのみ。

【現代語訳】

先生が言われた。

「誰にも反論できないような道理の通った言葉には、従わざるを得ないが、その言葉を聞いて自分の足らざる所を改めることが大切だ。やさしい言葉で導かれると、嬉しくなるものだが、その真意をよく考えることが大切だ。喜ぶだけでその真意を考えず、表面的に従うだけで自分の足らざる所を改めないのでは、私もどうすることもできない。」

【私の見解】

これは、道理ある意見は表面的に聞き入れるだけでなく、それを取り入れて自分の改善に役立てること、当たり障りのない言葉で注意をされると、つい気持ちよく耳を傾けるものだが、その当たり障りのない言葉の真意をよく考えること、この二つが大切であると孔子が指摘している話だ。この二つのことをしない人は、自分としてもどうしようもないと、孔子は言っている。なるほど、傾聴に値する指摘だと私は思う。

ただ、文末の「**説而不繹、従而不改、吾末如之何也已矣**」（説びて繹ねず、従いて改めずんば、吾れ、これを如何ともする末きのみ。）に、私は、少し異論がある。孔子ほどの教育者であれば、そのような突き放したことを言わず、そんな人こそ自分がなんとか導いていこうと言うべきではなかったか。

孔子が生きた時代には、「**吾末如之何也已矣**」と言っていても通ったのであろうが、今日の日本で教員がこのようなことを公言したら、アウトである。長年教育の仕事に携わってきたせいか、私はこのようなことについつい目が行ってしまう。

『論語』にこの言葉が収録されたのは、当時としては違和感のない当たり前のことだったからであろうし、「**子曰**」とあれば、載せないわけにはいかなかったのであろう。

二五　子曰、主忠信、無友不如己者、過則勿憚改、

子曰わく、忠信を主とし、己れに如かざる者を友とすること無かれ。過てば則ち改むるに憚ること勿かれ。

※　金谷氏は読み下し文に関して、「学而篇第八章重出。」などと付記しておられる。

【現代語訳】

先生は次のように言われた。

「忠と信とを第一にして、自分よりも劣っている者を友としてはならない。間違いに気づいたら躊躇（ちゅうちょ）することなく改めなさい。」

【私の見解】

金谷氏の付記にもあるように、これと同じ言葉が「学而篇第八章」にもある。【私の見解】をそこで既に述べているので、ここでは繰り返さないことにする。

二六　子曰、三軍可奪帥也、匹夫不可奪志也、

子曰（のたま）わく、三軍（さんぐん）も帥（すい）を奪（うば）うべきなり。匹夫（ひっぷ）も志（こころざし）を奪（うば）うべからざるなり。

【現代語訳】

先生は次のように言われた。

「大軍の総大将でも奪い取ることはできるが、一人の平凡な男でもその志を奪い取ることはできない。」

【私の見解】

これは、人の志というものは、奪えるものではないということを、闘いの場面を絡(から)めて言ったものである。

簡単に「人の志はなかなか奪えないものだ。」と言えばいいものを、なぜ闘いの場面を絡めて言ったのか。その方がインパクトがあると考えたのであろう。乱世に生きる者として当然の発想と言えようか。

「総大将を奪う」の解釈にはいろいろあるようだ。たとえば、「総大将を捕虜にする」とか「総大将を更迭(こうてつ)する」といった具合である。

「匹夫」は「つまらぬ男」とか「凡人」の意なので、「**匹夫不可奪志也**」は、どんなにつまらぬ男の志であってもそれを奪うことはできない、という意味であろう。

これが『論語』に載っているのは、「**子曰**」となっているからであろうと思われるが、一説によれば、これは戦国時代以降の儒者の作り話で、孔子が実際に言ったものではないという。『論語』の時代には、「志」という文字はなかったというのがその理由だが、だとすれば、為政篇の「**子曰、吾十有五而志乎學、……**」も危うくなってくる。はて、真実は?

二七　子曰、衣敝縕袍、與衣狐貉者立而不恥者、其由也與、

子曰わく、敝れたる縕袍を衣、狐貉を衣たる者と立ちて恥じざる者は、其れ由なるか。

【現代語訳】

先生は次のように言われた。

「破れた綿入れの服を着て、狐や貉の毛皮を着た人と並んでも恥じないのは、まあ由（子路）だろうね。」

【私の見解】

これは、子路の人柄を端的に表現したものと言えようか。

子路は、孔門十哲の一人と称されるほどの高弟で、孔子に随伴して中原を放浪した。物事に拘らない性格で、大胆かつ勇敢だったと伝わっている。孔子の推挙によって衛の国の高官になったが、内乱に巻き込まれて憤死した。

これが『論語』に載っているのは、孔子とその高弟にまつわる話だからであろうが、話の内容は取り立てて言うほどのことではないように思われる。

二八　不忮不求、何用不臧、子路終身誦之、子曰、是道也、何足以臧、

忮わず求めず、何を用てか臧からざらん。子路、終身これを誦す。子曰わく、是の道や、何ぞ以て臧しとするに足らん。

※　金谷氏は読み下し文に関して、「新注以下、ふつうは前章と合わせて一章とする。」と付記しておられる。

【現代語訳】

『人を害い、傷つけたり、貪り求めたりしなければ、どうして善くないことが起こるだろうか。』子路は死ぬまでそれを口ずさんでいた。先生は、

「そのやり方は、良いとは言えないね。」

と言われた。

※　金谷氏は訳文に関して、『詩経』邶風・雄雉篇の詩の末句。良くないことをでなく、良いことを求める積極性を望んだ。」と付記しておられる。

【私の見解】

金谷氏の付記にあるように、新注では、この章は、右の二七章に続く一つの章として扱

われているという。

さて、子路は『詩経』にある「**不忮不求、何用不臧、子路終身誦之**」（忮わず求めず、何を用てか臧からざらん。）を生涯口ずさんでいたという。孔子は、子路の消極的な姿勢を窘めて、「**是道也、何足以臧**」（是の道や、何ぞ以て臧しとするに足らん。＝そのやり方は、よいとは言えないね。）と言ったという逸話であるが、この話は解釈がいろいろあり、納得のいくまで思考するのは、私のような素人には少し荷が重いようだ。

二九　子曰、歳寒、然後知松栢之後彫也、

子曰わく、歳寒くして、然る後に松柏の彫むに後るることを知る。

【現代語訳】

先生は次のように言われた。

「気候が寒くなることで、松や柏が散らない常緑樹だと分かる。」

【私の見解】

これは、人間の真価は危難の時に分かるということを、冬になっても葉を落とさぬ松柏になぞらえて孔子が語ったという逸話である。

なるほど巧く表現したものだとは思うが、今日では、この程度のことは気の利いた人であれば誰でも言いそうなことである。孔子が生きたのは春秋時代であり、人民は苦しみの毎日であったに違いなく、孔子のこのような言葉が弟子たちにとっては大きな励みになったのであろう。

「**子曰**」の言葉であるため、『論語』に収録されたものと思われる。

三〇　**子曰、知者不惑、仁者不憂、勇者不懼、**

子曰わく、知者は惑わず、仁者は憂えず、勇者は懼れず。

【現代語訳】

先生は次のように言われた。

「智者は惑わず、仁者は憂えず、勇者は懼れない。」

【私の見解】

金谷氏は語り口調の優しい表現で次のように訳しておられる。

先生がいわれた、「智の人は惑わず、仁の人は心配がなく、勇の人は恐れない。」

さて、これは、孔子が「智者」「仁者」「勇者」の特長を端的に表現したものである。ただ、いつものことだが、人間をパターン化して評するやり方には、私はどうも違和感(いわかん)を覚える。

それに、孔子が何一つ説明を加えないことももの足りない。智者とはどのような人で、智者はどうして惑わないのか、仁者はどのような人で、仁者はどうして憂えないのか、勇者はどのような人で、勇者はどうして懼(おそ)れないのか、などについては、この言葉を聞いた者あるいは読んだ者それぞれが考える他はない。そこで、解釈にいろいろと違いが生じてくることになる。

たとえば「智者」について、「ものの道理を弁(わきま)えている人」と定義し、道理をよく弁(わきま)えているから智者は惑うことがない、と解釈する人もいれば、言葉の定義をしないまま「智者は迷わない。」と訳して終わりという人もいる。論語の解釈が読み手によって様々であるのは、ここら辺りにも一因があるのではないか。

三一　子曰、可與共學、未可與適道、可與適道、未可與立、可與立、未可與權、

子曰(しのたま)わく、与(とも)に共(とも)に学(まな)ぶべし、未(いま)だ与(とも)に道(みち)に敵(ゆ)くべからず。与(とも)に道(みち)に適(ゆ)くべし、未(いま)

だ与に立つべからず。与に立つべし、未だ与に権るべからず。

【現代語訳】

先生は次のように言われた。

「一緒に同じ事を学んでも、学んだことを一緒に実践することは難しい。一緒に実践することができても、同じ認識に立つことは容易でない。同じ認識に立てたとしても、物事をうまくさばけるとは限らない。」

※　金谷氏は訳文に関して、「学問の段階をのべて、権（時宜に応じた適切な取りはからい）のむつかしさをいった。」と付記しておられる。

【私の見解】

私の訳は少し意訳に過ぎている嫌いがあるが、金谷氏は次のように訳しておられる。

先生がいわれた、「ともに並んでまなぶことができる人でも、ともに道には進めない。ともに道に進めても、ともに〔そこにしっかりと〕立つことはできない。ともに立つことはできても、ともに〔ものごとをほどよく〕取りはからうことはできない。」

二つの訳を併せて読むと、いっそう理解が深まる気がする。

なるほど、物事の真理を衝いている言葉である。さすがは孔子だと思う。これを聞いた弟子たちも大いに得心したことであろう。

ただ、孔子にこう言われても、具体的に何がどう変わるというものでもない。弟子たちは「なるほどそういうものか」と思っても、わが道を行く他はなかったであろう。

『論語』には、孔子の凄い人間観に唸らされる言葉がたくさんあるが、それを読んでも具体的な教訓にはなり得ないものも含まれている。この章の言葉がまさにそうだと言えるのではないだろうか。

三二　唐棣之華、偏其反而、豈不爾思、室是遠而、子曰、未之思也、夫何遠之有哉、

唐棣の華、偏として其れ反せり。豈に爾を思わざらんや、室是れ遠ければなり。子曰わく、未だこれを思わざるなり。夫れ何の遠きことかこれ有らん。

【現代語訳】

『ニワウメの花、ひらひら揺れる、そなた恋しと思うても、家が遠くて行けやせぬ。』先生は「この歌について」言われた。

「まだ本気で恋しいと思ってはいないのだ。〔本気ならば〕遠いことなど何でもない。」

※ 金谷氏は訳文に関して、「逸詩。すなわち『詩経』には無い古代歌謡。 この章、古注では前の章と合わせ、上述のようにむつかしい『権（けん）』も思いつめれば遠くはないと解釈する。」と付記しておられる。

【私の見解】

さて、孔子は本気で思えば、何事も成し得ると言っているのである。金谷氏の付記にあるように、古注によれば、この章は前章の続きと考え、本気で物事に当たれば、一緒に同じ事を学んで一緒に実践し、一緒に同じ認識に立って一緒に物事をうまくさばくことができる、と読むのだそうだ。古注の読み方が正しいとすれば、一旦は「できぬ」と言っておいて、「本気であればできる」と付け加える、孔子も手の込んだ言い方をしたものである。これを聞いた弟子たちは、「なるほど」と重ねて得心（とくしん）し、本気で物事に当たろうと思ったことであろう。わが国にも「一念岩をも通す。」という諺（ことわざ）がある。これは『韓詩外伝』や『史記』の「岩に立つ矢」の故事に由来するそうだが、何事も事を成すには本気で当たれという教訓だ。論語の「**子曰、未之思也、夫何遠之有哉**」(子曰（しのたま）わく、未（いま）だこれを思（おも）わざるなり。夫（そ）れ何（なん）の遠（とお）きことかこれ有（あ）らん。）とピタリと重なるのがなんとも愉快ではないか。

郷黨第十

一　**孔子於郷黨恂恂如也、以不能言者、其在宗廟朝廷、便便言唯謹爾、**

孔子、郷党に於いて恂恂如たり。言うこと能わざる者に似たり。其の宗廟・朝廷に在すや、便便として言い、唯だ謹しめり。

※　金谷氏は読み下し文に関して、「以下の分章は第一〇章まで新注のテクストに従った。古注では最後まで分けない。」と付記しておられる。

【現代語訳】

孔子は、郷里では恭順実直でものの言えない人のようであったが、宗廟や朝廷ではハキハキと話され、ひたすら謹厳慎重であられた。

【私の見解】

金谷氏の付記によると、古注では、第一章から第一〇章までがワンセットということだ。新注では、それが分けられているということだが、おそらくワンセットでは長すぎて分かりにくなるので分けたのだろう。

さて、これは孔子の日常の状況についての描写である。普段は物静かでも、宗廟（おたまや）や朝廷、つまり公の場では、慎み深くも多弁（たべん）であったという。

まあ、こういう人は結構いるものだ。私の父もそうだった。家にいるときは殆（ほとん）どしゃべらなかったが、会合などでは言うべき事をしっかりと言っていた。酒が入るといっそう多弁になった。私も父のそういうところを受け継いでいるようである。

この話は、孔子の人柄を伝える逸話として『論語』に載せたのだろう。「子（し）」ではなく「孔子」表記になっているのは、孔子の弟子が伝えた話ではないことを表していると思われる。

二　朝與下大夫言侃侃如也、與上大夫言誾誾如也、君在踧踖如也、與與如也、

朝（ちょう）にして下大夫（かたいふ）と言（い）えば、侃侃如（かんかんじょ）たり。上大夫（かみたいふ）と言（い）えば、誾誾如（ぎんぎんじょ）たり。君在（きみいま）せば踧踖（しゅくせき）如（じょ）たり、与与如（よよじょ）たり。

【現代語訳】

朝廷で下級の大夫と話るときは打ち解けた様子であり、上級大夫と話るときは生真面目（きまじめ）な様子である。主君の前では恭（うやうや）しくされ、ゆったりとしておられる。

※　金谷氏は訳文に関して、「劉宝南は、ここまでを早朝の朝礼に参集して主君の出御を待つ間のことだという。」と付記しておられる。

【私の見解】

これも、孔子の日常について述べたものだ。孔子は、相手によって微妙に対応を変えていたことが窺える。主君に対しては、恭しくしながらのびやかであったというのが、なんとも孔子らしいと言えるだろうか。

これが『論語』に載っているのも、前章の場合と同じ理由だろう。

三　君召使擯、色勃如也、足躩如也、揖所與立、左右其手、衣前後襜如也、趨進翼如也、賓退、必復命曰、賓不顧矣、

君、召して擯たらしむれば、色勃如たり。足躩如たり。与に立つ所を揖すれば、其の手を左右にす。衣の前後、襜如たり、趨り進むには翼如たり。賓退けば必ず復命して曰わく、賓顧みずと。

※　金谷氏は読み下し文に関して、「其の手――『其』の字は通行本には無い。」と付記しておられる。

【現代語訳】

主君のお召しで客の接待役を仰せつかると、顔つきが改まり、足取りは小刻みになった。一緒に立っている人々に挨拶されるときは、組み合わせた手を左の方に向けたり右の方に向けたりし、着物の前後が整然と揺れ動いた。小走りに進まれるときは〔両肘を張った様子が〕鳥の翼のようであった。客が退くと、必ず復命して、『お客様は満足してお帰りになりました。』と言われた。

【私の見解】

宮仕えをしていたときの孔子の姿が目に浮かぶようだ。孔子の一挙一動を細かく観察していた人がいたのだ。それは誰だろう。孔子の弟子だろうか。

それにしても、孔子のこととなると、このような細々とした様子までが言い伝えられる。これはもう孔子崇拝そのものと言っていいだろう。後に、孔子の教え（儒学）が儒教に変遷したのもなるほどと思われる。

四　入公門、鞠躬如也、如不容、立不中門、行不履閾、過位色勃如也、足躩如也、其言似不足者、攝齋升堂鞠躬如也、屏氣似不息者、出降一等、逞顔色怡怡如也、没階趨進翼如也、復其位踧踖如也、

公門に入るに、鞠躬如たり。容れられざるが如くす。立つに門に中せず。行くに閾を履まず。位を過ぐれば、色勃如たり、足躩如たり。其の言うこと、足らざる者に似たり。斉を摂げて堂に升るに、鞠躬如たり。気を屏めて息せざる者に似たり。出でて一等を降れば、顔色を逞って怡怡如たり。階を没せば、趨り進むこと翼如たり。其の位に復れば踧踖如たり。

【現代語訳】

宮城の御門を通るときは、身をかがめて遠慮がちに入られた。門の中央を通るようなことはせず、敷居を踏まずに通られた。主君のお席の下を通り過ぎるときには緊張した面持ちで小刻みに通り過ぎた。言葉遣いは口の利けない者のように無言であった。裾を持ち上げて堂に上がられるときは、畏れ慎んで息をひそめて呼吸を止めたようにされた。退出して〔堂の階段を〕一段降りると、安堵の色を表して和やかになられ、階段を下まで降りると小走りに進みながら鳥の翼のように優雅であった。自分の席に戻ると、恭しくされた。

【私の見解】

まあ、どうだろう。宮仕えの孔子の様子を微に入り細を穿って描写してある。礼を重んじる孔子の姿が彷彿とするようだ。孔子ほどの人でも、いや孔子だからこそ、これほど神経を使って宮仕えをしていたのだ。なんだか気の毒なほどだが、これが当時の宮仕えの本来の姿だったのであろう。

それにしても、このようなことまで『論語』に載せて後世に伝える、そのエネルギーには感服する。おそらく、孔子の教えを守ろうとする儒者たちにとっては、とても大切なことだったのであろう。

五　執圭鞠躬如也、如不勝、上如揖、下如授、勃如戰色、足蹜蹜如有循也、享禮有容色、私覿愉愉如也、

圭を執れば、鞠躬如たり。勝えざるが如し。上ぐることは揖するが如く、下すことは授くるが如く、勃如として戦色。足は蹜蹜如として循うこと有り。享礼には容色あり。私覿には愉愉如たり。

【現代語訳】

圭を持つときは畏れ慎んで身をかがめ、〔圭を〕持ちきれないようにされた。〔圭を〕上げるときも会釈をするように、下げるときも物を授けるように、緊張で恐れおののく表情をされ、足どりは小刻みのすり足で規律正しくされた。〔贈り物をする〕享の儀式になると、なごやかな表情になられ、〔式が終わって〕自分の私的な拝謁になると、にこにこ顔になられた。

※　金谷氏は訳文に関して、「圭——玉で作った細長い手版で、本来、諸侯が天子から与えられたもの。それを使臣があずかって主君の敬意を他国の君に伝えた。この章は使者として他国にいるときのこと。単にその心がまえを説いたとみる説もあるが、やはり孔子の行動として訳した。」と付記しておられる。

【私の見解】

この章も、前章と同様だ。孔子の痛々しいほどの心づかいとその仕草が目に浮かぶようだ。金谷氏の付記にあるように、これは朝廷の使者としてどこかの侯国に出向いたときの様子ということだが、出張先の様子までこうして事細かく報告される。宮仕えは本当に大変である。

これも、当時としては大切な「礼」を伝える話である。『論語』に収録されたのは当然であろう。

六　君子不似紺緅飾、紅紫不似爲褻服、當暑縝絺綌、必表而出、緇衣羔裘、素衣麑裘、黄衣狐裘、褻裘長、短右袂、必有寢衣、長一身有半、狐貉之厚以居、去喪無所不佩、非帷裳必殺之、羔裘玄冠不以弔、吉月必朝服而朝、

君子は紺緅を以て飾らず。紅紫は似って褻服と為さず。暑に当たりては縝の絺綌、必ず表して出ず。緇衣には羔裘、素衣には麑裘。黄衣には狐裘。褻裘は長く、右の袂を短くす。必ず寝衣あり、長け一身有半、狐貉の厚き以て居る。喪を去いては佩びざる所なし。帷裳に非ざれば必ずこれを殺す。羔裘玄冠しては以て弔せず。吉月には必ず朝服して朝す。

※　金谷氏は読み下し文に関して、「縝――皇本も同じ。唐石経・『経典釈文』は『紾』。通行本は『袗』。清の段玉裁はいう、袗は本字、紾は仮借、縝は俗字と。　出ず――唐石経・通行本は『出之』。」と付記しておられる。

【現代語訳】

君子は紺（こん）やとき色では襟（えり）や袖口（そでぐち）を飾らない。紅と紫はふだん着には用いない。暑い季節にはひとえの葛布（くずぬの）だが、必ず上っぱりをかけて外出する。黒い着物には子羊の黒い毛皮、白い着物には子鹿の白い毛皮、黄色い着物には狐の黄色い毛皮である。ふだん着の皮ごろもは長くするが、右の袂（たもと）は短くする。必ず寝まきがあり、その長さは身のたけと半分である。狐（きつね）や貉（むじな）の厚い毛皮を敷いて坐る。喪（も）があければ何でも腰にさげる。礼服でなければ、必ずせまく縫（ぬ）い込（こ）む。子羊の黒い皮ごろもと赤黒い絹の冠（かんむり）を着けてお葬（とむら）式には行かない。月初めには必ず朝廷の礼服をつけて出仕する。

※　金谷氏は訳文に関して、「君子——ふつう孔子のことだとするが、一般に君子は以下のようにあるべきだという規範的な意味をこめている。　せまく縫い込む——帷裳は上下同幅のきれをあわせたスカートで、使用のときは上にひだをとる。それ以外はきれの上部をせばめて腰に合わせて作るという意味。　朔日には……——毎月の初め、告朔（こくさく）の儀式があるべきであったが、それがすたれていた。八佾篇第一七章参照。」などと付記しておられる。

【私の見解】

さてさて、当時の「君子」とはかくも細かいところまで気を使わなければならなかったのかと、恐れ入るばかりだ。

金谷氏の付記にもあるように、この章には、君子一般がまもらなければならない服装のことが事細かく書かれている。礼を重んじる孔子の教えに於いて、これは必須（ひっす）のことだったのだろう。

風俗（ふうぞく）、とりわけ服装は、時代によって変わるものだ。孔子の時代の服装が今守られなければならないものではないが、孔子の教えを守ろうとする儒者たちにとってはとても大切なことだったのだろう。『論語』にこれが収録されたのは、当然だったと言えるだろう。

七　齊必有明衣布也、齊必變食、居必遷坐、

斉（ものいみ）すれば必（かなら）ず明衣（めいい）あり、布（ぬの）なり。斉（ものいみ）すれば必（かなら）ず食（しょく）を変（へん）じ、居（きょ）は必（かなら）ず坐（ざ）を遷（うつ）す。

※　金谷氏は読み下し文に関して、「新注では、前章の『寝衣』の二句は本来この下にあったのだとする。つまり『斉（ものいみ）』中のこととする。」と付記しておられる。

【現代語訳】

潔斎（ものいみ）には必ず麻布（あさぬの）のゆかたがあり、潔斎（ものいみ）には必ずふだんとは食事を変え、住まいも必ず

違う場所に移す。

【私の見解】

さて、「潔斎（ものいみ）」とは、神事や法会などを行うときに酒や肉食などを慎み、沐浴（もくよく）などをして心身を清めることだ。その潔斎のときには、それなりの服装や食事だけでなく住む所まで普段とは違う所にするのが、孔子（君子）の作法だったのだ。

どこの国でも「潔斎」の作法はある。日本にも当然ある。礼儀作法を守ることは、社会の平安を保つ上でとても大切なことである。孔子の時代は、それが今よりももっと厳格（げんかく）だったのだろう。

『論語』がそのような礼儀作法のことを記録として遺（のこ）さないはずはない。

八　食不厭精、膾不厭細、食饐而餲、魚餒而肉敗不食、色惡不食、臭惡不食、失飪不食、不時不食、割不正不食、不得其醬不食、肉雖多不使勝食氣、唯酒無量、不及亂、沽酒市脯不食、不撤薑食、不多食、祭於公不宿肉、祭肉不出三日、出三日不食之矣、食不語、寝不言、雖疏食菜羹瓜、祭必齊如也、

食（いい）は精（しらげ）を厭（いと）わず、膾（なます）は細（ほそ）きを厭（いと）わず。食（いい）の饐（い）して餲（あい）せると魚（うお）の餒（あさ）れて肉（にく）の敗（やぶ）れたるは食らわず。色の悪しきは食らわず。臭の悪しきは食らわず。飪を失えるは食らわず。時ならざるは食らわず。割正しからざれば食らわず。其の醬を得ざれば食らわず。肉は多しと雖も、食の気に勝たしめず。唯だ酒は量なく、乱に及ばず。沽う酒と市う脯は食らわず。薑を撤てずして食らう。多くは食らわず。公に祭れば肉を宿にせず。祭りの肉は三日を出ださず。三日を出ずればこれを食らわず。食らうには語らず、寝ぬるには言わず。疏食と菜羹と瓜と雖も、祭れば必ず斉如たり。

【現代語訳】

米は精白したのを好み、なますは細切りほど好む。すえて味が変わった飯とくずれた魚や腐った肉は口にしない。色が悪くなったものやにおいが悪くなったものも口にしない。煮加減のよくないものも食べず、季節外れのものも食べず、切りかたの正しくないのも食べず、適当な醤油がなければ食べない。肉は多くても主食の飯を越えないようにし、ただ酒については量を決めず、乱れるほどは飲まない。買った酒や乾肉は食べず、しょうがは捨てずに食べるが多くは食べない。主君の祭りに奉仕していただいた肉を宵ごしにはせず、家の祭の肉は三日以内に処分し、三日を過ぎれば口にしない。食べるときは話をせず、寝るときもしゃべらない。粗末な飯や野菜の汁や瓜のようなものでも、初取りのお祭りをするときは必ず敬虔そのものである。

※　金谷氏は訳文に関して、「初取りのお祭り――食事の前にひとつまみを取って器の外におき、食物や料理を考えついた古人に感謝の念をささげること。」と付記しておられる。

【私の見解】

この章はまた、食事の作法が詳しく書かれている。孔子は、このような細かいことをきっちりと守っていたのだ。

しかし、その内容をみると、現在の感覚では当たり前のことが殆どで、驚くほどのことではない。「米は精白したのを好み」というのはややいただけないが、食べれば食あたりを起こすようなものは食べないというのは当然だ。健康維持に良くない食べ方はしない、酒も度を超す飲み方はしない、も当然のことだ。

「食べるときには話をしない」というのは、私も子どもの頃親から「黙って食べろ。」とよく言われたのでなんとか分かるが、「寝るときもしゃべらない。」の意味はよく分からない。「初取りのお祭り」というのは、それとよく似たことを私も子どもの頃によくさせられたから、これもなんとか分かる。

話の中身はともかくとして、このような細々としたことを誰が記録したのだろう。おそらく弟子の誰かが書き残したのだろう。それをきっちりと『論語』に収録して遺している、そこに私は、儒者たちのなみなみならぬ情熱を感じる。

九　席不正不坐、

席正(せきただ)しからざれば、坐(ざ)せず。

【現代語訳】

坐る場所の敷物が歪(ゆが)んでいたら、坐らない。〔整えてから坐る。〕

【私の見解】

これは、『論語』の中でも短い言葉の部類である。言葉そのものを文字通りに訳せば、「席が歪(ゆが)んでいれば坐らない。」だが、裏読みや深読みをすれば右のような訳になる。

孔子のきっちりとした性格を伝える逸話だが、このような人は現在でも決して珍しくはない。『論語』に載せるほどのことでもないだろうと思われるが、孔子のこととなると、載せない訳にはいかなかったのだろう。

一〇　郷人飲酒、杖者出斯出矣、郷人儺、朝服而立於阼階、

郷人の飲酒には、杖者出ずれば、斯に出ず。郷人の儺には、朝服して阼階に立つ。

【現代語訳】

村人たちと酒を飲むときは、杖をつく老人が退出してから退出する。村人たちの鬼やらいには、朝廷の礼服を着けて東の階段に立つ。

【私の見解】

これも、孔子の人柄を伝える話である。

「**郷人飲酒、杖者出斯出矣**」（郷人の飲酒には、杖者出ずれば、斯に出ず。）というのは、恐らく、年長者よりも先に席を立つのは無作法だったからだろう。「**儺**」（鬼やらい）は現在の日本でも行なっている地域がある。孔子は、村人が自分の家に鬼やらいにくると、威儀を正して礼服を身に纏い、東の階段に立って迎えたのだ。それが正式な礼儀だったのだろう。

『論語』には、孔子のことであれば、このようないわば細事と思われることも収録されている。儒者たちは、載せない訳にはいかなかったのだろう。

孔子の礼儀作法がどういうものだったかを知るためには役に立つ話だが、儒学や儒教に関わりのない者にとってはどうでもいいようなことだと私は思う。

二一　問人於他邦、再拝而送之、

人を他邦に問えば、再拝してこれを送る。

【現代語訳】

他国へ病気見舞いの使者を送るときは、その使者を再拝してから送り出した。

※ 金谷氏は訳文に関して、「友人への敬意である。拝は、両手を胸の前で組んでそこまで頭を下げる敬礼。」と付記しておられる。

【私の見解】

これは、他国に住む友人のところへ誰かを見舞いの使いに出すとき、孔子はその使いの人に対して、二度敬礼したという逸話だ。

頭の下げ方は、金谷氏の付記にあるように、中国式の下げ方だ。孔子は、友人への敬意をこのような形で表したのだ。

一見、使者への敬意表明のようにも読めるが、そうではない。「**問人於他邦**」（人を他邦に問えば、）は、他国へ見舞いの使者を送ることであるので、他国の病人へのものと理解するのが順当であろう。

いずれにせよ、これも、礼を重んじた孔子の様子を伝える逸話である。『論語』に載らない訳はない。

一二　**康子饋藥、拜而受之、曰、丘未達、不敢嘗、**

康子、薬を饋る。拝してこれを受く。曰わく、丘未だ達せず。敢えて嘗めず。

※　金谷氏は読み下し文に関して、「新注では前章につづける。」と付記しておられる。

【現代語訳】

〔魯の国の家老の〕季康子が薬を贈った。〔先生は〕拝のおじぎをしてその薬を受けとり、「丘（私）は〔この薬の効能を〕よく知りませんので、服用しません。」と言われた。

※　金谷氏は訳文に関して、「食べ物には味みをして拝するのが礼であったが、薬のことだから慎重にして、そのことを率直に告げた。」と付記しておられる。

【私の見解】

さて、孔子は臆病なほどに慎重だったことが分かる逸話だ。季康子は、孔子の母国である魯の国の家老で、孔子が60歳の頃には筆頭家老になったと伝えられている人だ。その人から薬を受けとったのに、**「丘未達、不敢嘗」**（丘未だ達せず。敢えて嘗めず。）と答えている。孔子は自分の身を守るために慎重にならざるを得なかったのだろう。でも、贈った方にしてみれば、気が悪い。季康子はどう思っただろう。

余談だが、わたしもこれとよく似た経験がある。友人数人と木曽駒ヶ岳に登ったときのことだ。急な上り坂で苦しそうにしゃがみ込んだ仲間の女性に、私は手持ちのローヤルゼリーのカプセルを渡した。勿論、善意である。他意はまったくなかったが、彼女の夫は「何か分からんものを、飲むな」と彼女に言った。私は、ローヤルゼリーであることを説明してその場で同じカプセルを服用して見せたが、二人は、疑わしい目で私を見つめるばかりだった。嫌な気がした。それ以来、私は人に薬のようなものを提供することはしなくなった。

ところで、季康子が孔子に薬を贈ったのはいつ頃のことだっただろうか。『論語』には何も説明がないから、定かなことは分からないが、孔子が中原を放浪していたときか、あるいは、魯国に帰還したあとのことかと思われる。いずれにせよ、母国の家老から贈られた薬を「服用しません。」と断るのは随分勇気の要ることだっただろう。

ともあれ、この章も孔子の礼儀作法を伝える逸話だから、『論語』に収録されたのだと思われる。

金谷氏の付記には、新注ではこの章を前の第一一章に続けて一つの章とするのだそうだ。二つの話は似ているようでもあり、似ていないようでもある。もともとはどうだったのだろう。興味は尽きない。

一三　廏焚、子退朝曰、傷人乎、不問馬、

廏焚けたり、子、朝より退きて曰わく、人を傷えりや。馬を問わず。

【現代語訳】

〔先生の〕厩が焼けた。先生は朝廷からお帰りになって、

「人にけがはなかったか。」

と問われたが、馬のことは問われなかった。

【私の見解】

これも、孔子の人柄を伝える逸話である。厩が焼けたとなると、まず中にいた馬は大丈

夫だったかと思うのが普通だと思うが、孔子は、馬のことは訊かず人にけがは無かったかと訊ねている。人のことを第一に考える。まことにあっぱれと言うべきだ。

それにしても、馬のことを全く訊ねなかったのはどうしてか。真っ先に人の心配をするとしても、厩が焼けたのだ。馬のことも心配して当然だと思うが、孔子はそうではなかった。このあたりのことが、私には腑に落ちない。

『集注』に「**非不愛馬。然恐傷人之意多。故未暇問。蓋貴人賤畜、理當如此。**」（馬を愛さざるに非ず。然れども人傷えるを恐るるの意多し。故に未だ問うに暇あらず。蓋し人を貴び畜を賤しむ、理として当に此の如くなるべし。）とあるそうである。

邪推と言われるかもしれないが、この話は、孔子が人のことを第一に考えていたことを強調するために誰かが創作した匂いがする。

それはともかくとして、『論語』にこの逸話が収録されているということは、儒学（儒教）の世界では、これが真実なのだろう。門外漢の私があれこれ言うことではないのかもしれない。

一四　君賜食、必正席先嘗之、君賜腥、必熟而薦之、君賜生、必畜之、

君、食を賜えば、必ず席を正して先ずこれを嘗む。君、腥きを賜えば、必ず熟してこれを薦む。君、生けるを賜えば、必ずこれを畜う。

※　金谷氏は読み下し文に関して、「新注では以下第一七章まで一節とみる。」と付記しておられる。

【現代語訳】

主君から食物を賜ると、必ず敷物にきちんと坐って、まず少しをいただく。主君から生肉を賜ると、必ず煮てから〔祖先に〕お供えされる。主君から生きたものを賜ると、必ず飼育された。

【私の見解】

これも、孔子の礼儀作法を伝える逸話だ。

「**必正席先嘗之**」（必ず席を正して先ずこれを嘗む。）を解釈を膨らませて「まずみずからそれをいただかれ、あとを家人にわけられる。」と訳している人もいる。（下村湖人『現代訳論語』）。原文には「あとを家人にわけられる。」に相当する文字はないが、この程度の意訳は許されるのであろう。

漢文を日本語に訳すと、どうしてもこのような膨らみが生じてしまって、読み手によって解釈が異なることがあるようだ。

要は、孔子の礼儀作法の様子が伝わればいいのだから、このような細かいことはどうでも良いことなのかも知れない。

ところで、金谷氏の付記に、新注では、この章から第一七章までをひとくくりにしているとある。もともとの『論語』はどうなっていたのだろう。『論語』は本当に不思議な書物だと私は思う。

一五　侍食於君、君祭先飯、

君(きみ)に侍食(じしょく)するに、君祭(きみまつ)れば先(ま)ず飯(はん)ず。

【現代語訳】

主君と陪食(ばいしょく)するときは、主君が初取りのお祭りをされると、先に召(め)しあがった。

【私の見解】

これは、主君と食事を共にするとき、孔子は主君よりも先に毒見(どくみ)をしたという話だ。もし本当に毒が入っていたら、孔子は死ぬことだってあり得る。つらい仕事だが、当時は、これが臣下の当たり前の礼儀作法だったのだ。だから『論語』にはこの話が一点の疑いもなく収録されているのだと思われる。

わが国でも、たとえば江戸時代などでは、臣下に毒味役という職の者がいて、主君よりも先に食べて安全を確かめるということが行われていた。江戸時代は乱世が収まっていたが、それでもこのようなことが行われていたのだ。孔子が生きていた乱世にはなおさらのことだったのであろう。

一六　疾、君視之、東首加朝服、拖紳、

疾(しつ)あるに、君(きみ)これを視(み)れば、東首(とうしゅ)して朝服(ちょうふく)を加(くわ)え、紳(しん)を拖(ひ)く。

【現代語訳】

病気になったとき、主君がお見舞いにお越しになると、東枕にして朝廷の礼服を上にかけ、飾り帯をひきのべられた。

【私の見解】

これは、孔子が病気になったときの、主君がお見舞いに見えたときの作法についての話だ。

「**東首**」というのは「東枕に寝る」という意味だが、どうして東枕に寝るのかというと、当時、東枕で寝ると元気になるという言い伝えがあったからのようだ。『集注』に「**東首、**

以受生氣也」とあるそうだ。）

「**朝服**」というのは、朝廷に参内するときの礼服のことだ。君主を迎えるわけだから、礼服を寝具（ふとん）の上にかけたのだろうか。

「**拖紳**」の「**拖**」は「長くのばして置く」とか「ひく」という意味、「**紳**」は「礼装用の広帯」のことだそうだ。つまり、ふとんの上に礼服をかけて、その上に広帯をひきのべたということだ。

ああややこしい。短い文章だが、私には理解がとても厄介だ。

ともかく、孔子はこのような作法をきっちりと守っていたということだ。孔子の教えを守る儒者たちは、至極当然のこととしてこれを『論語』に収録したのだろう。

一七　君命召、不俟駕行矣、

君、命じて召せば、駕を俟たずにして行く。

【現代語訳】

主君からお呼び出しがあると、馬車の用意を待たずに出かけられた。

【私の見解】

「**不俟駕行矣**」（駕を俟たずにして行く。）は、要するに、孔子は、馬車の用意が調わないうちに主君の所へ向かったということだろう。君主のお召しに、孔子は、即はせ参じたということか。

孔子がいかに律儀であったかを伝える逸話として、『論語』に収録されたのだろうと思われる。

一八 入大廟、毎事問、

大廟に入りて、事ごとに問う。

【現代語訳】

〔先生は〕大廟に入ると、〔儀礼について〕いちいち担当者にお訊ねになった。

※ 金谷氏は訳文に関して、「大廟——魯の周公の霊廟。八佾篇第一五章重出。」などと付記しておられる。

【私の見解】

「**入大廟、毎事問**」は、金谷氏の付記にあるように、すでに「八佾第三の第一五章」に出ていて、そこで【私の見解】も述べているので、ここでは省略する。

一九　朋友死無所歸、曰於我殯、朋友之饋、雖車馬、非祭肉、不拜、

朋友死して帰する所なし。曰わく、我れに於いて殯せよ。朋友の饋りものは、車馬と雖も、祭りの肉に非ざれば、拝せず。

【現代語訳】

友だちが死んで引き取り手がないと、

「私の所で殯をしなさい。」

と言われた。友だちの贈りものは車や馬であっても、お祭りの肉でない限りは、押し頂くことはされなかった。

※　金谷氏は訳文に関して、「殯――埋葬までの期間、棺を安置しておくこと。」と付記しておられる。

【私の見解】

これは、前半は、孔子の人間性を伝える逸話だ。

「無所帰」（帰する所なし。）とは引き取り手のないことを意味している。友だちが亡くなって引き取り手がいないときに、孔子は、「埋葬までうちであずかりましょう。」と言ったのだ。これは、なかなか言えることではない。今日の日本であれば、役場などが手配してくれるが、孔子の時代にはそのようなことはなかったのだろう。

後半は、孔子が拝のお辞儀をする作法を伝える逸話だ。

「饋」は「贈り物」のことだ。友だちがお祭りの肉をくれたときには拝のお辞儀をするが、それ以外はたとえ車や馬のような立派なものをもらっても拝のお辞儀をしなかった、という話だ。これはこれで孔子一流の作法だったのだろう。当時のこれが礼だったのかも知れない。孔子の作法や当時の礼は、当然守るべきものとして『論語』に収録されたものと思われるが、作法や礼は時代などと共に変遷するものだ。孔子の時代のそれを知る資料にはなるが、今日の直接的な教訓になるわけではない。

二〇　寝不尸、居不容、

寝ぬるに尸せず。居るに容づくらず。

※　金屋氏は読み下し文に関して、「容づくらず——『不容』は、唐石経・『経典釈文』では『不客』となっている。なお新注では次章とつづけて一節とみる。」と付記しておられる。

【現代語訳】

〔先生は〕寝るときには死体のような〔ぶざまな〕寝かたはされなかった。家にいるときは、普段着（ふだんぎ）のままだった。

【私の見解】

これは、孔子が自分の家でどのように過ごしていたかを伝える逸話だ。寝るときにも無様（ぶざま）にならず、ふだん家にいるときにはとりすますことなくゆったりとしていたということだ。それにしても、自分の家にいるときの様子がどうして分かったのだろうか。奥様でもない限り、寝ている姿までは分からないのが普通だ。いくら弟子でもそこまでは分からないと思う。おそらくこの話は、誰かが想像して作ったものだと思われる。

それでも、やはり孔子のこととなると『論語』に収めない訳にはいかなかったのだろう。ところで、金谷氏の付記にもあるように、新注では、この話と次の章とをひっくるめて一つの節としているとのことだ。

二一　子見齊衰者、雖狎必變、見冕者與瞽者、雖褻必以貌、凶服者式之、式負版者、有盛饌必變色而作、迅雷風烈必變、

子、斉衰の者を見ては、狎れたりと雖も必ず変ず。冕者と瞽者とを見ては、褻と雖も、必ず貌を以てす。凶服の者にはこれに式す。負版の者に式す。盛饌あれば必ず色を変じて作つ。迅雷風烈には必ず変ず。

※　金谷氏は読み下し文に関して、「負版の者に式す——徂徠の説では、負版は喪服につけるきれのことで、この一句は上の『凶服の者』の句の解釈がまぎれこんだものだという。」と付記しておられる。

【現代語訳】

先生は斉衰の喪服をつけた人にあうと、懇意なあいだがらであっても必ず態度や顔色を改められた。冕の冠をつけた人と目の不自由な人に遭うと、親しい間柄であっても必ず礼儀正しい態度をされた。喪服の人には〔車の前の横木に手をあてて〕頭を下げられ、国の戸籍簿を持つ者にも同様の敬礼をされた。手厚いもてなしを受けるときは必ず表情を改めて立ち上がられた。突然の烈しい雷鳴や暴風には必ず居ずまいを正された。

※　金屋氏は訳文に関して、「親しい……――『褻』。新注では『公式でないふだんの会見でも』と解する。今、古注による。なおこの前後は、子罕篇第一〇章とあい補う。」などと付記しておられる。

【私の見解】

さて、これも孔子の作法の様子を伝える逸話だ。

ここに挙げてあるようなことは、当時の礼儀作法に則ったものなのだろう。孔子は「礼」をとても大切にしていた。それも周の国の礼式を重んじていた。それを伝える逸話なので、当然のごとく『論語』に収録されたのだろう。

この逸話は、孔子の実際の行いを記録したものというよりも、当時の礼式を、孔子の名において記録したのではないかと私は思う。

二三　升車、必正立執綏、車中不内顧、不疾言、不親指、

車に升りては、必ず正しく立ちて綏を執る。車の中にして内顧せず、疾言せず、親指せず。

【現代語訳】

車に乗るときには、必ず直立して車の吊り紐を握られた。車の中では車の中を見回さず、早口でしゃべらず、指さしたりされなかった。

※　金谷氏は訳文に関して、「すがり綱を……——当時の車は地面から高いので、踏み台をおき、また綱（綏）にすがって乗った。」と付記しておられる。

【私の見解】

これは、孔子が車に乗るときの作法の話だ。当時の礼儀作法はこまごまとしたところまで神経を使わなければならなかったことが分かる逸話である。やはりこれも、車に同乗した者にしかわからないことだ。おそらく、誰かの創作話だろう。創作であっても、当時の礼儀作法を孔子の名に於いて伝える話なので、『論語』に収録されたのであろう。

二三　色斯擧矣、翔而後集、曰、山梁雌雉、時哉、時哉、子路共之、三嗅而作、

色みて斯に挙り、翔りて而して後に集まる。曰わく、山梁の雌雉、時なるかな、時なるかな。子路これを共す。三たび嗅ぎて作つ。

※　金谷氏は読み下し文に関して、「色みて斯に――『鳥が人の顔色をみて』と解するのがふつう。王引之は『色斯』は『色然』と同じで驚き飛ぶありさまだという。朱子は上下の文章に脱落があろうと疑う。要するにこの章はすこぶる難解。」と付記しておられる。

【現代語訳】

人の気配に驚いて飛び上がり、空を飛び回ってから木に止まる。先生は、「山の丸木橋のめす雉も、時節に適っているよ。時節に適っているよ。」と言われた。子路はめす雉を〔孔子の〕食膳にすすめた。〔先生は〕三度においをかいで席を立たれた。

※　金谷氏は訳文に関して、「それを食膳に……――古注による解釈。以下の文を『子路がとらえようとすると（えさを与えると）、雉が三度羽ばたいて（においをかいで）飛びたった。』とする解釈もあり、異説が多い。」と付記しておられる。

【私の見解】

この章の解釈は、金谷氏の付記にもあるように、いろいろあって理解が困難なようだ。私のような門外漢はお手上げである。どれが本来の論語なのか、分からなくなってしまう。

これは、雌雉の行動を見ていた孔子が、「時節だなあ」と言ったところ、それを聞いた子路が勘違いしてその雉を捕らえて孔子の食膳に出した。孔子は、三度臭いをかぐと席を立った、という話だが、はて、これは儒学（孔子の教え）とどんな関係があるのか。関係があるからこそ『論語』に載っていると思われるが、私にはその理由がよく分からない。

ちなみに、齋藤孝氏の訳を引いてみる。話の筋がよく分かる訳になっている。

> 雉が人の姿に驚いて翔け上がり、飛びまわり安全を確認してから降りた。
>
> 先生はいわれた。
>
> 「山の橋にいる、あの雌雉、〈時〉というものを教えてくれるねえ。」
>
> 先生は雉の動きが的確に時（タイミング）を捉えていることをほめられたのだが、子路は、時節の食べ物のこととかん違いし、その雉を捕らえて先生の御膳に出した。
>
> 先生は、三度臭いをかがれただけで口をつけずに席を立たれた。

わが国でこの話が論語として語り継がれている事実を、私は寡聞にして知らない。「郷党第十」に載っている話は、どれも、孔子の礼儀作法に関わる話で、おそらく弟子が語り継いだものであろうが、作り話臭いものがあるのも否めない。

儒学に於ける「礼」は、周王朝の礼を基本としており、孔子の教え（儒学）に傾倒していない私のような者にとっては直接的な教訓にはならない。

論語　巻第五　終

論語　巻第六

先進第十一

一　子曰、先進於禮樂野人也、後進於禮樂君子也、如用之、則吾從先進、

子曰わく、先進の礼楽に於けるや、野人なり。後進の礼楽に於けるや、君子なり。如しこれを用うれば、則ち吾れは先進に従わん。

【現代語訳】

先生は次のように言われた。

「昔の儀礼や音楽は粗野で後世のは洗練されている。もし私がこれを行なうならば、昔のやり方に従おう。」

※　金谷氏は訳文に関して、「君子である——繊細雅美にゆきとどいている点が、教養ゆたかな君子に似ている、という意味。新注では、以上をあさはかな当時の人の考えで、先進を軽視したものとみる。」と付記しておられる。

【私の見解】

この場合、「昔」というのは、周王朝の初め頃のことと考えていいだろう。孔子は、現在の礼楽は洗練されているが、自分は昔のやり方の方がいい、と言っている。やはり、孔子が考える「礼」の理想は、周王朝のそれだったことが分かる。

これが『論語』に収録されているのは、孔子が考える礼楽を後世に伝えるためだと思われる。

『論語』には、「礼」についての記述が何度も出てくるが、前にも触れたように、中国では孔子が考えた「礼」はまったくと言っても良いほど定着していない。石平氏は、日本に来てはじめて本物の「礼」に出逢（であ）ったと述懐（じゅっかい）しているほどだ。

では、中国には「礼」はないのかというと、そうではない。もともと孔子が説いた「礼」が儒教やその亜流（ありゅう）の朱子学によって変形させられ、いわゆる中国流の「礼」となって今日に及んでいる、そう考えた方が良いようだ。

しからば、「中国流の礼」とはどういうものかというと、王朝の権力者に従順に従うこと、現在の中国で言えば中国共産党に従順に従うこと、これこそが「中国流の礼」の本質となっているのではないか。

現在も孔子を聖人の中の聖人として崇（あが）めている中国は、孔子が考えたもともとの「礼」

とは異質な「礼」に何の矛盾も感じていないようだ。

日本に来てはじめて本物の「礼」に出逢ったと言う石平氏も、中国にいたときには何の矛盾も違和感も抱いていなかったそうである。

二　子曰、従我於陳蔡者、皆不及門者也、

子曰わく、我れに陳・蔡に従う者は、皆な門に及ばざるなり。

【現代語訳】

先生は次のように言われた。

「私に随伴して陳や蔡を旅した者は、もう一人も門下にはいなくなったね。」

※　金谷氏は訳文に関して、「陳や蔡に——陳は今の河南省の中部にあった小国。蔡はその南の国。孔子はその流浪の途中、この辺りで食糧もとだえて苦しんだ。六十四歳のときという。衛霊公篇第二章参照。」と付記しておられる。

【私の見解】

さて、この話は、14年の中原放浪の末に魯国に帰還した孔子が、放浪に随伴した顔回や子路といった高弟が相次いで亡くなったことを寂しがって言ったものであろう。「**皆不及門者也**」（皆な門に及ばざるなり。）と言っているが、少なくとも子貢はまだ存命であったはずだ。

孔子は、どうしてこのように落胆したのか。おそらく、心から愛してやまなかった顔回が若くして亡くなり、次いで子路が衛の国の内乱に巻き込まれて憤死したことが、よほど応えたのであろう。顔回がなくなったとき、孔子は「ああ、これで私もおしまいだ。」と嘆いたというから、よほどの痛手だったのだと思われる。その上、老い先が短くなり、わが身を振り返って自分の理想を何ほども実現できなかったことに忸怩たるものがあったのであろう。「**皆不及門者也**」には、孔子の深い慨嘆がにじみ出ているように私には思える。

これが『論語』に載っているのは、晩年の孔子の言葉だからというそのことに尽きるのではないか。孔子の教えを守ろうとする儒者たちにとっては、とても重い言葉だったのだろうと思われる。

三　**徳行顔淵閔子騫冉伯牛仲弓、言語宰我子貢、政事冉有季路、文學子游子夏、**

徳行には顔淵と閔子騫と冉伯牛と仲弓。言語には宰我・子貢、政事には冉有・季路、文学には子游・子夏。

※ 金谷氏は読み下し文に関して、「鄭玄は前の章に合わせ、新注もそれに従っている。陳・蔡に従った人たちとみるのである。」と付記しておられる。

【現代語訳】

顔淵・閔子騫・冉伯牛・仲弓は徳の実践に優れていた。宰我・子貢は弁舌に優れていた。冉有・季路は政務に優れていた。子游・子夏は文学に優れていた。

※ 金谷氏は訳文に関して、「孔門の四科十哲といわれる。ただ、孔子言でないことは、門人をあざ名でよぶことでわかる。」と付記しておられる。

【私の見解】

さて、これは、孔子の弟子たちの特性について書かれたものだ。

金谷氏の付記にもあるように、この章を前章とひっくるめて解釈している例が見られるが、これは、陳と蔡に孔子と共に旅をした弟子たちという見方からのようだ。

しかし、「子曰」で始まる前章とひっつけるのは少し無理があるように思われる。金谷氏の付記にもあるように、孔子は自分の弟子たちを「あざ名」で呼ぶことはなかったということなので、あざ名で呼んでいる部分を「子曰」に続けるのは不自然である。

それでは、「あざ名」とは何かと言えば、それは、男子が成人した場合、本名のほかに付ける別名のことで、中国の古くからの風習だ。

日本でもこれが取り入れられて、平安時代には人との応答のときに名乗ったそうだ。現在でも、本名以外のニックネームで呼び合ったりするが、それも、広い意味の「あざ名」である。「あだ名」とも言う。

ちなみに、顔淵の本名は顔回、閔子騫の本名は閔損、冉伯牛の本名は冉耕、仲弓の本名は仲雍、宰我の本名は宰予、子貢の本名は端木賜、冉有の本名は冉求、季路の本名は仲由、子游の本名は言偃、子夏の本名は卜商だという。

そういうわけで、この章は、孔子が言った言葉ではなく、誰かが言った言葉が言い伝わったものと思われる。

このように、『論語』には、ときとして孔子が言っていないことでも「子曰」として載っている例が見られるが、今となってはもはやたいした問題ではないだろう。

この章で言われていることは、孔門の高弟たちのことなので、当然『論語』に収録されたものと思われる。

四　子曰、回也非助我者也、於吾言無所不説、

子曰わく、回や、我れを助くる者に非ざるなり。吾が言に於いて説ばざる所なし。

【現代語訳】

先生は次のように言われた。

「回は私を助ける人ではない。私の言うことは何でも喜んでくれる。」

※　金谷氏は訳文に関して、「顔淵が理解に早く従順なのを喜んだ。前の句を『わたくしを助けてくれる者ではなかろうか。』と反語にみる説もある。」と付記しておられる。

【私の見解】

さて、これは、顔回がとても素直で、自分の言うことなら何でも疑いなく聞き入れるので、孔子が少し訝って言っている様子が窺える逸話である。

前章にもあったように、顔回は人柄が素直で温厚だったようで、孔子はとても目をかけ頼りにしていたそうだ。

何度か触れてきたが、顔回が早世したとき、孔子の嘆きようは大変なものだったと伝えられている。井上靖も『孔子』の中でそのことに何度も触れている。

「子曰」として顔回のことが述べられている話だから、『論語』に収録されたのは当然だろうが、儒学に関わりのある人ならともかくとして、この話が取り立てて重要だとは私には思えない。

五　子曰、孝哉、閔子騫、人不間於其父母昆弟之言、

子曰わく、孝なるかな、閔子騫。人、其の父母昆弟を間するの言あらず。

※　金谷氏は読み下し文に関して、「新注では『其の父母昆弟の言を間せず。』とよむが、『亢倉子』では『不』の字が『無』になっていて、その意味に読むのが古説に合う。」と付記しておられる。

【現代語訳】

先生は次のように言われた。

「閔子騫（びんしけん）はなんと孝行者だろう。親兄弟のことを誹（そし）るものは誰もいない。」

※　金谷氏は訳文に関して、「閔子騫――孔子の門人。父の後妻である義母とその子である義弟二人がいて、冷遇されていたが、その不平を他人にもらさず、むしろ家族を弁護した。」と付記しておられる。

【私の見解】

右の日本語訳は、意味が何だが変だが、金谷氏の付記を参考にして説明を加えると、「親兄弟のことを誹（そし）るものは誰もいない。」というのは、閔子騫が親兄弟に冷遇されても不平一つ言わなかったため、親兄弟のことを悪く言う者がいなかった、と言うほどの意味である。

さて、「**子曰**」となっているが、閔損（びんそん）のことをあざ名の閔子騫（びんしけん）で呼んでいることから、これも孔子が言った言葉ではないようだ。誰かが言った言葉が「**子曰**」として伝わったものと思われる。

金谷氏の付記にもあるように、閔子騫（びんしけん）は大変孝徳があったようだ。だからこそ、「**子曰**」としてその孝行ぶりが語られているのだろう。

「孝」は孔子の教えの中でも重視されていることであり、『論語』にこの話が収録されたのは当然であろう。

中国には、古来、一族とか宗族の単位で結束してきた文化があり、孔子の「孝」には伝統的な中国の価値観が凝縮していると言っても過言ではないだろう。孔子の「孝」には、したがって、「身内をかばう」意味合いが強く含まれているので、日本でもそのまま通用するとは考えない方がいいと思われる。

六　南容三復白圭、孔子以其兄之子妻之、

南容、白圭を三復す。孔子、其の兄の子を以てこれに妻わす。

【現代語訳】

南容は白圭の詩を何度も繰り返していた。〔先生は〕自分の兄さんのお嬢さんを〔南容に〕嫁がされた。

※　金谷氏は訳文に関して、「公治長篇第二章参照。」などと付記しておられる。

【私の見解】

公治長篇第二章のところで既に述べているのでここでは繰り返さない。

なお、南容が口ずさんだ詩は、

白圭之玷、尚可磨也。斯言之玷、不可爲也

（白圭の玷くるは、尚お磨くべし。斯の言の玷くるは、為むべからず。）（『詩経』大雅・抑篇）〕

だという。

ちなみに、この章の訳は、齋藤孝氏の意訳が分かり易いので引いておく。

弟子の南容という人は、「白い玉のきずは磨いて直せるが、言葉で人を傷つけたら直しようがない」という言葉をふだんから何度もくり返し、言葉を慎重にするようつつしんでいた。先生はそんな南容を、先生のお兄さんの娘さんの夫としてめあわせられた。

七　季康氏問、弟子孰爲好學、孔子對曰、有顏囘者、好學、不幸短命死矣、今也則亡、

季康子問う、弟子孰か学を好むと為す。孔子対えて曰わく、顔回なる者あり、学を好む。不幸、短命にして死せり。今や則ち亡し。

※　金谷氏は読み下し文に関して、「雍也篇第三章には哀公の問いとしてみえる。」などと付記しておられる。

【現代語訳】

季康子が、

「お弟子のなかで誰が学問好きと言えますか。」

と訊ねたので、孔子は、

「顔回という者がいて学問好きでしたが、不幸にも短い寿命で死んでしまって、今ではもう〔この世に〕おりません。」

と答えられた。

【私の見解】

季康子の問いに孔子が答えたことになっているが、『論語』巻第三雍也第六第三章では、哀公の問いに答えたことになっていた。孔子は同じ質問を哀公と季康子から受けたのであろう。**【私の見解】**はそこで既に述べているので繰り返さない。前章もこの章も「**子**」ではなく「**孔子**」表記になっている。おそらく、孔子の弟子の言い伝えではないのであろう。

八　**顔淵死、顔路請子之車以爲之椁、子曰、才不才、亦各言其子也、鯉也死、有棺而無椁、吾不徒行以爲之椁、以吾從大夫之後、不可徒行也、**

顔淵死す。顔路、子の車以てこれが椁を為らんことを請う。子曰わく、才も不才も、亦た各々其の子と言うなり。鯉や死す、棺ありて椁なし。吾れ徒行して以てこれが椁を為らず。吾が大夫の後に従えるを以て、徒行すべからざるなり。

※　金谷氏は読み下し文に関して、「これが椁を……——『以爲之椁』の四字は清本には無く、清の阮元はそれが古い形であろうという。」と付記しておられる。

【現代語訳】

顔淵が死んだ。〔父の〕顔路は椁（棺の外ばこ）を作るために先生の車を譲ってくださいと願い出た。先生は言われた。

「才能があるにせよないにせよ、それぞれわが子のことだ。鯉が死んだとき、棺はあったが椁はなかった。私は〔自分の車で〕椁を作って歩くようなことはしなかった。私も大夫の末席にいるからには、歩くわけにはいかなかったのだ。」

※ 金谷氏は訳文に関して「顔路――顔淵の父。やはり孔子の古い門人で、孔子より六歳わかい。鯉――孔子の子。あざ名は伯魚。『孔子家語』によれば、孔子六十九歳のときに死んだ。」と付記しておられる。

【私の見解】

さて、これは、顔淵が亡くなったときに、顔淵の父親は棺桶を囲う箱を作る材料がなかったので、孔子に、「先生の車を譲ってください。それで囲いの箱をつくります。」とお願いしたところ、孔子は、「自分の子の鯉がなくなったときにも棺桶の囲いはなかったが、車をつぶして囲いの箱を作りはしなかった。大夫として、車に乗らないわけにはいかないのだ。」と断った、という話だ。何か理解しがたい話である。どうもこの話は、誰かの作り話のような匂いがする。

第一に、顔淵の父親が、先生の孔子にお願いする話としてはどこか不自然な気がする。こんなことをお願いするものだろうか。今日の日本に住んでいる者には想像することさえ難しい話ではないか。

「能力があろうと無かろうと、子を思う親の気持ちは変わらない。自分の子がなくなったときにも囲いの箱は作らなかった。」と言った孔子の対応にも、不自然さがにじみ出ている。もし本当に顔淵の父がそのようなことを願い出たとしたら、孔子は、愛弟子の顔淵のために父親の願いを聞き入れたのではないかと私は思う。申し入れを断った理由が、「仁」だの「忠恕」だのといったことを日頃弟子たちに諄々と説いている孔子の姿からは想像できないのだ

「わたしも大夫の末席についているからには、歩くわけにはいかない。」という言い訳に至っては、これはもう、まったく孔子らしからぬ感じがする。大夫といえば「家老」ほどの地位だろうが、そのような地位を笠に着て振る舞いを飾る孔子とは思えない。『論語』で描かれた孔子の姿とはどうしても一致しない気がする。孔子が自分自身のことを大夫と称するのも変な感じがする。

ともあれ、この話が『論語』に載っていることは事実である。話がどこまで真実なのか、今となっては調べようがない。

九　顔淵死、子曰、噫天喪予、天喪予、

顔淵死す。子曰わく、噫、天予れを喪ぼせり。天予れを喪ぼせり。

【現代語訳】

顔淵が死んだ。先生は、

「ああ、天は私を滅ぼした。天は私を滅ぼした。」

と言われた

【私の見解】

これは、これまで何度か触れてきた話である。顔淵すなわち顔回が亡くなったことは、孔子にとって一大事だったことが分かる。

顔回は、孔子に随伴して中原を放浪した高弟中の高弟だ。性格が温厚で素直、真面目を絵に描いたような人物だったと伝えられている。孔子が顔回をどれほど愛し、頼りにしていたかは、『論語』に顔回の話がたくさん出て来ることでも分かる。

『論語』にこの章が収録されているのは、当然すぎることと言えるだろう。孔子と言えば顔回、顔回と言えば孔子が連想されるほどの間柄だった。後世の儒者たちにとって、顔回の死とそれを嘆く孔子の話はとても重いものだったに違いない。

一〇　顔淵死、子哭之慟、從者曰、子慟矣、子曰有慟乎、非夫人之爲慟、而誰爲慟、

顔淵死す。子これを哭して慟す。従者曰わく、子慟せり。子曰わく、慟すること有るか。夫の人の為に慟するに非ずして、誰が為にかせん。

【現代語訳】

顔淵が死んだ。先生は身を震わせて慟哭された。おともの者が、
「先生が慟哭された！」
と言った。先生は、
「慟哭していたか。顔回のために慟哭せずして、一体誰のために慟哭するんだ。」
と言われた。

※　金谷氏は訳文に関して、「慟哭された！――身もだえする烈しい悲しみの表現は、孔子の行動としては異例であった。従者はそれに驚いたのである。」と付記しておられる。

【私の見解】

金谷氏の付記にもあるように、孔子は顔回の死に酷く落胆したのだ。まさに周りの者が驚くほどの落胆ぶりだったことが、慟哭という表現からもよく分かる。

慟哭と言えば、私にもこれまで二度経験がある。

まず思い出されるのは、父親が亡くなったときのことだ。「もう二度と会えないのだ。」と思うと涙が止めどなく湧き出て、私は肩をふるわせて号泣した。私が30歳のときだっ

た。

もう一度は、私が高校の校長をしていたときの部下だった先生が亡くなられたときだ。体育の先生で躯体のしっかりしたいかにも健康そのものといった男性だったが、私が6年前（73歳のとき）に心臓の手術で入院していたちょうど同じ頃に、その先生も私と同じ病気で入院して手術を受け、心タンポナーデ（血管が破れて溢れた血液が心臓を圧迫）で急死されたのだ。60代前半の早すぎる死だった。

『呉越春秋』（呉と越の興亡に関する歴史書）に由来する「同病相憐れむ」という言葉があるが、私は、先生の死を我がこととして受け止め、慟哭した。孔子の、愛弟子の死を心の底から悲しみ、悲嘆の底に沈んでしまった様子が、私は実感としてよく分かる。

孔子が慟哭する話が『論語』の中で後にも先にもこの章だけである。それほど異例なことだったのだ。

一一　**顔淵死、門人欲厚葬之、子曰、不可、門人厚葬之、子曰、回也視予猶父也、予不得視猶子也、非我也、夫二三子也、**

顔淵死す。門人厚くこれを葬らんと欲す。子曰わく、不可なり。門人厚くこれを葬る。子曰わく、回や、予れを視ること猶お父のごとし。予れは視ること猶お子のごとくすることを得ず。我れに非ざるなり、夫の二三子なり。

【現代語訳】

顔淵が亡くなった。門人たちは立派な葬式をしたいと思った。先生は、

「ダメだ。」

といわれたが、門人たちは手厚く葬った。先生は、

「回は私を実の父のように思ってくれたのに、私は実の子のようにしてやれなかった。〔立派な葬式をしたのは〕私ではない。あの者たちなのだ。」

と言われた。

※　金谷氏は訳文に関して、『いけない』（私は「ダメだ。」と訳した：山内注）と……――八佾篇＝喪は其の易めんよりは寧ろ戚め。また、葬式は貧富と身分に応じて行なうのが礼であった。　その子の鯉の葬式の場合のようにいかなかったことを悲しんで、門人を責めた。仁斎は末の二句を『わたくしらしくないこと、あの二三子と同じだ。』と解する。」と付記しておられる。

【私の見解】

孔子は、顔回の死をとても悲しんだが、葬式を立派にすることには反対した。葬式というものは、立派にすることよりも心から悲しむことに意義があると考えていたからだ。このことは、金谷氏の付記にもあるように、八佾篇第三の第四章で「**喪與其易也寧戚**」（葬式は万事ととのえるよりはむしろ悲しむことだ。）とあることで分かる。

しかし、弟子たちは顔回を立派に葬った。それを見て、孔子は、顔回は自分を実の父のように思ってくれたのに、自分は実の子のようにしてやれなかった。」と悔やんだのだ。「**非我也、夫二三子也**」（我れに非ざるなり、夫の二三子なり。）については、さまざまな解釈があるようだ。私の訳では、孔子が自分を責め、弟子たちを褒めた解釈に立っているが、金谷氏の付記にあるように、伊藤仁斎の解釈は「わたくしらしくないこと、あの二三子と同じだ。」と立派な葬式をした弟子たちを自分と同様に責めた内容になっている。

伊藤仁斎は江戸時代前期の儒学者だ。彼は、はじめは朱子学に心酔したが次第に朱子学に疑問を抱くようになり、『論語』の本義に立ち返ったと言われている人である。日本が中国のような異形の強権国にならずに済んだのは、仁斎の功績に負うところが大きいと石平氏は指摘しておられる。

わたしの訳は、そのような儒学の大家の解釈と大いに異なっているが、許される範囲ではないかと思う。まあ『論語』というのはそういうものなのだと思う他はない。

この章が『論語』に収録されたのは、葬儀に関する孔子の「礼」についての考え方や、愛弟子の死についての孔子の気持ち、弟子たちの思いなどを後世に伝えるためであろうと思われる。儒者たちにとっては、とても重い話だったのだろうと私は推察する。

一二　季路問事鬼神、子曰、未能事人、焉能事鬼、曰敢問死、曰未知生、焉知死、

季路、鬼神に事えんことを問う。子曰わく、未だ人に事うること能わず。焉んぞ能く鬼に事えん。曰く、敢えて死を問う。曰わく、未だ生を知らず、焉んぞ死を知らん。

※　金谷氏は読み下し文に関して、「曰わく――通行本ではこの字が無い。」と付記しておられる。

【現代語訳】


季路が鬼神に仕えることをお訊ねした。先生は、

「人に仕えることもできないのに、どうして鬼神に仕えられよう。」

と言われた。〔季路が〕、

「敢（あ）えて死のことをお訊ねします。」

と言うと、先生は、

「まだ生のことも分からぬのに、どうして死のことがわかろうか。」

と言われた。

※ 金谷氏は訳文に関して、「雍也篇第二二章を参照。」などと付記しておられる。「雍也篇第二二章」には「**敬鬼神而遠之**」（鬼神を敬してこれを遠ざく）とある。

【私の見解】

つまり、孔子には、鬼神は敬うべきではあるが近寄るべきではない、という信念があり、季路の問いに「**未能事人、焉能事鬼**」（未（いま）だ人（ひと）に事（つか）うること能（あた）わず。焉（いずく）んぞ能（よ）く鬼（き）に事（つか）えん。）と答えたのだろう。さらに、「生」は現実だが「死」は現実からの逝去（せいきょ）であり、神霊の世界を意味する。だから、孔子は、「**未知生、焉知死**」（未（いま）だ生（せい）を知（し）らず、焉（いずく）んぞ死（し）を知（し）らん。）と答えたのだと思われる。

ところで、「**敬鬼神而遠之**」は、孔子が言い出したものではなく、中国古来の考え方だったのではないかと私は思っている。なぜなら、中国では歴史上本格的な宗教が根付いた形跡がないからだ。

儒教や道教などがあるにはあるが、これらは、本来の宗教というよりは、人為的に「理論化」したものにすぎないものだと私は観ている。

たとえば、石平氏が『何故論語は「善」なのに、儒教は「悪」なのか』で指摘しておられるところによると、儒教は王朝を担保(たんぽ)するために儒学を変形して理論化したものであり、道教は、もともとは神仙思想(しんせんしそう)や不老長生信仰(ふろうちょうせいしんこう)をもとにしたものに外来の仏教を取り入れて理論体系化したものだそうだ。道教の開祖は老子ということになっているが、これは、道教が道家思想を教義に取り入れたために、道家の始祖の老子を道教の開祖に祭り上げただけのことだという。

宗教は本来信仰を中核とするものだが、儒教や道教は理論に傾きすぎて、内面からの信仰というよりも外からの洗脳といった要素が強いものだと私は思っている。

敬鬼神而遠之」が『論語』に書かれていることもあって、儒教が朝廷お抱えの理論になった前漢時代以降は、中国はますます宗教とは縁の遠い国となり、それが「宗教は阿片(あへん)」と言いきる共産主義と見事にマッチして今日に及んでいると言っていいだろう。

中国が、今日のような人間の情感から乖離(かいり)した乾(かわ)いた強権国家となったのは、本来の宗教が根付いていないこの国の生い立ちと深い関わりがあるのではないか、と私は思う。

その点、日本は幸運だ。わが国は肇国そのものが神代から受け継がれたものであり、神道という精神的支柱が初めから一貫している。それを体現しておられるのが神代に系譜を持つ天皇であり、私たち日本人は、意識するかしないかにかかわりなく、宗教的恩恵に包まれて生活しているのだ。森喜朗首相(当時)は、「日本は天皇を中心にした神の国である。」と言って左傾マスコミから叩かれたが、森さんの言われたことは間違っていない。

伊藤仁斎が、儒教の変形である朱子学に疑問を抱いたのも、この日本独特の宗教的恩恵に包まれていたからこそだと言えるだろう。わが国は、国の成り立ちが、無味乾燥な中国とは根本的に異なり、人間の心に直結した神道とともにあると言っていい。

宗教的恵みといっても、神道は、西洋でいうところの宗教とは形も内容も異なる。つまり、神道には西洋の宗教には必須の「教典」あるいは「聖典」というものがない。したがって、教義によって人々を制約することもない。神社の神主さんは、神に祝詞はあげても参拝者に説教はしないのだ。

それでは、人々は神社などで神に手を合わせて何をお祈りしているかといえば、それは、自分の心を空しくして神という鏡に自分を照らし、何を為すべきかの教示を自ら見つけ出そうとしているのだ。つまり、神は一人一人の心に宿るのである。私はそう思っている。

一三　閔子騫侍側、誾誾如也、子路行行如也、冉子子貢侃侃如也、子樂、曰、若由也不得其死然、

閔子騫、側に侍す、誾誾如たり。子路、行行如たり。冉子・子貢、侃侃如たり。子楽しむ。曰わく、由がごときは其の死を得ざらん。

※　金谷氏は読み下し文に関して、「閔子騫・冉子――通行本では『閔子』『冉有』。子楽しむ――唐石経には『楽』の字がない。句末の『然』は焉と同じ。」と付記しておられる。

【現代語訳】

閔子騫はおそばにいて穏やかに是非を論じ、子路は剛健な様子で、冉有と子貢はなごやかであった。先生は〔それを〕楽しまれ、ぽつりと、「由のような男は、普通の死にかたはできまい。」と言われた。

※　金谷氏は訳文に関して、「由――子路のこと。この心配どおり、孔子の七十三歳のとき（死の前年）に子路は衛の内乱にまきこまれて殺された。」と付記しておられる。

【私の見解】

これは、孔子の弟子たちの特性を伝えるとともに、孔子が子路をどのように見ていたかを伝える逸話だ。

子路は、どちらかと言えば勝ち気で、恐れを知らぬ向こう見ずなところがあったようだ。孔子は子路のその特性を見抜き、平素から「普通の死に方はできないだろう。」と言っていたそうだが、その通りになった。

つまり、子路は、孔子の推挙を受けて衛の国の役人を務めていたが、金谷氏の付記にあるように、内乱に巻き込まれて亡くなったのだ。

孔子は、子路の死にショックを受けたのだろう、その翌年に亡くなっている。74年の生涯だった。

後の儒者たちにとって、この逸話はとても重いものだったに違いなく、『論語』に収録されたのも当然と言えよう。

一四　魯人爲長府、閔子騫曰、仍舊貫如之何、何必改作、子曰、夫人不言、言必有中、

魯人、長府を為る。閔子騫曰く、旧貫に仍らば、これを如何、何ぞ必ずしも改め作らん。子曰わく、夫の人は言わず。言えば必ず中ること有り。

【現代語訳】

魯の人が長府を改築しようとした。閔子騫は、

「もとのままでどうですか。何もわざわざ改築することもないでしょう。」

と言った。先生は、

「あの人（閔子騫）は寡黙だが、言えば必ず的を射ている。」

と言われた。

【私の見解】

これも、弟子の特性を見抜いた孔子の逸話だ。閔子騫（閔損）は、平素は寡黙だったが、言うときはずばりと的確なことを言ったということだ。孔子はそのことを「**夫人不言、言必有中**」（夫の人は言わず。言えば必ず中ること有り。）と表現したのだ。孔子は、口の軽いおしゃべりな人よりも、平素は寡黙でも言うべき時には的確なことを言う人を評価していたことが窺える。

話そのものはたいしたことではないが、孔門十哲の一人に挙げられている閔子騫と孔子の話なので、『論語』に収録されたのだろう。

一五　子曰、由之鼓瑟、奚爲於丘之門、門人不敬子路、子曰、由也升堂矣、未入於室也、

子曰わく、由の瑟、奚為れぞ丘の門に於いてせん。門人、子路を敬せず。子曰わく、由や堂に升れり。未だ室に入らざるなり。

※　金谷氏は読み下し文に関して、「由の瑟――原文『鼓』を生かして読むと『由の瑟を鼓くは』となるが、通行本のままでもよい。」と付記しておられる。

【現代語訳】

先生が、

「由の大琴はわざわざ丘（私）のところで弾くものじゃないね。」

と言われたので、門人は子路を尊敬しなくなった。先生は、

「由は堂の上に上っているが（由の教養はたいしたものだが）、まだ部屋には入っていない（深い境地に達していない）だけのことだ。」

と言われた。

※　金谷氏は訳文に関して、「瑟――大琴。子路のひき方が、その人がらどおり、ごつごつしておだやかでなかった。

子路の学問が、今一歩を残してはいるがすでに抜群であることにたとえて、門人たちの不敬をいましめた。」と付記しておられる。

【私の見解】

さて、これは、私には少し分かりにくい話だ。
齋藤孝氏の訳を見ると、次のようになっている。

剛直な気質を持つ子路の琴の演奏の仕方が少々荒っぽいことに、先生が苦言を呈して、「由の琴は、私の門人としてふさわしくないね。」といわれたので、他の門人たちが、子路を尊敬しなくなった。

この状態を心配して、先生がこういわれた。

「人の道を建物にたとえて言えば、由はすでに上にはあがっているのだ。まだ奥の部屋に入っていないというだけで、十分高い水準にある。（諸君が軽んじることがあってはいけないよ。）」

孔子の話はたとえ話が多くて難儀するが、なるほど、これならよく分かる。

この話も、孔子と愛弟子の関係を示す逸話だ。『論語』に載せない訳にはいかなかったのだろう。

ただ、話の中身としては特段の教訓を含んではいない。このような話も『論語』にはあるということを認識しておくだけで十分ではないかと私は思う。

一六　**子貢問、師與商也孰賢乎、子曰、師也過、商也不及、曰、然則師愈與、子曰、過猶不及也、**

子貢問う、師と商とは孰れか賢れる。子曰わく、師や過ぎたり、商や及ばず。曰わく、然らば則ち師は愈れるか。子曰わく、過ぎたるは猶お及ばざるがごとし。

【現代語訳】

子貢が、

「師（子張）と商（子夏）とではどちらが優れていますか。」

と訊ねた。先生は、

「師は過ぎている。商は足りない。」

と言われた。

「それでは師が優っているのですか」

と言うと、先生は、

「過ぎているのは足りないのと同じようなものだ。」

と言われた。

【私の見解】

これは、わが国でもよく知られている。「**過猶不及也**」（過ぎたるは猶お及ばざるがごとし。）は何かにつけてよく使われる言葉である。

孔子は、「ほどよさ」則ち「中庸」を善しとする考えだったことが分かる。ただ、「ほどよさ」と言っても、どの程度が「ほどよさ」なのかはハッキリしない。人によって取り方は様々だが、「**過猶不及也**」は、何事もやり過ぎる傾向の人には自制を、消極的で何事もやり足りない人には奮起を、それぞれ求める教訓だと受け止めればいいのではないか。

この原稿を書いているときに、ロシアがウクライナに住むロシア人の権利を守るという名目で、一方的にウクライナの一部地域を「独立国」として認めると宣言した。そして、早速その「独立国」と協定を結び、平和維持のための軍隊を派遣すると表明した。これは、「やり過ぎ」を通り越して「むちゃくちゃ」と言うべきだ。ロシアに孔子の言う「中庸」の心は全くないようだ。ウクライナはもとより殆どの国々がロシア非難の声明を発したのは当然のことである。

ところが、『論語』の国・中国は、ロシアの蛮行を批判さえせず、むしろ精神的に支持する姿勢を示した。それもそのはず、中国も日本の尖閣諸島や沖縄を虎視眈々と狙っているばかりか、南シナ海を私物化して軍事力によって世界秩序を変えようとしてきた。ロシアのウクライナ侵略を範として、今、悪巧みに拍車をかけているに違いない。中庸を説いた孔子がこの状況を見たら、腰を抜かしてしまうことだろうが、中国は、「自分たちは論語に背いてはいない。これでも中庸なのだ。」と嘯くことだろう。

一七　季氏富於周公、而求也爲之聚斂而附益之、子曰、非吾徒也、小子鳴鼓而攻之、可也、

季氏、周公より富めり。而して求やこれが為に聚斂してこれを附益す。子曰わく、吾が徒に非ざるなり。小子、鼓を鳴らしてこれを攻めて可なり。

※　金谷氏は読み下し文に関して、「求——冉求。このとき季氏の家宰（封地のとりしまり）として仕えていた。」と付記しておられる。

【現代語訳】

季氏は周公よりも裕福だった。それなのに、求は季氏のために税を取り立ててますます富を増やしてやっている。先生は、

「〔求は〕わたしたちの仲間ではないね。そなたたちは、やつの罪を大いに責め立ててもいいぞ。」

と言われた。

【私の見解】

求（冉有）が魯の国の役人（家宰）として仕えていて、季氏のために税金をたくさん取り立てた。季氏は周公よりも豊かであるのにそんなことをする求を、孔子は「**非吾徒也**」（吾が徒に非ざるなり。）と言い、弟子たちに「**鳴鼓而攻之、可也**」（鼓を鳴らしてこれを攻めて可なり。）とけしかけている。

求は、孔門十哲の一人として挙げられている高弟で、孔子も、彼の政治の才能を高く評価していたと伝えられているも拘わらずこの有様だ。なんとも不思議な光景である。

『論語』にはなんの説明もないので、孔子がどうしてそのようなことを言ったのか、私にはよく分からない。求のやり方がよほど酷くて、孔子は腹に据えかねたのだろうか。それとも、求は、孔子の中原放浪に随伴していたものの途中で別れて魯の国に返り、季氏に仕

えたと伝えられているが、そのことが、孔子の機嫌を損ねたのだろうか。孔子は、本当は自分こそが魯の国に役人として仕えるべきだと思っていたのに、弟子の求が仕えることになったことが面白くなかったのかも知れない。おっと、これはあくまでも無学な私の邪推にすぎない。

ともあれ、この逸話が『論語』に載っているということは、後世にこのことを伝える必要があると『論語』を編集した儒者たちは思ったのだろう。孔子と高弟との関係を伝える話なので、載せない訳にはいかなかったのかも知れない。

一八　**柴也愚、參也魯、師也辟、由也喭、**
柴や愚、參や魯、師や辟、由や喭、

【現代語訳】

〔先生は次のように言われた。〕

「柴（子羔）は愚直で、參（曾子）は鈍感、師（子張）は見栄っ張りで、由（子路）は粗暴だ。」

※　金谷氏は訳文に関して、「柴――孔子の門人。姓は高、名は柴、あざ名は子羔（しこう）。孔子より三十歳わかい。古注では次章とあわせて一章とする。『子曰』の二字がこの上にもあったか（新注）。」と付記しておられる。

【私の見解】

さて、これは孔子の辛辣（しんらつ）な弟子評だ。孔子が誰に向かってこのようなことを言ったのか分からないが、よくもまあ、ずばりと言ったものだと思う。

もし、弟子に向かって直接言ったとしたら、言われた弟子はどう思っただろうか。尊敬する先生の言葉なので、素直に聞いていたかも知れないが、心の中は穏（おだ）やかではなかっただろう。直接にではなく、第三者に向かって話したのだとすれば、それを間接的に聞いた弟子は、きっと気を悪くしたのではないかと私は思う。

私は学校教育に40年余り関わってきたので分かるが、受け持ちの生徒のことを教員が誰かにこのように言えば、今なら大問題になるだろう。孔子の時代はそれが許されたのかも知れない。

これが『論語』に収録されたのは、孔子による弟子評なので外（はず）すわけにはいかなかったのだと思われる。弟子の特質や孔子の人柄を知る上で役に立つとはいえ、私はあまり感心しない。

一九　**子曰、回也其庶乎、屢空、賜不受命而貨殖焉、億則屢中、**

子曰わく、回や其れ庶きか、屢々空し。賜は命を受けずして貨殖す。億れば則ち屢々中る。

【現代語訳】

先生は次のように言われた。

「回（顔淵）はまあ理想に近いと言えるかな。よく窮乏する。賜（子貢）は運をだしぬいて金儲けをした。予想がよく的中する。」

※　金谷氏は訳文に関して、「官命を……――兪樾の説。『天命に安んじないで、』とみるのがふつう。」と付記しておられる。

【私の見解】

さてこの章も、孔子が弟子の特性をどう捉えていたかの話である。

孔子は、窮乏をものともせずに道理の研究に余念がない顔回を「**回也其庶乎**」（回や其れ庶きか）と褒めている。これが、孔子の価値観であることがよく分かる。

「**賜不受命而貨殖焉**」（賜は命を受けずして貨殖す。）は、「命」をどう訳すかで意味が変わってくる。金谷氏の訳では「官命」となっているが、「天命」と訳している例も多いようだ。私は、「運」と解釈して「賜（子貢）は運をだしぬいて金儲けをした。」と訳した。

子貢については、「**不受命而貨殖焉、億則屢中**」（賜は命を受けずして貨殖す。億れば則ち屢々中る。）と、その才覚をこれまた認めている。

確かに子貢は、中原放浪の旅に随伴している間も、孔子一行が飢えかかるとどこからか食糧などを調達したという話が伝わっている。それだけでなく、孔子が亡くなったあとも葬式をはじめとする喪の儀礼を中心になって差配したとも伝わっている。

孔子は、このように弟子の特性をよく把握していたことが分かる。この章は、弟子を「褒めている」内容なので、前章のような問題はないと思う。孔子に評価された顔回と子貢は、きっと喜んで意を新たにしたことだろう。

この話が『論語』に収録されたのは、孔子とその高弟中の高弟についての話であり、孔子の価値観を伝える話でもあるので、当然のことだと思われる。

二〇　**子張問善人之道、子曰、不践迹、亦不入於室、**

子張、善人の道を問う。子曰わく、迹を践まず、亦た室に入らず。

【現代語訳】

子張が善人の道についてお訊ねした。先生は、

「〔先人の〕跡を踏んで行かなければ、奥義には入れない。」

と言われた。

※ 金谷氏は訳文に関して、「善人――新注にいう、素質が立派だが、学のたりない人と。述而篇第二五章参照。」などと付記しておられる。

【私の見解】

これは、素質があっても先人の残した成果を学ばなければ大成はしないということを、孔子が諭した話だ。

ここで言う「善人」とは、金谷氏の付記にもあるように、『集注』に「**善人、質美而未學者也**」（善人は、質美しくして未だ学ばざる者なり。）とあるそうだ。要するに素質はあっても未熟な者というほどの意味のようである。

この章に書かれていることは、今日でもこのまま通用する教訓だと思うが、極めて単純明快な話で、孔子でなくても、普通の常識のある人であれば誰でも言えそうな言葉だ。『論

語』にはこのような言葉も載っているのだと心に留めておくだけでよいのではないか。

二一　子曰、論篤是與、君子者乎、色莊者乎、

子曰わく、論の篤きに是れ与すれば、君子者か色荘者か。

【現代語訳】

先生は次のように言われた。

「言論がしっかりしているからといって、君子なのかうわべだけの人か（はよくは分からない。）」

【私の見解】

孔子が、言葉巧みな者を好んでいないことが、この章にもよく表れている。「口先だけで騙されてはいけないよ。」と孔子が言っているように私は感じる。

確かに、弁舌爽やかで、言うことがいちいち尤もだと思える人でも、腹のなかはどす黒い人も結構いる。詐欺師という人たちは、まさにこのような人たちだろう。

そうとは分かっていても、人はついつい口の上手い人に騙されやすいものだ。孔子は、そのことを念頭に、警告を発しているのだと思う。心したいものである。

これが『論語』に収録されているのは、言うまでもなく孔子のまさに教えであるからだろう。

ところで、今日（令和4年2月24日）の報道によると、中国が中国駐在の日本大使会員（外交官）を理由も示さず逮捕監禁したことに日本が抗議したところ、中国は「抗議は受け入れられない」と拒否したということだ。

外交官はウィーン条約で逮捕されないことになっている。中国の行為は、明白な国際法違反であり、責められて当然だが、中国はそのようなことはまったく意に介さず、弁舌を弄して平然としている。

孔子を聖人の中の聖人と崇めていながら、『論語』をどのように読んでこのような態度をとっているのだろう。「これでも控えめに言っているのだ。」と思っているのかも知れない。

二三一　子路問、聞斯行諸、子曰、有父兄在、如之何其聞斯行之也、冉有問、聞斯行諸、子曰、聞斯行之、公西華曰、由也問、聞斯行諸、子曰、有父兄在、求也問、聞斯行諸、子曰、聞斯行之、赤也惑、敢問、子曰、求也退、故進之、由也兼人、故退之、

子路問う、聞くままに斯れ行なわんや。子曰わく、父兄の在すこと有り、これを如何ぞ、其れ聞くままに斯れこれを行なわんや。冉有問う、聞くままに斯れ行なわんや。子曰わく、聞くままに斯れこれを行なえ。公西華曰わく、由や問う、聞くままに斯れ行なわんやと。子曰わく、父兄の在すこと有りと。求問う、聞くままに斯れ行なわんやと。子曰わく、聞くままに斯れこれを行なえと。赤や惑う。敢えて問う。子曰わく、求や退く、故にこれを進む。由や人を兼ぬ、故にこれを退く。

【現代語訳】

子路が、

「聞いたらすぐに実行しましょうか。」

とお訊ねした。先生は、

「父兄がおられるのに、どうしてまた聞いてすぐに実行できようか。」

と言われた。冉有が、

「聞いたらすぐに実行しましょうか。」

とお訊ねした。先生は、

「聞いたらすぐに実行しなさい。」

と言われた。公西華が、

「由（子路）さんが『聞いたらすぐに実行しましょうか。』とお訊ねしたときには、先生は『父兄がおられるのに、』と言われたのに、求（冉有）さんが『聞いたらすぐに実行しましょうか。』とお訊ねしたときには、先生は『聞いたらすぐに実行しなさい』と言われました。赤(私)は迷います。恐れ入りますがお訊ね致します〔これはどういうことですか〕。」

と言った。先生は、

「求は消極的だから、けしかけたのだ。由は出しゃばりだから、引き留めたのだ。」

と言われた。

【私の見解】

孔子の言うことは、どうも一貫性がなかったようだ。相手によって言い方を変えたり、言う内容を変えたりしたそうだが、この章の話も、まさにそうだ。同じことを訊いているのに、子路と冉有に違う内容の返事をしている。公西華がそのわけを訊ねると、孔子は、子路と冉有の性格に合わせて答えたのだと言っている。

これは、要するに、相手の性格を見定めて対応する孔子の人定眼を伝える逸話と言ってよいだろう。

弟子たちから信頼されている孔子だからこそ、このような対応が許されたのだろうが、よほどの信頼関係がない限り、普通の人がこのようなことをすれば、たちまち信用を失うのではないか。とはいえ、相手の性格を見抜いて対応するということそれ自体は、とても大切なことだ。

孔子には数千人の弟子がいたと言われているが、その一人一人の性格を見抜いて孔子は指導していたということを後世に知らせるために、これが『論語』に収録されたのだろうと私は推測している。

二三　子畏於匡、顔淵後、子曰、吾以女爲死矣、曰、子在、回何敢死、

子、匡に畏る。顔淵後れたり。子曰わく、吾れ、女を以て死せりと為す。曰わく、子在す、回何ぞ敢えて死せん。

【現代語訳】

先生は匡の土地で危険に遭われた。顔淵が後れてやって来た。先生は、

「私はそなたは死んだものだと思ったよ。」

と言われた。顔回は、

「先生がおられるのに、どうして回（私）が死ねましょうか。」

と答えた。

※　金谷氏は訳文に関して、「匡の土地で……——子罕篇第五章参照。」などと付記しておられる。

【私の見解】

さて、孔子は、衛から陳に行く途中、匡（きょう）の土地で人違いで襲われたことがある。この章は、その時の逸話だ。金谷氏の付記にあるように、孔子が匡の土地で恐ろしい目に遭ったことは、既に子罕篇第五章にも載っていた。

孔子は逃げたが、顔回の姿がなかった。遅れて孔子一行に追いついた顔回に、孔子が心配していたよと声をかけると、顔回は、先生がおられるのに、自分が死ぬわけがありません、と答えている。師弟の厚い結びつきを感じさせる逸話である。

この話が『論語』に収録されたのは、孔子と顔回の強い絆（きずな）を伝える逸話なので当然であろう。儒学に関わりのある人々にとっては、とても価値のある話に違いないのだ。

ただ、部外者にとっては、「なるほど、そういうことがあったのか」と思う程度の話だ。論語の一節として記憶に留めておくだけで十分ではないだろうか。

二四　季子然問、仲由冉求、可謂大臣與、子曰、吾以子爲異之問、曾由與求之問、所謂大臣

者、以道事君、不可則止、今由與求也、可謂具臣矣、曰、然則從之者與、子曰、弑父與君、亦不從也、

季子然問う、仲由・冉求は大臣と謂うべきか。子曰わく、吾れ子を以て異なるをこれ問うと為す、曾ち由と求とをこれ問う。所謂大臣なる者は、道を以て君に事え、不可なれば則ち止む。今、由と求とは具臣と謂うべし。曰わく、然らば則ちこれに従わん者か。子曰わく、父と君とを弑せんには、亦た従わざるなり。

【現代語訳】

季子然が、

「仲由と冉求は優れた家臣と言えるでしょうか。」

と訊ねた。先生は、

「私はあなたが別のことをお訊ねかと思っていましたが、なんと由と求のことですか。優れた家臣というのは道理に基づいて主君にお仕えして、道理が行なわれなければ身を退きますが、この由と求はあまり有能ではなく、ただ員数を充たしているだけの家臣というべきでしょう。」

と言われた。季子然は、

「それでは主命には絶対に従うのですか。」

と言った。先生は、
「父と君主を殺すような命令には従いません。」
と言われた。

※ 金谷氏は訳文に関して、「季子然が……――季子然は魯の家老の季氏の一門。この問いは、仲由（子路）と冉有とを家臣にしていることを誇ったいい方で、次ぎの孔子の初めのことばはそれを抑えたのである。」と付記しておられる。

【私の見解】

季子然は、野心家だったという。その季子然が、仲由と冉求を家臣として迎えてそのことを誇り、二人の師である孔子に「優れた家臣でしょうね」と訊ねた。孔子は季子然の善くない野心を察知して、仲由と冉求は大した家臣ではありません、と答える。すると季子然が野心を半ば露わにして、仲由と冉求は自分の言うことならなんでも聞きますか、と訊ねる。孔子はその野心をくじこうと思ったのだろう、仲由と冉求は大した家臣ではないが、父と君主を殺すことには手を貸すような者たちではありません、と答えている。

なるほど、これも孔子の弟子を思う気持ちと人を見る目の確かさを伝える逸話なので、

『論語』に収録されたのは当然のことと思う。

乱世ならではの、きわどい匂いのする逸話だ。この話が後世の中国に影響を及ぼしたとは思えないし、私たち日本人にとって教訓となる話とも思えない。

まあ、『論語』にはこのような話も載っていることを知っているだけで十分ではないかと私は思う。当時の状況の一端を知る資料にはなるのではないか。

二五　子路使子羔爲費宰、子曰、賊夫人之子、子路曰、有民人焉、有社稷焉、何必讀書然後爲學、子曰、是故惡夫佞者、

子路、子羔をして費の宰たらしむ。子曰わく、夫の人の子を賊わん。子路曰わく、民人あり、社稷あり、何ぞ必ずしも書を読みて然る後に学と為さん。子曰わく、是の故に夫の佞者を悪む。

【現代語訳】

子路が子羔を費の土地の宰（封地のとりしまり）にした。先生が、
「あの若者をだめにするだろう。」
と言われた。子路は、

「人民もおり、社稷（祭るべき社）もあります。書物を読むことだけが学問ではありますまい。」

と言った。先生は、

「これだから、口達者な人間は嫌いだ。」

と言われた。

※　金谷氏は訳文に関して、「子羔――孔子の門人高柴のあざ名。　社稷――社は土地神、稷は穀神で、封地での祭祀の中心。」と付記しておられる。

【私の見解】

孔子は、子路が子羔（本名高柴）を費の土地の取り締まりにしたことが気に入らなかった。そこで、子路に、「そんなことをしたら、高柴をダメにするよ。」と苦言を呈した。すると子路が、「民も治めるし祭りも取り仕切るのです。本を読むことだけが学問ではありますまい。」と口答えをした。そこで孔子が、「これだから口の達者な者は嫌いなのだ」と言った、とこういう話だ。

孔子と弟子の関係は、割合フランクリーだった様子が窺える。最後の孔子の言葉は、子路の言うことも尤もだと思い、孔子は苦笑いをしながら言ったのではないかと、私は思う。子路は性格が少し軽率なところがあったようだが、武闘派で質実剛健の人物だったそうだ。孔子には頼りにされていたようで、弟子の中で『論語』に出て来る回数は子路が最も多い。

これが『論語』に収録されたのは、孔子と高弟の子路の関係を端的に示す逸話として後世に伝えたかったからだろうと思う。

余談だが、子路は、衛の国の行政長官になっていたが、内紛に巻き込まれて殺され、その遺体は切り刻まれて塩漬け（醢＝塩から）にされて孔子の所に送られたそうだ。当時中国では人間の醢を食べる習慣があったようで、孔子も食べていたそうだが、子路の醢を見てからは食べなくなったと伝えられている。

中国では人肉を食べる習慣が今でもあるようだ。嬰児のスープを精力剤として食する話を、評論家の宮崎正弘氏が河添恵子氏との共著『中国・中国人の品性』にも書いておられた。（42ページ）。

事実なら大変恐ろしい話だが、子路が殺された後切り刻まれて塩漬けにされた話はウィキペディアにも載っているから、どうも昔からそんな恐ろしいことが行われてきたようである。

「仁」だとか「忠恕」だとかの人の道を説いた孔子が、人間の塩漬けを食していたというのは、驚きを通り越して戦慄を覚える話だが、前にも触れたように碩学の加瀬英明氏も、孔子が人肉を食するのを日課にしていたことを知って、「『論語』はインチキだと覚った」とご著書『ここまで違う日本と中国』に書いておられる。

二六　子路曾皙冉有公西華、侍坐、子曰、以吾一日長乎爾、無吾以也、居則曰、不吾知也、如或知爾則何以哉、子路率爾而對曰、千乘之國、攝乎大國之間、加之以師旅、因之以飢饉、由也爲之、比及三年、可使有勇且知方也、夫子哂之、求爾何如、對曰、方六七十、如五六十、求也爲之、比及三年、可使足民也、如其禮樂、以俟君子、赤爾何如、對曰、非曰能之也、願学焉、宗廟之事、如會同、端章甫、願爲小相焉、點爾何如、鼓瑟希、鏗爾舍瑟而作、對曰、異乎三子者之撰、子曰、何傷乎、亦各言其志也、曰、莫春者春服既成、得冠者五六人童子六七人、浴乎沂、風乎舞雩、詠而歸、夫子喟然歎曰、吾與點也、三子者出、曾皙後、曾皙曰、夫三子者之言何如、子曰、亦各言其志也已矣、曰、夫子何哂由也、子曰、爲國以禮、其言不讓、是故哂之、唯求則非邦也與、安見方六七十如五六十而非邦也者、唯赤則非邦也與、宗廟之事如會同非諸侯如之何、赤也爲之小相、孰能爲

之大相、

子路・曾晳・冉有・公西華、侍坐す。子曰わく、吾が一日も爾より長じたるを以て、吾れを以てすること無かれ。居れば則ち曰わく、吾れを知らずと。如し爾を知るもの或らば、則ち何を以てせんや。子路率爾として対えて曰わく、千乗の国、大国の間に摂して、これに加うるに、師旅を以てし、これに因るに飢饉を以てせんに、由やこれを為め、三年に及ぶ比に、勇ありて且つ方を知らしむべきなり。夫子これを哂う。求よ爾は何如。対えて曰わく、方の六七十、如しくは五六十、求やこれを為め、三年に及ぶ比に、民を足らしむべきなり。其の礼楽の如きは、以て君子に俟たん。赤よ爾は何如。対えて曰わく、これを能くすと曰うには非ず。願わくは学ばん。宗廟の事、如しくは会同に、端章甫して願わくは小相たらん。点よ爾は何如。瑟を鼓くこと希み、鏗爾として瑟を舍きて作ち、対えて曰わく、三子者の撰に異なり。子曰わく、何ぞ傷まんや、亦た各々其の志しを言うなり。曰わく、莫春には春服既に成り、冠者五六人・童子六七人を得て、沂に浴し、舞雩に風して、詠じて帰らん。夫子喟然として歎じて曰わく、吾れは点に与せん。三子者出ず。曾晳後れたり。曾晳曰わく、夫の三子者の言は何如。子曰わく、亦た各々其の志しを言うのみ。曰わく、夫子、何ぞ由を哂うや。子曰わく。国を為むるには礼を以てす。其の言譲らず。是の故にこれを哂う。求と唯も則ち邦に非ずや、安んぞ方六七十如しくは五六十にして邦に非ざる者を見ん。赤と唯も則ち邦に非ずや。宗廟・会同は諸侯に非ずしてこれを如何。赤やこれが小相たらば、孰か能くこれが大相たらん。

※ 金谷氏は読み下し文に関して、「撰——古く、『僎』となったテクストもあり、詮と同じで善の意味。亦た——ここでは『惟』と同じ。『ただ』と読んでもよい。下文も同じ。 沂に浴し、舞雩に風して——『沂』は魯の都の東南にある川の名。暮春に水浴して涼むのは奇妙だとして、みそぎや雨乞いなどの神事に関係したことだとみる説や、沂を温泉とみる説などあるが、清の兪樾は『浴』の字を『沿』と改め、『風』を『放』と同じにみて、『沂に沿いて舞雩に至り、』と読んだ。 求と唯ども——ふつう『唯だ求は』と読むが、『唯』は雖と通用する。下の『赤と唯ども』も同じ。 これを如何——『如之何』は通行本では『而何』とある。」と付記しておられる。

【現代語訳】

子路と曾皙と冉有と公西華とがおそばにいた。先生が、

「私がそなたたちより少し年上だからといって、遠慮をするな。いつもは『私〔の真価〕を分かってくれない。』と言っているが、もし誰かそなたたちのことを知る者がいたら、どうするかな。」

と言われた。子路がいきなり、

「兵車千台を出すほどの国が大国の間にはさまり、さらに戦争が起こり飢餓が重なるという場合、由（私）がそれを治めれば、三年も経った頃には〔その国民を〕勇気があって道をわきまえるようにさせることができます。」

と答えた。先生はそのことばに笑われ、

「求、そなたはどうだね。」

と言われた。求は、

「六、七十里か五、六十里四方の所を求（私）が治めれば、三年も経った頃には人民を豊かにさせることができます。礼楽のようなことは君子に委ねます。」

と答えた。〔先生は、〕

「赤、そなたはどうだね。」

と言われた。〔赤は、〕

「できるとは言いません。学びたいのです。宗廟のことやあるいは諸侯の会合のとき、端の服をきて章甫の冠をつけ、少しなりとも助け役になりたいものです。」

と答えた。〔先生は〕、

「点、そなたはどうだね。」

と言われた。〔点は〕瑟（琴）を弾いていたのを止めてそれを置いて立ち上がり、

「三人のような立派なのとは違いますが。」

と答えた。〔先生は、〕

「気にすることはない。ただそれぞれに抱負を述べるのだ。」

と言われた。〔点は、〕

「春の終わりごろ、春着もすっかり整うと、五、六人の青年と六、七人の少年を伴って、沂水でゆあみをし、雨乞いに舞う台地で涼みをして、歌いながら帰って参りましょう。」

と言った。先生はああと感歎すると、

「私は、点に賛成するよ。」

と言われた。三人が退出して、曾晳があとに残った。曾晳は、

「あの三人の言葉はどうなのでしょうか。」

と言った。先生は、

「ただそれぞれに抱負を述べただけのことだよ。」

と言われた。〔曾晳は、〕

「先生はなぜ由のことを笑われたのでしょう。」

とお訊ねした。〔先生は〕、

「国を治めるには礼によるべきだが、彼の言葉はぶしつけだ。そのために笑ったのだ。求の場合もやはり邦（くに）ではないか。六、七十里か五、六十里四方で邦でないものがどうしてあろう。赤（せき）の場合もやはり邦（くに）ではないか。宗廟（そうびょう）や会合が諸侯のことでないとすればどういうことになろう。赤（せき）が少しの助け役なら、だれが大きな助け役になれるだろうか。」

と答えられた。

※　金谷氏は訳文に関して、「曾皙——曾参の父親で名は点。やはり孔子の門人。端の服、章甫の冠——端は玄端（げんたん）のこと、赤黒い色の大礼服。章甫は礼式の冠の名。助け役に……——公冶長篇＝子の曰わく、赤や、束帯（そくたい）して朝（ちょう）に立ち、賓客と言わしむべし。求のばあい……、赤のばあい……——この二句を、新注では曾皙の質問とみる。」と付記しておられる。

【私の見解】

金谷氏の付記によると、この章は解釈がいろいろあり、また読み替えなども行われてきたようだ。私のような門外漢には理解が難しい話だが、とりあえず、金谷氏の解釈をもとにして思考することにする。

さて、この章は、孔子が弟子たちに「もしどこかに仕えることになったらどうするか。」

と訊ねてその答えを値踏みする話だ。話の中身は、当時と今は時代背景が異なりすぎて、私にはあまり興味はないが、孔子が、弟子一人一人の性格を把握していて、彼らの答えに共感したりしなかったりしているところが面白いと言えば言えるかなと思う。

政治や行政や祭祀に関わることを述べた子路・求・赤の答えよりも、政治や行政や祭祀とは関わりのない一見たわいないことを答えた点を評価しているところを見ると、やはり孔子という人は、現実から遊離したロマンチストの匂いがする。

この話が『論語』に収録されたのは、孔子と弟子たちとのやりとりなので、収録しないわけにはいかなかったのだろうと思う。ただ、この話が後世にどれほどの影響を及ぼしたのか、私には推察することもできない。少なくとも、日本ではあまり知られていない話ではないかと思う。

顔淵第十二

一　**顔淵問仁、子曰、克己復禮爲仁、一日克己復禮、天下歸仁焉、爲仁由己、而由人乎哉、顔淵曰、請問其目、子曰、非禮勿視、非禮勿聽、非禮勿言、非禮勿動、顔淵曰、回雖不敏、請事斯語矣、**

顔淵、仁を問う。子曰わく、己れを克めて礼に復るを仁と為す。一日己れを克めて礼に復れば、天下仁に帰す。仁を為すこと己れに由る。而して人に由らんや。顔淵曰わく、請う、其の目を問わん。子曰わく、礼に非ざれば視ること勿かれ、礼に非ざれば聴くこと勿かれ、礼に非ざれば言うこと勿かれ、礼に非ざれば動くこと勿かれ。顔淵曰わく、回、不敏なりと雖も、請う、斯の語を事とせん。

※　金谷氏は読み下し文に関して、「己れを克め――新注では『克は勝なり』とあって、『己れに克ち』と読むが、古注では『克己は約身なり。』とある。『克』の字、皇本・清本では『剋』。　仁と為す――道春点では『仁を為す』と読む。　而して――『而』は実は豈と同じ意味。下の『哉』と対応して『どうして』と反語になる。」と付記しておられる。

【現代語訳】

顔淵が仁についてお訊ねした。先生は、

「己（おのれ）に克（か）ち、礼に帰るのが仁というものだ。一日でも己に克って礼に帰れば、この世は仁に帰る。仁を為すのはまず自分からであり、人任せにはできぬ。」

と言われた。顔淵は、

「どうかその要点をお聞かせ下さい。」

と言った。先生は、

「礼に外（はず）れたことは見るな。礼に外れたことは聞くな。礼に外れたことは言うな。礼に外れたことはするな。」

と言われた。顔淵は、

「回（私）は愚かでございますが、今先生が言われたお言葉を実行させていただきます。」

と言った。

※　金谷氏は訳文に関して、「要点――『目』を条目細目とみるのがふつう。『礼』を生活上のこまかい具体的規範とみて、『目』を要の意味にみるのは劉宝楠の説。」と付記しておられる。

【私の見解】

さて、これまで何度も触れたが、孔子の「仁」についての説明は、相手によっていろいろと変わったようだ。この章は、顔淵（顔回）の質問に答えたもので、比較的分かり易い説明をしているように思う。「己れに克ち、礼に帰ることだ」と答えている。「仁」は自分自身の生き様であって、人頼みにはできないことだという説明も「なるほど」と私は思う。

さらに顔回がその要点を訊ねると、おしなべて「礼」に基づいて行動せよと言っている。要するに、孔子の言う「仁」の根本は礼の実行ということになるだろうか。

ところで、これほど孔子は「礼」を強調しているが、『論語』の本場の中国では、孔子が言った「礼」がまったくと言っていいほど根付いて来なかった。これは、一体どうしてだろうか。

おそらく、孔子が「礼」をやかましく言わなければいけなかったのは、古来、中国という国の文化には「礼」が馴染まない風土があったからだろう。一族や宗族で固まり、常に外敵を意識しなければならなかった中国では、「礼」というような人間関係の潤いは生じる余地がなかったのかも知れない。

「礼」とは、分かり易く言えば、人間関係を平穏にして和を保つための智恵だと言えると思うが、中国は、「和を保つ」という考え方そのものが育ちにくい地政学上の必然性があったのだと私は観ている。

事実、既に何度か触れたが、中国生まれで中国育ちの石平氏は、日本にやって来てはじめて、いわゆる孔子の言う「礼」の具体的な形に触れたと述懐している。

日本は小さな島国で、古来日本人は「和」を大切にして生きてきた。孔子が「礼」を唱えたよりも遥か昔から、日本は一貫して「礼」の国であり「和」の国であったのだ。この点が、中国とは決定的に違うと言えるだろう。

日本で生まれ、日本で育ち、日本で生活していると、「礼」や「和」は空気のようにごく当たり前のことだから、日常的にはあまり意識することはないが、中国からやって来た石平氏にとっては、新鮮なショックであったようだ。

顔回は、孔子の説明を受けて、実に素直に「礼」を実行することを表明している。儒学の中核をなすと言っても過言ではない「礼」の話と、それを実行することを表明した高弟・顔回の逸話なので、これが『論語』に収録されたのは当然であろう。

ただ、中国は、『論語』が世に出たあとも、孔子が言った「礼」は根付かなかった。国内で「礼」が実行されていないだけでなく、他国の領土・領海を蹂躙しても平気の平三でいられるところを見るだけでも、対外的にも「礼」はその欠片もないことが分かる。

しかし、これは、日本人である私の感覚であって、中国人に言わせればそうでないかも知れない。彼らにとっては、彼らのしていることこそが、彼ら流の「礼」なのかも知れないのだ。

二　仲弓問仁、子曰、出門如見大賓、使民如承大祭、己所不欲、勿施於人、在邦無怨、在家無怨、仲弓曰、雍雖不敏、請事斯語矣、

仲弓、仁を問う。子曰わく、門を出でては大賓を見るが如くし、民を使うには大祭に承えまつるが如くす。己れの欲せざる所は人に施すこと勿かれ。邦に在りても怨み無く、家に在りても怨み無し。仲弓曰わく、雍、不敏なりと雖も、請う、斯の語を事とせん。

【現代語訳】

仲弓が仁についてお訊ねした。先生は、

「家の外では〔誰に対しても〕大切な客に接するようにし、人民を使うときは大切な祭りのときのように敬虔に接し、自分がされたくないことは人にもしない。〔そのようにすれば、〕国にいても怨まれることがなく、家にいても怨まれることがない。」

と言われた。仲弓は、

「雍（私）は至らぬ者ではございますが、今先生が言われた言葉を実行させていただきます。」

と言った。

【私の見解】

孔子は、同じ「仁」についての問いに、顔回に説明したことと角度を換えて仲弓に説明している。

この章では、孔子は、「身を慎んで人の嫌がることはせず、内でも外でも人に怨まれることのないようにする」ことが「仁」だと言っている。顔回に説明したような「礼」のことは一言も出てこないが、言外にそのことが窺われる説明になっている。

仲弓も顔回同様、孔子の言葉に「仁」の実行を表明しているが、それぞれの言葉「**回雖不敏、請事斯語矣**」（回、不敏なりと雖も、請う、斯の語を事とせん。）と「**雍雖不敏、請事斯語矣**」（雍、不敏なりと雖も、請う、斯の語を事とせん。）は全く同じである。おそらくこれは、実際の問答の記録というより、誰かの作文であったことを示しているのではないか。今さらどうでもいいことかも知れないが、少し気になる。

これが『論語』に収録されたのは、孔子の思想の中核である「仁」の説明と高弟の仲弓に関わる話なので当然だろうと思われる。

三　司馬牛問仁、子曰、仁者其言也訒、曰、其言也訒、斯可謂之仁已乎、子曰、爲之難、言之得無訒乎、

司馬牛、仁を問う。子曰わく、仁者は其の言や訒。曰わく、其の言や訒、斯れこれを仁と謂うべきか。子曰わく、これを為すこと難し。これを言うに訒なること無きを得んや。

※　金谷氏は読み下し文に関して、「謂うべきか――『可』の字は通行本にはない。次章も同じ。」と付記しておられる。

【現代語訳】

司馬牛が仁についてお訊ねした。先生は、

「仁の人は言葉が控えめだ。」

といわれた。〔司馬牛は、〕

「言葉遣いが控えめなら、仁といってよろしいでしょうか。」

と言った。先生は、

「実践することはむずかしい。だから、言うことを控えめにせざるをえないではないか。」

と言われた。

※　金谷氏は訳文に関して、「司馬牛――孔子の門人。宋の桓魋の弟。名は犂または耕。あざ名は子牛。」と付記しておられる。

【私の見解】

さて、司馬牛の「仁」についての質問に、孔子は、顔回と仲弓への説明とはまた異なることを言っている。「仁の人は言葉が控えめだ」と言っているが、これはどういうことか。

実は、司馬牛という人は、どうもおしゃべりだったようで、孔子はそのことを窘めたのかも知れない。孔子は、多弁を嫌い、寡黙を好むところがあり、口の軽い司馬牛への「仁」の説明に口を慎むことだと言ったのだろう。

司馬牛は、孔子の言葉に驚き、意味がよく分からなかったのではないか。「言葉が控えめならそれで仁といってよろしいですか。」と聞き返している。すると孔子は、「言ったことは実行しなければならない。実行するのが難しいと思えば、自ずから言葉は控えめになるものだ。」という意味のことを言っている。

それにしても、同じ「仁」の説明なのに、こうも言うことが変わるというのはビックリだ。孔子の論語の妙と言うべきだろうか。

余談だが、司馬牛は、金谷氏の付記にもあるように、宋の桓魋の弟だ。桓魋といえば、宋の国で孔子を殺そうとしたあの桓魋である。その弟が孔子の弟子というのは、おかしな取り合わせだ。それが原因だったかどうか分からないが、司馬牛は、孔子一門に冷たい仕打ちを受けて魯の国で変死したと伝えられている。孔子の弟子としては、悲劇の人だったと言えるかも知れない。

この話が『論語』に載っている理由はよく分からないが、おそらく、孔子と弟子の問答ということもあって載っているのだろうと思われる。

四　司馬牛問君子、子曰、君子不憂不懼、曰、不憂不懼、斯可謂之君子已乎、子曰、内省不疚、夫何憂何懼、

司馬牛、君子を問う。子曰わく、君子は憂えず、懼れず。曰わく、憂えず、懼れず、斯れこれを君子と謂うべきか。子曰わく、内に省みて疚しからずんば、夫れ何をか憂え何をか懼れん。

【現代語訳】

司馬牛が君子についてお訊ねした。先生は、

「君子は心配もせず恐れもしない。」

と言われた。〔司馬牛(しばぎゅう)は、〕

「心配もせず恐れもしないなら、それで君子といってよろしいのでしょうか。」

と言った。先生は、

「わが身を反省してやましくなければ、一体、何を心配し何を恐れるのか。」

と言われた。

【私の見解】

君子についても、孔子は相手によって説明の仕方を変えている。「君子」という概念は、日本ではあまり一般的ではないので私もよく分からないが、あえて訳せば、学問に秀(ひい)でているだけでなく、人格も円満で、まあ「よくできた人」というほどの意味だろう。だが、日本語に訳してしまうと、中国に於ける「君子」本来の意味が損(そこ)なわれて、誤った理解をすることになりはしないか、と私は危惧(きぐ)している。

さて、「司馬牛にどういう人のことを君子というのか訊(たず)ねられて、孔子は、「心配もしないし恐れもしない人」だと答えている。どことなくつっけんどんな答え方のような気がするが、穿(うが)ちすぎだろうか。

司馬牛は、その説明に納得できなかったのか、「心配も恐れもしないなら、君子といっていいですか。」と訊(たず)ね返している。孔子は、「君子」の必要条件を説明したのだろうが、司馬牛は「心配も恐れもしない」ことを君子の十分条件と理解したようだ。

そこで孔子は、「心にやましいことがなければ、心配することも恐れることもないではないか。」と言い換えている。

なんだか、分かったようで分からないような問答である。司馬牛は納得しただろうか。

論語にはズバリと納得のいく話は少ないようだ。読む人の感性でいかようにも解釈が変わる余地を残しているように私は思う。この章の話もその一つではないだろうか。

五　司馬牛憂曰、人皆有兄弟、我獨亡、子夏曰、商聞之矣、死生有命、富貴在天、君子敬而無失、與人恭而有禮、四海之内、皆爲兄弟也、君子何患乎無兄弟也、

司馬牛、憂えて曰わく、人皆な兄弟あり、我れ独り亡し。子夏曰わく、商これを聞く、死生命あり、富貴天に在り。君子は敬して失なく、人と恭しくして礼あらば、四海の内は皆な兄弟たり。君子何ぞ兄弟なきを患えんや。

※　金谷氏は読み下し文に関して、「兄弟たり——通行本には『為』の字がない。」と付記しておられる。

【現代語訳】

〔兄の桓魋ができが悪く身を亡ぼしそうであったので、〕司馬牛は悩んで、
「人は誰でも兄弟がいるのに、私だけにはいない。」
と言った。子夏は、
「商（私）は、『死ぬも生きるも天の定め、富みも尊さも天意のまま。』と聞く。他者を敬って落ち度がなく、人に対して恭しく振舞って礼に違うことがない人格者ならば、世界中の人はみな兄弟になる。君子は兄弟のないことをどうして気にすることがあろう。」
と言った。

【私の見解】

さて、司馬牛は、五人兄弟の末っ子だったそうだが、兄弟仲はどうもよくなかったようだ。特に次兄の桓魋は素行が悪く、孔子を殺そうとした。司馬牛はそのことを憂えて、自分にはよい兄弟がいないと言ったのだ。それを聞いた子夏が、全てのことは定めがあって思うようにはいかないが、まあ礼節を守って人と交わっていれば、誰とでも兄弟みたいになれるので、兄弟がいないと言って嘆くことはない、という意味のことを言っている。

子夏の言ったことはとてもいい話で、今日でもよい教訓になると私は思う。

この逸話が『論語』に収録され、後世に伝えられたはずだが、中国の現実はそれを受け

入れなかった。戦国乱世はいっそう烈しくなり、人々が疑いと警戒心の虜になった状態が長く続き、そして今は、共産党が国民を意のままにあやつる共産主義の国だ。「世界中の人はみな兄弟」どころか、世界中を敵に回してでもわが利益を確保しようとする覇権主義の権化になっている。

でも、中国にとっては、それが正義であり、世界中の人がみな兄弟になるための道なのだということかも知れない。恐ろしいことだ。

六　子張問明、子曰、浸潤之譖、膚受之愬、不行焉、可謂明也已矣、浸潤之譖、膚受之愬、不行焉、可謂遠也已矣、

子張、明を問う。子曰わく、浸潤の譖、膚受の愬、行なわれざる、明と謂うべきのみ。浸潤の譖、膚受の愬、行なわれざる、遠しと謂うべきのみ。

【現代語訳】

子張が明についてお訊ねした。先生は、

「しみ込むように言う悪口や、身を切るような痛切な訴えに動じないのであれば、聡明と言ってよいだろう。しみ込むような悪口や身を切るような痛切な訴えに動じないのであれば、先見の明があると言ってよいだろう。」

と言われた。

【私の見解】

子張が聡明とはどういうことを言いますかと訊ねたところ、孔子は、しみ込むような悪口や痛切な訴えに平然としていられたら聡明といっていいし、そのような言葉を受け付けなければ先見の明があると言える、と答えている。

この孔子の答えも、分かったようで分からないような、取り方でいろいろと解釈が分かれるような、曖昧模糊とした感じがする。

どんな悪口を言われても、誰かに強く何かを訴えかけられても、鈍感な人や物事をあまり気に止めない人は平然としているだろう。しかし、それを一般には「聡明」と言わない。まして、「先見の明がある」とは言えないだろう。

しかし、ともかく、孔子はこのような回答をしている。読む人それぞれが、自分の人生に絡めて判断すればよいのだろう。

『論語』にこれが載っているのは、孔子の言葉だからだと思われるが、この言葉にどれほどの効用があったのか、私にはよく分からない。少なくとも、これが日本でよく認識されてきたという事実を、私は寡聞にして知らない。

七　子貢問政、子曰、足食足兵、民信之矣、子貢曰、必不得已而去、於斯三者、何先、曰去兵、曰必不得已而去、於斯二者、何先、曰去食、自古皆有死、民無信不立、

子貢、政を問う。子曰わく、食を足し兵を足し、民をしてこれを信ぜしむ。子貢曰わく、必ず已むを得ずして去らば、斯の三者に於いて何れをか先にせん。曰わく、兵を去らん。曰わく、必ず已むを得ずして去らば、斯の二者に於いて何れをか先にせん。曰わく、食を去らん。古より皆な死あり、民は信なくんば立たず。

※ 金谷氏は読み下し文に関して、「民をして――『民信之』の上、清本には『使』。皇本には『令』の字がある。曰わく――唐石経・通行本にはこの上に『子貢』の二字がある。」と付記しておられる。

【現代語訳】

子貢が政治についてお訊ねした。先生は、

「食糧を備え、軍備を整え、人民に信頼されることだ。」

と言われた。子貢が、

「どうしてもやむをえずに捨てるとしたら、この三つの中でどれを先にしますか。」

と言うと、先生は、

「軍備を捨てる。」

と言われた。〔子貢は、〕

「どうしてもやむをえずに捨てるとしたら、あと二つの中でどれを先にしますか。」

と言うと、〔先生は〕、

「食糧を捨てる。昔から誰も死ぬものだ。人民に信頼がなければ国は成り立たぬ。」

と言われた。

※　金谷氏は訳文に関して、「信を持たせる――『政治家を信頼させる、』という解釈（徂徠）と、『教育して誠実にさせる、』という解釈（朱子、仁斎）とがある。為政篇＝人にして信なくんば、其の可なることを知らず。」などと付記しておられる。

【私の見解】

さて、孔子は、政治にとって大切なことは、食糧を備え、軍備を整え、人民に信頼されることだと言っている。この三つの内でやむを得ず棄てるとすれば、まず軍備であり、次に食糧だと言い、人民が政治を信じなければ国は成り立たないと言っている。つまり、政治には「信頼」が一番だと孔子は言っているのだ。

やむを得ず棄てる物として軍備をまず挙げているのは、いかにも「平和主義者」の孔子らしいと言えるだろう。乱世に生きていながらこのようなことを言うとは、まさに、孔子は本物のバーチャルな平和主義者と言ってよいだろうと思う。

また、人間は誰でも死ぬのだからという理由で、軍備の次に棄てるとすれば食糧だというところも、現実から遊離した観念論の匂いがする。生きていてこその政治だと私は思うが、どうだろうか。

政治に最も必要なこととして「信」を挙げているのも、バーチャルな観念論の帰結だと私は思う。食糧を十分に備え、軍備を整えてしっかりと国を守れば、国民の政治への信頼は、自ずと芽生えてくるものではないかと私は思うが、これは、いわば、孔子とは全く逆の発想だ。どんなに信頼されている政治（家）でも国民が安心して衣食住ができず、外的に攻められても国を守ることもできない政治をしていたら、国民の心は必然的にその政治（家）から離れていくのは明らかではないかと私は思う。

孔子が官僚として仕官することを模索して14年間も放浪しながら、結局用いられることがなかったのは、現実から遊離した彼のこのようなバーチャルな思想に基本的な原因があったのではないかと私は観ている。

八　棘子成曰、君子質而已矣、何以文爲矣、子貢曰、惜乎夫子之説君子也、駟不及舌、文猶質也、質猶文也、虎豹之鞹、猶犬羊之鞹也、

棘子成曰わく、君子は質のみ。何ぞ文を以て為さん。子貢曰わく、惜しいかな、夫の子の君子を説くや。駟も舌に及ばず。文は猶お質のごときなり、質は猶お文のごときなり。虎豹の鞹は猶お犬羊の鞹のごときなり。

※　金谷氏は読み下し文に関して、「鞹――唐石経・通行本では『鞟』。」と付記しておられる。

【現代語訳】

棘子成が、

「君子〔にとって必要なの〕は素質だけだね。外見などどうでもいい。」

と言った。子貢は、

「惜しいねえ、この方の君子についてのお説は。四頭だての速馬も舌には及ばない〔失言はとりかえしがつかない。〕外見も素質のようなものだし、素質も外見のようなもの〔で、どちらも大切だ。〕虎や豹のなめし皮は〔皮だけを見れば〕犬や羊のなめし皮と同じようなものだ。」

と言った。

※　金谷氏は訳文に関して、「棘子成――衛の国の大夫。皇本・清本では『成』字が『城』となっている。雍也篇＝文質彬彬として然る後に君子なり。」などと付記しておられる。

【私の見解】

衛の国の大夫の棘子成が、「人間は中身が大切で、外見はどうでもいい。」というようなことを言ったので、子貢が、「うっかりしたことは言わないことです。人間には中身と同様外見も大切です。虎や豹もその毛並みがあるから値打ちがあるのであって、なめし皮にしたら犬や羊の皮と同じようなものです。」と言ったという話だ。

この話を読んで思い出すのは、顔回が亡くなったとき、顔回の父親に「車を譲ってくださいませんか。棺桶の囲いを作ってやりたいのです。」と頼まれたときの孔子の反応だ。孔子は、「大夫として車に乗らない訳にはいかない。」と言って申し出を断わった。孔子も、外見を整えることは大切だと考えていたことを物語るエピソードだったが、子貢は、おそらく孔子の考えを引き継いで、このように言ったものと思われる。

人間にとって「中身と同様に外見も大切だ」というのはその通りだが、中身がしっかりしていれば、外見はまあそこそこでいいのではないかと私は思う。

外見を立派にすることに気がまわりすぎると、中身がおろそかになりがちになるというのは抗えない真理であるので、棘子成のいわんとするところも一理あるのではないかと思うが、儒学においては、「君子は中身だけでなく外見も大事」ということが大切な論点なのかも知れない。それ故に、この章の話が『論語』に載っているのだと、私は推察する。

九　哀公問於有若曰、年饑用不足、如之何、有若對曰、盍徹乎、曰、二吾猶不足、如之何其徹也、對曰、百姓足、君孰與不足、百姓不足、君孰與足、

哀公、有若に問いて曰わく、年饑えて用足らず、これを何如。有若対えて曰わく、盍ぞ徹せざるや。曰わく、二にして吾れ猶お足らず、これを如何ぞ其れ徹せんや。対えて曰わく、百姓足らば、君孰と与にか足らざらん。百姓足らずんば、君孰と与にか足らん。

【現代語訳】

〔魯の国の君主の〕哀公が、〔孔子の弟子の〕有若に、

「凶作で財政が苦しい。どうしたらよいと思うか。」

と訊ねた。有若は、

「税を徹（一割）に引き下げてはどうですか。」

と言った。すると哀公が、

「二割でもたりないのに、どうして一割なのか。」

と言った。それに対して有若は、

「民が足りておれば殿さまもそれで十分ではありませんか。民が豊かであれば殿さまも豊かになり、民が貧しければ、殿さまも貧しくなります。」

と答えた。

※　金谷氏は訳文に関して、「徹――周の税法で、収穫の十分の一を課する。魯では宣公の時から十分の二になっていた。」と付記しておられる。

【私の見解】

この章は訳しにくいので、私なりの解釈で意訳してみた。大意において齟齬（そご）はないだろうと思う。

さて、これは、君主と人民の関係を端的（たんてき）にうまく表している逸話（いつわ）だと私は思う。君主は、人民が作り出した富によって支えられているのであり、人民が豊かになれば君主も豊かになる、人民が貧しくなれば君主も貧しくなる、君主は人民を豊かにすることを考えることが肝要だ、という道理をこの話は見事に説いているのではないだろうか。

この話が、『論語』に収録されているのは、君主の在り方、心得についての教訓であり、儒学の神髄の一端を表しているからだろうと思う。

ただ、この論語の教訓が後世の中国に生かされた形跡は窺えない。王朝皇帝の圧政は強まるばかりで、人民は奴隷扱いの時代が長く続いた。

現在の中華人民共和国に於いては、国民は「奴隷」とまではいかないまでも、思想信条の自由や表現の自由などを圧殺され、共産党の意のままに富を収奪されて、世界第二位の経済大国でありながら、豊かな国民は一割ほどで、国民の圧倒的多数は貧しいままだと伝えられている。論語をどう読めばこのような国作りができるのか、彼らには彼らの読み方や主張があるのだろうが、私にはさっぱり分からない。

一〇　子張問崇徳辨惑、子曰、主忠信徙義、崇徳也、愛之欲其生、悪之欲其死、既欲其生、又欲其死、是惑也、誠不以富、亦祇以異、

子張、徳を崇くし惑いを弁ぜんことを問う。子曰わく、忠信を主として義に徙るは、徳を崇くするなり。これを愛しては其の生を欲し、これを悪みては其の死を欲す。既に其の生を欲して、又た其の死を欲するは、是れ惑いなり。

※　金谷氏は読み下し文に関して、「この下の『誠不』以下の八字は、新注の説に従ってもとここに無かったものと考え、季氏篇第一二章の方で補って読んだ。」と付記しておられる。

【現代語訳】

子張が徳を高め迷いを解くことについてお訊ねした。先生は、
「忠と信を主として正義に移っていくのが、徳を高めることだ。人を愛すればその人に生きていてほしいと思い、憎めば死んだらよいと思うが、さっきは生きていてほしいと思いながら、死んだらよいと思うのが迷いというものだ。」
と言われた。

【私の見解】

論語の語句の一部がもともと無かったものとするとは、どういうことだろう。金谷氏以外の訳も見たが、やはり金谷氏と同じように「**誠不以富、亦祇以異**」は無かったことにし

て訳してあった。私もこれに従って訳した。

「**誠不以富、亦祇以異**」はこの章に入る語句としては不釣り合いで、もともとこれは、『詩経』にある言葉のようだ。それで、金谷氏の付記にあるように、この語句は季氏篇の第一二章のはじめに置いて読むということらしい。ああ、ややこしい。

さて、子張が、徳を高めて迷いをはっきりさせるにはどうすればよいかについて孔子に訊ねたところ、孔子は、「忠」と「信」つまり真心と誠実さを第一にして正しい行動をすれば徳を高めることができる、と言っている。そして、「迷い」とは同じ人間のことを「生きて欲しい」と思ったり「死んでしまえ」と思ったりするその心の動きのことだと言っている。

前段の徳を高めることの説明は、孔子の思想の中核をなすもので、目新しいものではない。後段の「迷い」の説明は、譬(たと)えがあざやかでとても分かり易いものになっている。人間のもつ感情の不可思議を見事に衝(つ)いていると私は思う。

ところで、「**主忠信徒義、崇徳也**」(忠信(ちゅうしん)を主(しゅ)として義(ぎ)に徒(うつ)るは、徳(とく)を崇(たか)くするなり。)と明確に述べているが、『論語』の本場の中国が、この言葉が最も不似合いな国の一つになっているのはどうしたことだろうか。おそらく、論語の読み方も解釈の仕方も、私たちとは異なっているのであろう。

一一　齊景公問政於孔子、孔子對曰、君君、臣臣、父父、子子、公曰、善哉、信如君不君、臣不臣、父不父、子不子、雖有粟、吾豈得而食諸、

斉の景公、政を孔子に問う。孔子対えて曰わく、君、君たり、臣、臣たり、父、父たり、子、子たり。公曰く、善いかな。信に如し、君、君たらず、臣、臣たらず、父、父たらず、子、子たらずんば、粟ありと雖も、吾れ豈に得てこれを食らわんや。

【現代語訳】

斉の景公が孔子に政治についてお訊ねになった。孔子は、

「君は君として、臣は臣として、父は父として、子は子としてそれぞれ本分を尽くすことです。」

と言われた。景公は、

「善い言葉だなあ。本当にもし君が君らしくなく、臣が臣らしくなく、父が父らしくなく、子が子らしくないようなら、穀物があったとしても、自分は安んじてそれを食べることができようか。」

と言われた。

※　金谷氏は訳文に関して、「景公が君としての本分を守ることを願った孔子の真意が理解できず、自己本位に解釈し

た。季氏篇第一二章参照。」などと付記しておられる。

【私の見解】

この問答がどのような状況下で行なわれたのか、私には分からない。景公は斉の君主で、孔子とは本来なら会話もままならないほどの身分の差があったはずだが、このような問答が成立したのは不思議と言えば不思議だ。ひょっとしてこれは、後世の誰かが創作した話なのかも知れない。

それはともかくとして、この話は、孔子が政治の基本はそれぞれがそれぞれの本分をつくすことにあると答えたのに、景公は、その真意を十分に理解できなかった逸話として伝えられているようだ。『論語』にこの逸話が載っているのは、賢明な孔子と間の抜けた景公を対比することに目的があったのかも知れない。

時代が変わっても、それぞれの本分を尽くすことが大切であることは変わらない。その意味に於いてこの章の話は今日でも十分に教訓になると思われる。

ただ、「本分」の捉え方は、時代や国が違えば違ってくる。たとえば、今日の日本と中国では天と地ほどの開きがあるに違いない。同じ感覚では語れないのだ。

なお、この章の話は、「**孔子曰**」となっており、誰がこの話を伝えたのか不明である。

一二　子曰、片言可以折獄者、其由也與、子路無宿諾、

子曰わく、片言以て獄えを折むべき者は、其れ由なるか。子路、諾を宿むること無し。

【現代語訳】

先生は、

「一言でいざこざを裁けるのは、まあ由（子路）だろうね。」

と言われた。子路は引き受けたことを翌日まで引き延ばすことはしなかった。

※　金谷氏は訳文に関して、「子路は……——以下の文は、上のことば（由は子路の名）につれて、子路の果断な性格を示すために加えられた附記。公冶長篇第一四章参照。」などと付記しておられる。

【私の見解】

これは、子路の人柄を示す逸話だ。金谷氏の付記にもあるが、子路は、何かを言われたらすぐに実行に移す性格だったようだ。孔子に、「**片言可以折獄者**」（片言以て獄えを折むべき者は、其れ由なるか。）と言われて、すぐさま行動にうつす子路の姿が彷彿とするような逸話である。

これが『論語』に載っているのは、孔子と高弟・子路の逸話であり、当然だろう。これは、子路の人柄と孔子の子路評価を知る資料としては有効だろうが、とりたてて教訓とするほどの話ではないと私は思う。

一三　**子曰、聴訟吾猶人也、必也使無訟乎、**

子曰わく、訴えを聴くは、吾れ猶お人のごときなり。必ずや訟え無からしめんか。

【現代語訳】

先生は次のように言われた。

「訴訟を聞くということでは私も他の人と同じだ。〔違うのは、〕なんとか訴訟をなくさせ〔たいと思ってい〕ることだ。」

※　金谷氏は訳文に関して、「……なくさせる——そのように努めることが他人とは違うところだという意味で、徂徠の説。ふつうは単なる願望とみる。」と付記しておられる。

【私の見解】

人間社会ではトラブルはつきものだ。まして、孔子が生きた時代は春秋時代である。いろいろと訴訟問題が頻発していたことと推察できる。

孔子は、トラブルが起こって訴訟問題となれば、自分もそれをよく聞いて対処するのは他の人と同じだが、訴訟そのものが起こらないようにしたい、それが他の人とは違う所だ、と言ったという逸話だ。訴訟問題が起こって当たり前の時代に生きながら、訴訟そのものがないようにしたいという所に、孔子の理想主義というか、ある意味バーチャルな思考が垣間見える。

ちなみに、わが国には訴訟を嫌う文化があり、何事も話し合いで解決しようとする傾向が強いが、これは、「和」を尊ぶ国民性が背景にあってのことと思われる。この意味から言えば、孔子のいう「訴訟のないようにしたい。」という理想が、日本では古くから成立していると言っても過言ではないだろう。孔子が日本の現状を見たら、きっと驚き羨望の情にうたれるのではないか。

中国はどうかというと、権力者が政治への不満や人間関係のもめ事を力で抑え込んでいて、「訴訟のない」状態が保たれているように見えるが、これは、孔子の言う「訴訟のない」という点では同じでも、日本の状況とは本質がまるで違うと言わなければならない。

この章の話は、孔子の理想を伝える逸話であり、儒学の神髄の一角をなすものでもあって、『論語』に収録されているのは当然だと思われる。

一四　子張問政、子曰、居之無倦、行之以忠、

子張、政を問う。子曰わく、これに居りては倦むこと無く、これを行なうには忠を以てす。

※　金谷氏は読み下し文に関して、「これに居りて——『これに居きて』と読んで、『心にとどめる。』の意味にとるのがふつう。」と付記しておられる。

【現代語訳】

子張が政治についてお訊ねした。先生は、

「職務に専念して、辛抱強く真心を込めて行なうことだ。」

と言われた。

【私の見解】

孔子は、子張の問いに対して、政治の要諦を、「職務に専念して、辛抱強く真心を込めて行なうことだ。」と答えている。これは、今日の普通の常識人であれば誰でも言えることだが、孔子の生きた乱世のことを考えると、当時としてはなかなか言えないことだったのではないかと思う。

「職務に専念する。」と言うのは簡単かも知れないが、権謀術数や利権の絡む政治の世界で、真に職務に専念することは並大抵のことではないだろうし、まして、「真心を込めて行なう。」というのは、ほぼ不可能に近いことだったのではないだろうか。

古来、中国では、賄賂によって政治が動くというのが常識で、これは今日でも少しも改まっていないそうだ。そんな国で、「職務に専念して、真心を込めて行なうこと」は困難の極みだったに違いなく、それ故にいっそう、孔子はそう言わざるをえなかったのではないか。現在の日本の感覚でこの論語を読むと、誤解してしまうと私は思う。

中国の知識人はこれを読んでいるに違いないが、中国の政治の現実はこれとは真逆の状態にあると言っても過言ではないだろう。それでも、中国（中国人）は平然としている。「職務に専念」や「真心を込めて行なう」の解釈が私たちとは違うのかも知れない。私たち日本人の感覚から言えば、まさに「度し難い」としか表現のしようがない。

一五　子曰、君子博學於文、約之以禮、亦可以弗畔矣夫、

子曰わく、博く文を学びて、これを約するに礼を以てせば、亦た以て畔かざるべきか。

【現代語訳】

先生は次のように言われた。

「広く書物を読んで、学んだことを礼に基づいて実践すれば、道に外れることはないであろう。」

※　金谷氏は訳文に関して、「雍也篇第二七章重出」などと付記しておられる。確かにそこには同じようなことが載っている。孔子が「礼」を如何に重んじていたかが分かる。

【私の見解】

どんなに書物を読んで知識が豊富になっても、礼を踏まえなければ人の道に背くこともあると孔子は言っている。

残念ながら、中国では、儒学を歪めた儒教やそれを更に歪めた礼教によって、『論語』に説かれているような「礼」はすっかり影を潜め、「人の道」どころではない。中国の人たち

は、そのことに気づいてさえいないようだ。今の中国の在り方こそが「礼」を踏まえたものだと思っている節さえある。

たとえば、すでに前にも触れたが、つい最近の出来事で言えば、日本の中国駐在の外交官が通常の任務を遂行していたところ、理由も示さずにいきなり逮捕拘留して取り調べを行った。国際法で外交官の不逮捕特権が認められているのに、平気でこのようなことをするのだ。「人の道」などあったものではない。日本が抗議しても、「ごめんなさい」と反省の姿勢を示すどころか「悪いのは日本だ」といった態度で、ふんぞり返っている有様である。中国には「反省」とか「ごめんなさい」という言葉はないかのような振る舞いではないか。

一六　子曰、君子成人之美、不成人之悪、小人反是、

子曰わく、君子は人の美を成す。人の悪を成さず。小人は是れに反す。

【現代語訳】

先生は次のように言われた。

「君子は他人の美点を伸ばすが、悪い点は直させる。小人はその逆だ。」

【私の見解】

これは、君子は、他人の長所を励まして向上させ、悪いところは正しく直させるが、小人は、その逆のことをする、と孔子が言ったという話だ。人間を君子と小人に分ける孔子の思想にはほとほとうんざりだが、まあそれは一応措くことにする。

人間の感情のなかでもっとも醜いものは「嫉妬心」であり、幸福は共有できないが不幸は共有できる、と言った作家がいた（司馬遼太郎だったと記憶する）が、まさに至言である。私たち凡人には、他人の善いところは羨み妬み、善くない所があるとほっとする心裡があるようだ。孔子はそのあたりのことを衝いているのだと思う。

ところで、孔子は、君子には妬みの感情がないかのように言っているようにも読めなくもないが、どんなに学問に秀でた人格円満な人でも、妬みの感情はあると私は観ている。むしろ、凡人よりもそのようなよくできた人ほど気位も高く、妬みの感情も強いと言ってもいいのではないかと思う。

まあ、孔子の言っていることは、パターン化したひとつの人間模様なのだろう。ここにも、孔子の現実から目を背ける空想的な理想主義が垣間見える。孔子の言っていることは、現実にはほぼあり得ないことだと私は思う。

ともかく、この章は『論語』に載っている。儒者たちは、孔子の教えとして後世に伝えたかったのだろうと思うが、その後の中国の状況は、この論語が空文であることを見事に証明しているのではないだろうか。

一七　季康子問政於孔子、孔子對曰、政者正也、子帥而正、孰敢不正、

季康子、政を孔子に問う。孔子対えて曰わく、政とは正なり。子帥いて正しければ、孰か敢えて正しからざらん。

※　金谷氏は読み下し文に関して、「帥いて正し――唐石経・通行本では『帥以正』とあり、後藤点では『帥いるに正を以てす。』と読むが、『以』は『而』と通用する。」と付記しておられる。

【現代語訳】

季康子が政治について孔子に訊ねた。孔子は、

「政とは正です。あなたが率先して正しく人々を導かれたなら、だれもが正しくなろうとするでしょう。」

と言われた。

【私の見解】

季康子は、魯の国の大夫（家老）だ。その季康子が孔子に政治のことを訊(き)いている。孔子は、政治は正義を行うことで、政治を行う者が率先して正しいことをすれば誰もが正しくしようと努めます、と答えたという逸話だ。（この章も「**孔子曰**」の表記になっている）。孔子の現実離れした理想主義を絵に描いたような話である。「政は正です」というのは、言葉としては美しいし、理念としては正しいかも知れないが、現実にはほぼあり得ないことだと私は思う。

現実にはあり得ないからこそ、あえて孔子はそう言ったのかも知れないが、それを聞いた季康子は、納得(なっとく)しただろうか。私はそうは思わない。彼は、きっと理念としては分かるが現実的ではないと思っただろうと推察する。

この論語が現実から乖離(かいり)したものであることは、『論語』が世に出たあとの中国がどうなったかを見れば一目瞭然(いちもくりょうぜん)だ。孔子が生きた時代よりもいっそう酷(ひど)い状態となり、人民を奴隷扱(どれいあつか)いする皇帝政治が二千年以上も続き、そして現在は、国民の人権や自由を蹂躙(じゅうりん)する共産主義の政治である。

中国歴代の権力者たちは、自分たちの政治こそが「正しい」と思い、「政は正」を実践していると勝手に解釈してきたのだろうが、これはもう、無茶苦茶と言う他はない。

一八　季康子患盜、問於孔子、孔子對曰、苟子之不欲、雖賞之不竊、

季康子、盗を患えて孔子に問う。孔子対えて曰わく、苟くも子の不欲ならば、これを賞すと雖も窃まざらん。

【現代語訳】

季康子が窃盗のことを心配して孔子に訊ねた。孔子は、

「もし、あなたご自身が無欲におなりならば、たとえ褒美をやるからと言っても盗む者はおりません。」

と答えられた。

【私の見解】

これこそ、孔子の理想主義の極みと言える一節だ。魯の国の家老が、窃盗のことを心配して訊ねると、孔子は、「あなたが無欲なら、たとえ褒美をやると言っても誰も盗みませんよ。」と言ったというのだから、現実逃避もここに極まれりの感がする。

世の中は、孔子が描くほど純粋ではない。季康子がどんなに無欲になったとしても、窃盗はなくならない。なぜなら、盗人は盗人の論理で盗みを働くのであって、相手が欲深いか無欲かなどいちいち考えて行動することはないからだ。

乱世に生きていて、孔子はそのことを十分知っていたはずなのに、このような現実離れ

したことを言っているのだ。よほど空想的な理想主義者だったことが分かる。

確かに、孔子の言っていることは、理念としては美しいし、倫理的にも正しいことだと言えるだろうが、とても現実的な話だとは思えない。

しかし、孔子のこの考えは儒学の中核をなすものなのだろう。『論語』にはしっかりと収録されている。でも、絵に描いた餅はあくまでも絵に描いた餅に過ぎない。この論語が後世の中国で有効に生かされなかったのは当然だろう。利己心が旺盛で、公の利益よりも自分あるいは家族・一族の利益を真っ先に考えて欲を膨らませていると言われている中国の人々にとって、この章の話はあまりにも無力だったのではないか。

この章の話も「**孔子曰**」となっており、孔子の弟子の伝承ではないことが窺われる。

一九　季康子問政於孔子、曰、如殺無道以就有道、何如、孔子對曰、子爲政、焉用殺、子欲善而民善矣、君子之徳風也、小人之徳草也、草上之風必偃、

季康子、政を孔子に問いて曰わく、如し無道を殺して以て有道に就かば、何如。孔子対えて曰わく、子、政を為すに、焉んぞ殺を用いん。子、善を欲すれば、民善ならん。君子の徳は風なり、小人の徳は草なり。草、これに風を上うれば、必ず偃す。

【現代語訳】

季康子が政治について孔子に、

「もし道に外れた者を殺して道を守る者を助けたら、いかがでしょうか。」

と訊ねた。孔子は、

「あなた、政治を行なうのに人を殺す必要がどこにありましょう。あなたが善をお望みならば、人民も善くなります。君子と小人の関係は風と草のようなもので、草は風にあたれば必ずなびきます。」

と言われた。

【私の見解】

これも、またまた宙に浮いたような話だ。

季康子(魯の国の家老)が、「悪いことをする者を殺して規律を維持するのをどう思うか。」と訊ねたところ、孔子は、「殺す必要がどうしてあるでしょうか。あなたが善い政治をされたら人民も善くなります。」と答えている。良い政治をすれば悪いことをする者はいなくなるというのは、話としては心地よいとしても、現実的ではない。孔子の言っていることは、全てを政治のせいにする考えにも通底するもので、私は感心しない。

確かに悪いことをした者を短絡的に殺すのは、為政者としてすべきことではないが、法の裁きに基づいて死刑にすることまでダメということは言えない。孔子は、そのような機微には一言も触れていない。もっぱら綺麗事に終始している。季康子が、孔子の話に納得したとは、とても思えない。

それに、**「君子之徳風也、小人之徳草也、草上之風必偃」**（君子の徳は風なり、小人の徳は草なり。草、これに風を上うれば、必ず偃す。）は、孔子が生きた時代には通用したかも知れないが、今日の教訓にはなり得ないものだ。人間を君子と小人とに対比して捉える思想そのものがそもそもＮＧだし、為政者に国民をなびかせるというのは、いかにも専制政治の発想そのものだ。

ところで、**「君子之徳風也、小人之徳草也、草上之風必偃」**というのは、孔子がはじめて言い出したものではなく、孔子の生まれるずっと以前から中国に染みついた考え方だったのではないかと私は観ている。

孔子は紀元前六世紀〜五世紀頃の人だが、それよりずっと前から中国は乱世だった。権力者は自分たちを「風」とし、人民を「草」としてなびかせようとしていたことが窺える。孔子が亡くなったあともその基本は変わらず、今日の共産党政権に至るまで為政者は「風」であり続け、国民は「草」であり続けていると言っても過言ではない。

『論語』にこの話が載っているのは、孔子の教えとして後世に伝えようとしたからだと思われる。中国の為政者は、『論語』のお墨付きを得て「風」であり続け、人民を「草」としてなびかせ続けて来たのかも知れない。（この章も、「孔子曰」の表記になっている）。

二〇　子張問、士何如斯可謂之達矣、子曰、何哉、爾所謂達者、子張對曰、在邦必聞、在家必聞、子曰、是聞也、非達也、夫達者、質直而好義、察言而觀色、慮以下人、在邦必達、在家必達、夫聞者色取仁而行違、居之不疑、在邦必聞、在家必聞、

　子張問う、士何如なれば斯れこれを達と謂うべき。子曰わく、何ぞや、爾の所謂達とは。子張対えて曰わく、邦に在りても必ず聞こえ、家に在りても必ず聞こゆ。子曰わく、是れ聞なり、達に非ざるなり。夫れ達なる者は、質直にして義を好み、言を察して色を観、慮って以て人に下る。邦に在りても必ず達し、家に在りても必ず達す。夫れ聞なる者は、色に仁をとりて行ないは違い、これに居りて疑わず。邦に在りても必ず聞こえ、家に在りても必ず聞こゆ。

※　金谷氏は読み下し文に関して、「達なる者、聞なる者――唐石経・通行本では『達也者』『聞也者』とある。」と付記しておられる。

【現代語訳】

子張が、

「士人は、どのようであれば達人といえるのでしょう。」

とお訊ねした。先生は、

「どういうことだね。そなたの言う達人というのは。」

と言われた。子張は、

「公私ともに評判がよいことです。」

と答えた。先生は、

「それは評判がよいことで、達人とは違う。元来、達人というのは、まっ正直で正義を愛し、人の言葉をよく考えて顔色を見ぬき、思慮深く(しりょぶか)て謙虚(けんきょ)で、公私ともに内容的に充実していることだ。一方、評判がよい者というのは、表情は仁らしくしているが実行は伴わず、そのことを気にも懸(か)けず、公私ともに必ず評判がいい、そういう者だ。」

と言われた。

※　金谷氏は訳文に関して、「徂徠はいう、『聞』と『達』との別は、『聞』が名前のひろまることを主としているのに対して、『達』が道の行なわれることを主としている点にある。」と付記しておられる。

【私の見解】

さて、「達」とか「聞」とか聞き慣れない言葉には閉口するが、齋藤孝氏はこの章を次のように訳しておられる。

有名になりたいと思っている子張が、「士人はどのようであれば〈達〉と言えるのでしょうか。」とおたずねすると、先生は、「どういう意味かね、おまえの〈達〉というのは。」といわれた。

子張が、「君主（国）に仕えても、卿や大夫の家に仕えても、高い評判が立つという意味です。」とお答えすると、先生はこういわれた。

「それは、有名だが中身のない〈聞〉ということで、中身のある名声の〈達〉ではない。〈達なる者〉とは、正直で正義を愛し、人の言葉の奥をよみ取り、人の表情から真意を見抜き、配慮して控え目にしている者だ。その結果として、国に仕えても大夫の家に仕えても、自然に高い評判が立つということだ。これに対して、〈聞なる者〉とは、うわべは仁があるようにしているが行ないがともなわず、そんな実のないあり方に安住しているくせに、評判だけは良くするようにしている者だ。（おまえは実行のともなわない評判を追い求める〈聞〉なる者ではなく、まず実行し自然に評判の上がる〈達〉なる者を目指しなさい。)」

この訳は、齋藤氏の解説が加わっていて、とても分かり易い。

「達なる者」とか「聞なる者」という言葉の概念が込み入っていて、とても分かりにくい話だが、金谷氏の付記にあるように、徂徠の解釈をもとにして考えれば、これは、要するに、子張が「士人はどのようにすれば士人の本分を達成したと言えるでしょうか。」と孔子に訊ねたのに対して、孔子が、「人としての道を着実に歩んで実績を積み、自然に評判が上がるようであれば、士人としての本分を達成したと言える。お前はそうなるように努めなさい。」と子張に諭している話だということが分かる。この話には、孔子が、為すべき事も為さずに評判だけを気にする、そんな人間を嫌っていることがよく表れている。

孔子の教えだからということで、儒者たちは当然のごとくこの話を『論語』に載せたのだろうが、真実のところは私には分からない。これが、今日にも通じる教訓なのかどうかは、読む人の感性次第ではないだろうか。

ところで、私は「**在邦必聞、在家必聞、**」の「家」を自宅と解釈して「公私ともに評判がよいことです。」と訳したが、金谷氏も自宅と解釈して「国にいてもきっと評判がよく、家にいてもきっと評判がよいことです。」と訳しておられる。しかし齋藤氏の解釈はユニークで、「家」を「卿や大夫の家」と解釈し、「君主（国）に仕えても、卿や大夫の家に仕えても、高い評判が立つという意味です。」と訳しておられる。論語解釈は実に不思議である。

二一　**樊遅従遊於舞雩之下、曰、敢問崇徳脩慝辨惑、子曰、善哉問、先事後得、非崇徳與、攻其悪無攻人之悪、非脩慝與、一朝之忿忘其身以及其親、非惑與、**

樊遅従いて舞雩の下に遊ぶ。曰わく、敢えて徳を崇くし慝を脩め惑いを弁ぜんことを問う。子曰わく、善いかな、問うこと。事を先にして得ることを後にするは、徳を崇くするに非ずや。其の悪を攻めて人の悪を攻むること無きは、慝を脩むるに非ずや。一朝の忿りに其の身を忘れて以て其の親に及ぼすは、惑いに非ずや。

【現代語訳】

樊遅がお供をして雨乞いに舞う台地のあたりを散歩したときに、

「恐れ入りますが、徳を高め、邪悪を除き、迷いを解くことについてお訊ねします。」

と言った。先生は、

「いい質問だねえ。仕事を先にして利益を後まわしにするのが、徳を高めることではないだろうか。自分の悪い点を責めて他人の悪い点を責めないのが、邪悪を除くことではないだろうか。一時の腹立ちで我を忘れて近親まで巻きぞえにするのは、迷いではないだろうか。」

と言われた。

※ 金谷氏は訳文に関して、「雍也篇＝仁者は難きを先きにして獲るを後にす。」などと付記しておられる。

【私の見解】

孔子の弟子の樊遅が、徳を高めることと邪悪な心を取り除くことについて訊ねると、孔子は、自分の報酬を後回しにして仕事に専念することが徳を高めるのだと言い、自分の悪いところを反省して他人の悪いところを責めないことが邪悪な心を除くことになると答えている。さらに、孔子は、かっとなって我を忘れて近親まで巻き添えにするのは心の迷いというものだ、とも言っている。

なるほど、これも孔子の理想主義をよく表していると私は思う。乱世に生きながらというか生きているからこそというか、よくもまあ、このような純粋思考ができるものだと、感心させられる。

確かに、孔子の言っていることは理念としてはその通りだし、理性的に考えれば文句のつけようのないことを言っていると思うが、綺麗事過ぎて、現実に生きる者にとっては寄りつきがたい感じがする。

「報酬を後回しにして仕事に専念する」というのは、言うは易くとも、現実的にはなかなかそういうわけにはいかない。人は霞を食って生きていくことはできないのだ。報酬を得て衣食住を賄うのである。報酬を考えずに仕事に専念することが徳を高めると言われても「はい、分かりました。そのようにいたします。」とはならないのが現実というものではないだろうか。

「自分の悪いところを反省して他人の悪いところを責めない」ことが「邪悪な心を除く」と言われても、実行するのは至難の業だが、これは心がけとしてとても大切なことだし、今日の我々にも有効な教訓だと私は思う。

「かっとなって我を忘れる」ことについては、わが国には「短気は損気」という格言もあるほどで、多大な害が伴うことは、今日の私たちもよく知っていることだ。孔子は、それを「心の迷い」だと喝破している。問題は、如何にしてその「心の迷い」を抑え、冷静に事に当たるかだ。「短気は損気」を心に刻み込んで行動したいものだと、この章を読んで思いを新たにした。

二二　樊遲問仁、子曰愛人、問知、子曰知人、樊遲未達、子曰、擧直錯諸枉、能使枉者直、樊遲退、見子夏曰、嚮也吾見於夫子而問知、子曰、擧直錯諸枉、能使枉者直、何謂也、子夏曰、富哉是言乎、舜有天下、選於衆擧皐陶、不仁者遠矣、湯有天下、選於衆擧伊尹、不仁者遠矣、

　樊遲、仁を問う。子曰わく、人を愛す。知を問う。子曰わく、人を知る。樊遲未だ達せず。子曰わく、直きを挙げて諸れを枉れるに錯けば、能く枉れる者をして直からしめん。樊遲退きて子夏に見えて曰わく、嚮に吾れ夫子に見えて知を問う、子曰わく、直きを挙げて諸れを枉れるに錯けば、能く枉れる者をして直からしめんと。何の謂いぞや。子夏曰わく、富めるかな、是の言や。舜、天下を有ち、衆に選んで皐陶を挙げしかば、不仁者は遠ざかれり。湯、天下を有ち、衆に選んで伊尹を挙げしかば、不仁者は遠ざかれり。

※　金谷氏は読み下し文に関して、「諸れを枉れるに……――『諸々の枉がれるを錯けば』とも読む。為政篇第一九章注参照。　嚮――唐石経・通行本は『郷』。通用する。」と付記しておられる。

【現代語訳】

樊遅が仁についてお訊ねした。先生は、

「人を愛することだ。」

と言われた。〔樊遅は、〕智についてお訊ねした。先生は、

「人を知ることだ。」

と言われた。樊遅はまだよく理解できなかった。先生は、

「正しい人々を引き立ててまがった人の上に置けば、まがった人も正しくさせることができる。」

と言われた。樊遅は退出してから子夏に会い、

「さきほど私はうちの先生にお会いして智についてお訊ねしたが、先生は『正しい人々を引き立ててまがった人の上に置けば、まがった人も正しくさせることができる。』と仰った。どういう意味だろうか。」

と言った。子夏は、

「それは含蓄のあるお言葉だね。舜が天下を取ったとき、大勢の中から皐陶を選んで引き立てたので、仁徳のない者どもは遠ざかった。湯が天下を取ったときも、大勢の中から伊尹を選んで引き立てたので、仁徳のない者どもは遠ざかったのだ。」

と言った。

※　金谷氏は訳文に関して、「雍也篇第二二章参照。　皐陶――舜の賢臣。司法大臣として功があったという。　湯――殷王朝を開いた聖王。　伊尹――湯の賢宰相。建国の大功労者。」などと付記しておられる。

【私の見解】

孔子の言葉は、いつの場合もつっけんどんな感じがする。端的な言葉を発するだけで、何の説明も加えない。

ここでも、樊遅が「仁」について訊ねると孔子は、「人を愛することだ。」と言い、「智」について訊ねると「人を知ることだ。」と答えるが、樊遅は何のことか分からない。彼はきっと「分からない」という表情をしたに違いない。そこで孔子は、「正しい人を悪い心の人の上の位につけると悪い心の人も正しい心にさせることができる」と「仁」と「智」の説明との関連がはっきりしない説明をする。樊遅は困って、孔子の言っていることはどういうことかと子夏に訊ねる。すると子夏は、伝説の英雄・舜と湯の故事を引いて孔子の話の解説をする、とまあ、こういう話だ。

子夏の話を聞いて、樊遅は果たして理解できただろうか。私にはそうは思えない。孔子がはじめに言った「仁とは人を愛することだ」「智とは人を知ることだ」ということと子夏の説明とはどう繋がるのだろう。なんだか煙(けむ)に巻(ま)かれたようですっきりとしない。読む人によって解釈の分かれるところではないだろうか。

孔子は、正しい人を上の位につければ邪悪な人も心を入れ替えると言っているが、これは、孔子の希望的な観測というか、孔子の描く理想像なのだろう。現実はなかなかそう簡単にはいかないのが常だと私は思う。

この話が『論語』に載っているのは、孔子と弟子の問答であり、後世に伝えたいと『論語』を編集した儒者たちが考えたからだろうと思うが、さて、この話が後世の中国にどれほどの効果を及ぼしただろうか。「邪悪な心を持った人たち」が政権を握ってきた歴史を見れば、もはや一目瞭然ではないか。

二三　**子貢問友、子曰、忠告而以善道之、不可則止、無自辱焉、**

子貢、友を問う。子曰わく、忠告して善を以てこれを道びく。不可なれば則ち止む。自ら辱めらるること無かれ。

※　金谷氏は読み下し文に関して、「善を以て――唐石経・通行本は『以』字がなく、『善く』と読んで下につづける。不可――皇本・清本は『否』。」と付記しておられる。

【現代語訳】

子貢が友だちについてお訊ねした。先生は、

「忠告して善導すべきだが、聞き入れなければ止めることだ。恥をかくことのないように。」

と言われた。

※ 金谷氏は訳文に関して、「仁斎はいう、其の人がきかなければ、しばらくやめて言わず、その自覚をまつのであると。」と付記しておられる。

【私の見解】

さて、これは、友だちが悪い方向に行きそうなときには、善い道を進むように説得すべきだが、相手が聞き入れないときには、自分が恥をかかないように無理強いをしない方がよい、と言ったという逸話だ。

なるほどと一応は頷ける話ではある。しかし、友だちと言っても、交わりには濃淡があり、時と場合によって対応は変わるものだ。孔子は「無理強いをして恥をかくことはない」と言っているが、一概には言えないのではないか。

「無理強いをして恥をかくことはない」というのは、孔子の「中庸」思想の一端を示しているように思う。孔子の中庸思想には、どこか「現実逃避」の影がさしていて、悪く言えば「事なかれ主義」のようにも感じるが、穿ちすぎだろうか。

身勝手な主張を一方的に押しまくる中国の振る舞いを見ていると、孔子の言う「**無自辱焉**」（自ら辱めらるること無かれ。）が中国では如何に空文句であるか、分かろうというものではないか。

二四　曾子曰、君子以文會友、以友輔仁、

曾子曰わく、君子は文を以て友を会し、友を以て仁を輔く。

【現代語訳】

曾子がいった、

「君子は教養を通して友人に出会い、友人を通して仁徳を磨く。」

※　金谷氏は訳文に関して、『孟子』万章下篇＝〔年〕長をたのまず、〔富〕貴をたのまず、友なる者は其の徳を友とするなり。」と付記しておられる。

【私の見解】

曾子は、孔子よりも46歳若かったそうだが、孝行の曾子と言われるほど孝道に優れていたと伝えられている。孔子と曾子の孝についての問答は『孝経』にまとめられていて、儒教の経書の一つとなっているそうだ。

さて、曾子の言っていることは、私なりの言葉で言えば、「教養の高い人柄の立派な人は、学問・文芸を通して友だち付き合いをし、その友だちとの交わりによって人格を磨く」というほどの意味だと思う。しかし、これは余りにも上流気取りの言葉のように響く。

確かに、これも一理あるとは思うが、学問に秀でていなくても、仕事を立派にやりこなして人格的にも立派な人はいくらでもいる。学歴は貧しくても一芸に秀でて立派な仕事をしている人もたくさんいる。いわゆる発達障害を抱えながら懸命に人生を歩んでいる人もいる。等々のことを考えれば、曾子の言っていることは一面を衝いてはいても、普遍的なものではないように私は思う。それどころか、一つ間違うととんでもない差別思想と指弾されることにもなりかねないものだ。古代中国の文書『易経・繫辞上伝』に由来する「類は友を呼ぶ」という諺もあり、徳の高い人は徳の高い人を求めて交わって互いに高まり合うというのは一面の真理を含んではいるが、いつもいつもそう単純にはいかないのが人間というものではないだろうか。人間社会は様々な経歴や個性を持った人々の集まりであり、その中で互いに揉まれて人格形成をするのが人間というものではないか、と私は思う。

しかし、おそらく儒学では、曾子の言っていることは不可侵の価値があり、それゆえに『論語』に収録されているのだと思う。

さて、中国に於いてこれがどれほどの価値があるものなのか、私にはよく分からない。

ちなみに、石平氏と李相哲氏の対談本に次のような件がある。

石　日本は封建制の下でも一人一人に人格がある。自分の道を極めるという人格です。職人にも人格があった。ただ、中国には人格がない。みんな皇帝の奴隷ですから。人格うんぬんという話ではない。「おまえの道を極める」というのはない。一流の知識人でも唯一の道が科挙試験に合格して官僚になって皇帝様に仕えることなんです。独立した知識人は一人もいない。秦以後の歴代王朝においては知識人はみんな官僚でしょう。李白も杜甫も、朱熹も王陽明もみな官僚ですよ。

李　中国の学者は一応勉強して知識をたくさん身につけて出世した人。どういう人が一番いばって自分では成功していると思っているかというと、官僚です。官僚になれなかった人間は著述家になったりする。それもできない人は人生を嘆きながら詩を書いたり、山に隠れたりする。だから中国には本当の意味での知識人はいません。（『なぜ日本は中国のカモなのか』123～124ページ)。

『論語』(儒学―儒教)の実相は、概ねこのようなものなのかも知れない。

論語　巻第六　終

論語 巻第七

子路第十三

一 **子路問政、子曰、先之勞之、請益、曰、無倦、**

子路、政を問う。子曰わく、これに先んじ、これを労す。益を請う。曰わく、倦むこと無かれ。

【現代語訳】

子路が政治についてお訊ねした。先生は、

「〔人民の〕先に立ち、〔人民を〕労うことだ。」

と言われた。〔子路が、〕いま少しとお願いすると、先生は、

「飽きずにやることだ。」

と言われた。

※ 金谷氏は訳文に関して、「ねぎらう――『労』、鄭注の説。新注では政治家自身が骨おること。」と付記しておられ

る。

【私の見解】

これは、子路が政治について訊ねると、孔子は、例によって「先之勞之」（これに先んじ、これを労す。）と簡潔に答える。子路はよく分からなかったらしく、「もう少し詳しく説明してください」。と言うと、孔子は、「無倦」（倦むこと無かれ。）と答えた、という話だ。

要するに孔子は、政治の要諦を「人々のために積極的に飽きずに働くことだ」と言っていると私は解釈する。

この説明で、子路は理解しただろうか。孔子の高弟で孔子とはツー・カーの仲だったとはいえ、これで納得したとしたら、子路はたいしたものだと私は思う。私であれば、この説明ではいっそう疑問が深まるばかりだ。

なぜなら、「〔人民の〕先に立ち、〔人民を〕労う」ことは、政治にかかわらず大抵のことについて言えることであって、政治のことをズバリ説明しているとは思えないからである。

おそらく子路も納得できなかったのだろう。そこで「もう少し詳しく説明してください。」と言ったのだと思うが、孔子の答えは「飽きずにやることだ。」というものだった。これでは説明になっていない。子路はきっと、頭を抱えたことだろう。『論語』にはこのように訳の分からない、ある意味で「禅問答」のような逸話が結構詰まっている。だから、読み手は、自分が置かれている状況や感性で解釈を膨(ふく)らませて自分なりの納得を得なければならなくなる。論語の解釈が人によって様々だということが、このことを証明している。

ともあれ、「**子路問政、子曰、先之勞之、請益、曰、無倦**」は『論語』に収録されている。後世の中国では、これがどう読まれ解釈されたのか、私にはよく分からないが、少なくとも現在の中国の共産党政治を見る限り、「人々のために積極的に飽きずに働くこと」の意味が孔子の本来の考えとはかけ離れてしまっているように思われる。自由を奪い、人権をないがしろにすることが人々のためになることだとは常識的にはとても思えないからだ。

しかし、中国共産党は自分たちの政治こそが「人々のために積極的に飽きずに働くこと」に合致していると言うかも知れない。そのような「合理化」「正当化」は、彼らにとっては朝飯前(あさめしまえ)のことなのだろう。

二　仲弓爲季氏宰、問政、子曰、先有司、赦小過、擧賢才、曰、焉知賢才而擧之、曰、擧爾

所知、爾所不知、人其舎諸、

仲弓、季氏の宰と為りて、政を問う。子曰わく、有司を先きにし、小過を赦し、賢才を挙げよ。曰わく、焉んぞ賢才を知りてこれを挙げん。曰わく、爾の知る所を挙げよ。爾の知らざる所、人其れ諸れを舎てんや。

【現代語訳】

季氏の宰になった仲弓が政治についてお訊ねした。先生は、

「役人の人事をまず行ないなさい。小さな過失は許してやり、才能のすぐれた者を引き立てなさい。」

と言われた。〔仲弓は、〕

「才能のすぐれた者を見つけて引き立てるのにはどうすればよいでしょうか。」

とお訊ねした。先生は、

「そなたが知っている者を引き立てなさい。そなたの知らない者は人々が捨ててはおかないだろう。」

と言われた。

【私の見解】

仲弓が政治のことを訊ねると、孔子は「真っ先に人事をしなさい。小さな過失は見逃し

てやって優れた才能の者を引き立ててやりなさい。」と答える。仲弓は、「どのようにして優れた才能の者を見つけたらいいでしょうか。」と訊ねる。すると孔子は、「そなたが知っている者を引き立てなさい。そなたが知らない優秀な者は誰かがきっと推薦してくるよ。」と答えている。なにか分かったようで分からないような問答である。

「優秀な者」と言っても捉え方は様々だ。仲弓はそのことを訊ねたのだと思うが、孔子の答えは、「そなたが知っている者を引き立てなさい。」だった。仲弓はどのような者が優秀な者かが分からないから質問したのだと思われるが、これでは答えにはなっていない。

孔子はさらに「誰かがきっと優秀な者を推薦してくるよ。」と言っているが、要するに、孔子は、どのような者が優秀な者かについては何一つ答えていない。結局の所は、「ひと任せ」で、誰かが推薦してくれるのを待つと言うのだから、仲弓は、やはり頭を抱えたに違いない。

裏読みすれば、これは、政治を行なう場合に真っ先に大切なことは「人事」だが、優秀な者を引き立てるといっても独断に陥ってはいけない。とりあえず自分が良いと思う者を引き立てておいて、あとは誰かの意見を聞いて決めることが肝心だ、と孔子は言ったのかもしれないと解釈することも可能だ。

この解釈によれば、孔子の姿勢はやはり現実逃避で、自分では何も決められないと言っているのと同じではないかと思われる。口を開けば「仁」だとか「忠恕」だとか言っていながら、事を為す具体的な段になると「中庸」とか誰かの判断を待つといったようにとたんに曖昧になってしまうのは、孔子の現実離れした空想的理想主義の表れだと私は思うのだが、どうであろうか。

『論語』にこの逸話が載っているということは、「子曰」とある孔子の教えだからだと思われるが、さて、これが後世の中国にどのような影響を及ぼしたか、私には想像すらできない。

三　子路曰、衞君待子而爲政、子將奚先、子曰、必也正名乎、子路曰、有是哉、子之迂也、奚其正、子曰、野哉由也、君子於其所不知、蓋闕如也、名不正則言不順、言不順則事不成、事不成則禮樂不興、禮樂不興則刑罰不中、刑罰不中則民無所措手足、故君子名之必可言也、言之必可行也、君子於其言、無所苟而已矣、

子路曰わく、衛の君、子を待ちて政を為さば、子将に奚をか先きにせん。子曰わく、必ずや名を正さんか。子路曰わく、是れ有るかな、子の迂なるや。奚ぞ其れに正さん。子曰わく、野なるかな、由や。君子は其の知らざる所に於いては、蓋闕如たり。名正しからざれば則ち言順わず、言順わざれば則ち事成らず、事成らざれば則ち礼楽興こらず、礼楽興こらざれば則ち刑罰中らず、刑罰中らざれば則ち民手足を措く所なし。故に君子はこれに名づくれば必ず言うべきなり。これを言えば必ず行なうべきなり。君子、其の言に於いて、苟くもする所なきのみ。

※　金谷氏は読み下文に関して、「蓋闕如たり――『蓋し闕如す。』と読むのがふつうであるが、蓋闕如は踧踖如などと同じ双声畳韻の形容語である。」と付記しておられる。

【現代語訳】

子路が、

「衛の殿さまが先生をお迎えして政治をされれば、先生は何から先になさいますか。」

と言った。先生は、

「必ず名を正すよ。」

と言われた。子路は、

「それですか、先生のなさることはなんともまわりくどい。どうして名を正すのですか。」

と言った。先生は、

「由はがさつだね。君子は自分の分からないことについては口出ししないものだ。名が正しくなければ言葉も順当でなく、言葉が順当でなければ仕事もうまくいかず、仕事がうまくいかなければ儀礼や音楽も興らず、儀礼や音楽が興らなければ刑罰も的確にはいかず、刑罰が的確にいかなければ人民は安心できなくなる。だから君子は名をつけたら必ずそれを言葉にできるし、言葉にできれば必ずそれを実行できるようにする。君子は自分の言ったことには責任を持つものだよ。」

と言われた。

※ 金谷氏は訳文に関して、「衛の殿さま――衛の出公のこと。述而篇第一四章参照。孔子が『正名（君臣夫子の名分を正すこと）』をいったのは、出公が父と争っていて国中の名分が乱れていたからである。名が正しく――名と実とがあっていること。父は父として、子は子として。儀礼や音楽が……――『孝経』に『安上治氏は礼より善きはなく、移風易俗は楽より善きはなし。』とある。礼楽が衰えると刑罰も適切を欠くようになると考えられた。君子は……――この結びは、子路の失言を戒める意味をも持っている。子路は衛に仕えていてその内乱に巻きこまれて死ぬ。」などと付記しておられる。

【私の見解】

さて、孔子は、魯の国の役人をしていたが、権力争いに巻きこまれて逃げ出し、中原を14年間も放浪することになった。子路はその放浪に随伴している。孔子が魯の国に帰還したあと、子路は衛の国に仕えることになった。この章は、その頃の話だと思われる。

衛の国に仕えることになったら、真っ先に何をしますかと子路に訊ねられて、孔子は、「必ず名と実とを合わせる」と答えている。これは、金谷氏の付記にあるように、当時衛の国では父と子とが争っていて国中の名分が乱れていたため、孔子はこれを正さなければならないと言ったのだ。すると、武断派の子路は、その孔子の考えはまどろっこしいと思ったのだろう。「そんな回りくどいことを」と不満を述べる。そこで、孔子が、「名分が正しくなければ何事も正しく進まない。」と諄々と説明し、「君子というのは、自分が言ったことには責任を持つものだ。」と諭している。

孔子は周王朝の秩序を理想としていたところがあり、肉親が憎み合い殺し合うようなことは絶対にあってはならないことだという信念があったものと思われる。儒学では、孝行は大変重要な概念で、孔子の子路への説明は、この観点を踏まえるとよく分かるような気がする。

ただ、孔子の考えは、当時どこの諸侯国からも支持されなかったようで、孔子には、どこからも仕官の声がかからなかった。子路は間もなく衛の国の内紛に巻きこまれて憤死し、孔子は子路の死の一年後に74年の生涯を閉じたと伝えられている。

この章が『論語』に載っているのは、「**必也正名乎**」（必ずや名を正さんか）が儒学の中核的な教えであるからだろう。この考えは後の儒教にもしっかりと息づき、今日も中国の人たちに見られる家族主義や宗族主義の基礎になっているものと思われる。

四　樊遲請學稼、子曰、吾不如老農、請學爲圃、子曰吾不如老圃、樊遲出、子曰、小人哉樊須也、上好禮、則民莫敢不敬、上好義、則民莫敢不服、上好信、則民莫敢不用情、夫如是、則四方之民、襁負其子而至矣、焉用稼、

樊遲稼を学ばんと請う。子曰わく、吾れ老農に如かず。圃を為ることを学ばんと請う。子曰わく、吾れは老圃に如かず。樊遲出ず。子曰わく、小人なるかな、樊須や。上礼を好めば、則ち民は敢えて敬せざること莫し。上義を好めば、則ち民は敢えて服せざること莫し。上信を好めば、則ち民は敢えて情を用いざること莫し。夫れ是くの如くんば、則ち四方の民は其の子を襁負して至らん。焉んぞ稼を用いん。

【現代語訳】

樊遲が穀物づくりを習いたいと申し出ると、先生は、

「私は、年をとった百姓には及ばない。」

と言われた。〔樊遅が、〕野菜づくりを習いたいと申し出ると、

「私は、年をとった畑づくりには及ばない。」

と言われた。樊遅が退出すると、先生は、

「樊須は人間ができていないね。上の者が礼を好めば人民はみな尊敬するし、上の者が正義を好めば人民はみな服従するし、上の者が誠実を好めば人民はみな情をもって応える。そうなれば、周りの人民たちも子どもを背負ってやってくる。どうして穀物づくりなどいるものか。」

と言われた。

【私の見解】

樊遅（樊須）が穀物作りや野菜作りについて訊ねると、孔子は、自分は経験豊かな百姓ほど穀物作りや畑作りはうまくない。」と答えている。そして、樊遅が退室すると、「樊須は人間ができていないね。」と言い、「上の者が礼を好み、正義を好み、誠実を好めば、人民たちは敬服して子ども連れでやってくる。野菜作りを習う必要などない。」と言っている。

『論語』にはどのような背景や事情があってこのような話になったのかについては何の説明もないから、こちらの方で想像を膨らませる他はないが、私は、この話の筋がよく分か

らない。

齋藤孝氏の『現代語訳 論語』などを少し調べてみると、どうも樊遅は、為政者になったときの心得としてこのような質問をしたらしい。そうだとすると、樊遅は人民に安定した食を与えることを考えて真面目に質問していることになるが、孔子の答えは、余りにもつっけんどんだ。それだけでなく、樊遅のいないところで「樊須は人間ができていないね。」とけなしている。乱世とはいえ、これはどう見ても孔子の対応に問題があるように思われる。師として弟子に対してもう少し配慮があってもいいのではないか。常日頃「忠恕」を口にしている孔子には似つかわしくない対応である。

それに、孔子は、上の者つまり為政者（権力者）の態度次第で人民は子ども連れで集まってくるみたいなことを言っているが、これも、今の感覚から言えばいただけない。人間の関係を上と下とに対比させて、上次第で下はなびくというのは、孔子が生きた時代ならともかく、民主主義の今の時代には受け入れられるものではない。

『論語』にこの話が収録されたのは、孔子の考えを後世に伝えるためであろう。

わが国の『論語』信奉者の中には、『論語』に載っていることであれば何でも徳目にしたがる人もいるが、この章の話は、今の時代には徳目としてはいけないものの一つだと私は思う。

五　子曰、誦詩三百、授之以政不達、使於四方不能專對、雖多亦奚以爲、

子曰わく、詩三百を誦し、これに授くるに政を以てして達せず、四方に使いして専り対うること能わざれば、多しと雖も亦た奚を以て為さん。

【現代語訳】

先生は次のように言われた。

「詩経の三百篇を暗誦していても、政治を委ねられて満足に任務を果たせず、四方の国々へ使いに行っても一人で応対できないのでは、何のために多くの詩を諳んじているのか分からぬ。」

【私の見解】

『詩経』は、孔子が編集した詩集と言われている。現在の『詩経』は305篇あるという。

孔子は、その『『詩経』を暗誦していても、政治をやらせても巧くできず、方々の国へ使いに出しても自分の判断ではなにもできないようでは、どうしようもない。」と言っている。

これは、知識は現実に生かされてこそ値打ちがあるということを言ったものと解釈できる。

孔子の言っていることは、まことにもっともだが、孔子でなくても、常識のある人であれば誰でも言えそうなことである。

これが『論語』に載っているのは、「子曰」の言葉だからだと思われるが、内容は極めて

一般的な教訓であり、今日でも十分に通用すると思われる。心したい言葉である。

六　子曰、其身正、不令而行、其身不正、雖令不従、

子曰わく、其の身正しければ、令せざれども行なわる。其の身正しからざれば、令すと雖も従わず。

【現代語訳】

先生は次のように言われた。

「上に立つ者が正しければ、命令しなくても〔人民は〕実行するが、正しくなければ、命令しても〔人民は〕従わない。」

【私の見解】

これは、孔子の理想主義の一端を示している言葉だといえよう。

これを現代風にアレンジすれば、命令権を有する上司が命令を発する場合、日頃の言動が正しくなければ命令を発しても部下は従わない（逆に、日頃の言動が正しく皆から信頼されていれば、部下は命令しなくても自発的に動く。）ということであろうが、理念としてはその通りだとしても、現実はなかなかそのようにはいかないものだ。

どんなに立派な上司であっても、組織の論理として、命令がなければ部下は動けないこともある。また、立派な上司の心情を慮って部下が自発的に動いたために、組織上まずいことも生じ得る。

だから、この孔子の言葉は、理念として尊重したい気持ちはあっても、丸呑みにはできないと私は思う。

ただ、「為政者が身を正せば、政治は自然にうまくいくものだ。」というほどの意味に一般化すれば、今日でも啓発的な意味はあると言えなくもないが、そうは言っても、この言葉の根底にある思想は、あくまでも「上は風、下は草」（民は為政者次第でなんとでもなる）というもので、民主主義の思想には合わないことに変わりない。

孔子のこの考え方は、中国の歴代の為政者にとっては都合の良いものだったに違いなく、自分たちの行ないこそが正しいとする今日の中国共産党政府も、国民はなびいて当然と思っていることであろう。

七　子曰、魯衛之政兄弟也、

子曰わく、魯衛の政は兄弟なり。

【現代語訳】

先生は次のように言われた。

「魯の国と衛の国の政治は兄弟だな。」

※ 金谷氏は訳文に関して、「魯の祖先の周公旦と衛の先祖の康叔とは兄弟で、もともとその善政も似ていた。雍也篇第二四章参照。朱子は今の衰乱を嘆いたとみるが、仁斎は二国への期待をのべたものとみる。」などと付記しておられる。

【私の見解】

魯の国は、周王朝の周公旦の子の伯禽が成王によって封ぜられた国で、紀元前11世紀～紀元前3世紀に存在した。衛の国は、周王朝の武王が弟の康叔を封じた国で、紀元前11世紀～紀元前3世紀に存在した。両国ともに姓は姫で、周王朝の血が繋がっている。孔子が、「**魯衛之政兄弟也**」（魯衛の政は兄弟なり。）と言ったのは、当然と言えば当然である。

問題は、なぜこの当然のことを孔子がわざわざ言う必要があったのかということだが、金谷氏の付記にもあるように、朱子と仁斎では解釈が違ったようだ。私は、周王朝を理想とする孔子のノスタルジアだったのではないかと思う。

「子曰、魯衛之政兄弟也」が『論語』に載っているのは、孔子の理想郷を後世に伝えるためであったと思われる。ただこの話は、今日の教訓にはならないと私は思う。

八　子謂衛公子荊、善居室、始有曰苟合矣、少有曰苟完矣、富有曰苟美矣、

子、衛の公子荊を謂わく、善く室を居く。始め有るに曰わく、苟か合う。少しく有るに曰わく、苟か完し。富に有るに曰わく、苟か美し。

※　金谷氏は読み下し文に関して「善く室を居く――室は家財の意味。『善く室に居れり。』と読むのがふつう。」と付記しておられる。

【現代語訳】

先生は、衛の公子の荊のことを、次のように言われた。

「家庭経済のやりくりがうまい。はじめに形ばかりの家財があったときには『なんとか間に合いそうだ。』と言っていたが、少し家財が増えると『これで十分だよ。』と言い、家財が豊かになると『まあどうにか立派になったよ。』と言った。」

【私の見解】

これは、衛の国の大夫である荊のお家の財政のやりくりについて、孔子が褒めた話だ。荊は、控えめでおごらず、家計をうまくやりくりしたようである。

この話が『論語』に載っているのは、財政のやりくりはこうあるべしという孔子の考えを後世に伝えるためだと思われる。

贅沢に走ることなく質素倹約に努めることは、わが国では今日でも美徳とされる。その意味に於いて、この話は今日でも教訓にはなるが、それも程度の問題である。過度に質素倹約に走ると、経済活動を衰退させることにもなる。要は何事もほどほどということであろう。

九　子適衛、冉有僕、子曰、庶矣哉、冉有曰、既庶矣、又何加焉、曰富之、曰既富矣、又何加焉、曰敎之、

子衛に適く。冉有僕たり。子曰わく、庶きかな。冉有曰わく、既に庶し。又た何をか加えん。曰わく、これを富まさん。曰わく、既に富めり。又た何をか加えん。曰わく、これを教えん。

※　金谷氏は読み下し文に関して、「冉有――皇本・清本ではここだけ『冉子』とある。」と付記しておられる。

【現代語訳】

先生が衛の国へ行かれたとき、冉有は御者を務めた。先生が、

「〔衛の人口は〕多いね。」

と言われた。冉有は、

「多くなったら、この上は、何に力を入れたらよいでしょうか。」

と言った。先生は、

「経済を豊かにしたいね。」

と言われた。〔冉有が、〕

「経済を豊かにしたら、さらに何をしたらよいでしょうか。」

と言うと、先生は、

「教育に力を入れよう。」

と言われた。

【私の見解】

これは、孔子と弟子の冉有の会話である。

衛の国の人口が多いのを見て、孔子は、「経済的に豊かにしてやりたいねえ。」と言い、冉有が、「経済が豊かになったら次はどうしますか。」と訊ねると、孔子は「教育に力を注ぎたいねえ。」と言ったという逸話だ。

取り立てて言うほどの話ではないと思われるが、『論語』に載っているのである。『論語』を編集した儒者たちは、孔子のそのような気遣いを後世に伝えたかったのであろう。

まあ、こういう話も『論語』には載っていると認識するだけで十分であろう。

一〇　子曰、苟有用我者、期月而已可也、三年有成、

子曰わく、苟も我れを用うる者あらば、期月のみにして可ならん。三年にして成すこと有らん。

【現代語訳】

先生は次のように言われた。

「もし誰か私を登用する人があれば、一年だけでも一通りのことはできるが、三年もあれば十分なことができる。」

【私の見解】

この話は、衛の国に仕官を希望していた孔子が、衛の霊公に用いてもらえず、嘆息したものだと伝わっている。孔子は、やはり役人として仕官することを強く志望していたのである。これは、そのことを端的に示す逸話と言って良いだろう。

前にも紹介したが、石平氏と李相哲氏の対談本（前掲書）によると、中国で出世するということは、役人となって出世することを意味しているそうだ。孔子もご多分に漏れず仕官を強く望んでいたが、どこからも声がかからず、焦りもあり、悔しくもあったのであろう。「私を登用すれば、一年で一通りの仕事をしてみせる。三年あれば理想を達成してみせる。」と大見得を切っている。

聖人の中の聖人と称されているが、この逸話からは、孔子も普通の人間であったことが察しられ、なんとなくホッとさせられるが、これは、私だけの感慨であろうか。

この逸話が『論語』に載っているのは、孔子ほどの人を登用しなかった為政者への当てつけなのかも知れないが、あまり後味の良いものではない。

一一　子曰、善人爲邦百年、亦可以勝殘去殺矣、誠哉是言也、

子曰わく、善人、邦を為むること百年、亦た以て残に勝ちて殺を去るべしと。誠なるかな、是(こ)の言(げん)や。

【現代語訳】

先生は次のように言われた。

「〔古語に〕『善人(ぜんじん)の政治が百年も続けば、乱暴者(らんぼうもの)を押さえて死刑をなくせる。』とあるが、本当だよ、この言葉は。」

【私の見解】

これも、孔子の理想主義を絵に描いたような話だ。

〔聖人によって政治が行われれば言うことはないが、〕善人でも百年も国を治めれば、国は平穏(へいおん)になり、死刑を課さなければならないような残虐(ざんぎゃく)な罪を犯す者はいなくなると孔子は言っているが、理想に過ぎて言葉が宙に浮いているように思われる。

為政者が善人であっても、罪を犯す者はいるし、死刑を課さなければならないような重大な犯罪に手を染(そ)める者もいる。

孔子の言っていることを裏読みすれば、死刑を課すほどの重大な罪を犯す者が出るのは為政者が悪いからだとも読めるが、いまどきこのようなことを言えば、社会問題にもなりかねない。

彼の言葉の根底には、「為政者に人民はなびく」という考えがあり、為政者次第で国はどうにでもなるという思想がある。これは、乱世に生きた孔子の思想的限界と言えるだろう。『論語』にこれが載っているということは、当時は、孔子のこのような考えが主流だったのかもしれない。乱世にあって、人々は、善人による政治を熱望していたのであろう。だが、『論語』が出たあとも、中国の政治はいっそう酷くなった。中国の歴史上、善人が政治を行なったという形跡は皆無と言って良い。これは、この論語が宙に浮いていることを証明しているのではないだろうか。

一二　子曰、如有王者、必世而後仁、

子曰わく、如し王者あるも、必ず世にして後に仁ならん。

【現代語訳】

先生は次のように言われた。

「たとえ王者が現れても、仁徳があまねく行き渡るには必ず三十年はかかるだろう。」

【私の見解】

この孔子の言葉には、中国の伝統的な天命思想と天命を受けた聖者（王者）による治世の考えが色濃く反映している。

王者の天命思想は、後に儒教理論の中で「易姓革命」理論として力を発揮することになるが、孔子の思想にはすでにその基本的な考え方が定着していたものと思われる。

「世」は古くは「卅」と同じ字で三十を表すという。すると、「**必世而後仁**」（必ず世にして後に仁ならん。）は、「必ず三十年たってからはじめて仁になるだろう。」というほどの意味になる。孔子は、天命を受けた聖者（王者）であっても、国全体に仁徳が行き渡るには三十年の治世が必要だと言っているわけである。

この考え方には、当然ながら、国民が国の主権者という近代民主主義の考え方は影も形もない。従って、今日の価値観から見れば、「**子曰、如有王者、必世而後仁**」はとても受け入れられるものではないが、孔子が生きた時代の感覚から言えば正当論だったのであろう。『論語』にこの言葉が載っているのは、乱世を天命を受けた聖者（王者）が出てきて治めて欲しいという強い願望があったからに違いないのだが、今日に於いては、これは教訓にはなり得ないし、してはいけないものだと私は思う。聖者（王者）が出てきて治めて欲しいと国民が思っている限り、真の民主政治が実現することはないのだから。

一三　子曰、苟正其身矣、於従政乎何有、不能正其身、如正人何、

子曰わく、苟もその身を正しくせば、政に従うに於いてか何か有らん。其の身を正しくすること能わざれば、人を正しくすることを如何せん。

【現代語訳】

先生は次のように言われた。

「もし、わが身を正しくさえすれば、政治をするのは何でもない。わが身を正せなくて、なんで人を正せようか。」

【私の見解】

孔子は、わが身を正すことができるほどの者であれば、政治をすることなどたやすいことで、それができないようであれば、人を正すことはできない、と言っている。彼は、理想の為政者像として聖人君子を描いていたことが窺える。この場合、「人を正す」は「よい政治をする」というほどの意味であろうか。

孔子のこの考え方には、先の章で見たように、天命を受けた聖者（つまり聖人君子）の治世を善しとする考えが基底にある。これが、孔子の治世論の限界であると私は思う。

政治の現実は、孔子の言うようなものではない。極端に言えば、為政者がぼんくらであっても、国民がしっかりしていれば国は治まるのだ。為政者に聖人君子を求め、政治の責任を聖人君子だけに求めるような国民である限り、国が真に治まることはないであろう。

『論語』にこの章が載っているのは、あまりに酷い乱世をなんとかして欲しいという当時の輿論の反映であろうが、前章でも述べたように、この言葉は、今日の教訓にはなり得ないし、してはいけないと私は思っている。

中国では、天命思想によって、天命を受けた為政者は絶対善であり絶対正義であって、人民はこれにひれ伏すのが当たり前とされてきたが、右で見たように、この考え方の基本は、すでに孔子の言葉に見て取れる。この意味に於いて、李相哲氏の「孔子が中国をダメにした。」という指摘も真理の一端を衝いていると言えるだろう。

一四　冉子退朝、子曰、何晏也、對曰、有政、子曰、其事也、如有政、雖不吾以、吾其與聞之、

冉子、朝より退く。子曰わく、何ぞ晏きや。対えて曰わく、政あり。子曰わく、其れ事ならん。如し政あらば、吾れを以いずと雖ども、吾れ其れこれを与り聞かん。

【現代語訳】

冉子（冉有）が朝廷から戻ってきた。先生は、

「どうして遅かったのか。」

と言われた。〔冉子は、〕「政務がありました。」と答えた。先生は、「〔政務ではあるまい、〕事務だろう。もし政務であるなら、私を登用していなくても、私にも相談があったはずだ。」と言われた。

※　金谷氏は訳文に関して、「朝廷――冉有は季氏の家宰であったので、この朝廷も季氏の私的なものである。事務――『事』と『政』について、鄭注は『君の教令が政で、臣の教令が事である。』という。公的と私的との違い。相談には……――孔子が大夫の身分でいたからである。」と付記しておられる。

【私の見解】

これは、孔門十徹の一人に数えられる冉有が、季氏の家宰（家老）を勤めていたときの話である。冉有が仕事で帰りが遅くなった。すると孔子が、「どうして遅かったのか。」と訊ねた。冉有が「政務で手間取りました。」と答えると、孔子は、その答えにカチンときたらしい。「政務ではあるまい。政務ならば、私にも相談があるはずだ。」と言った。不機嫌な孔子の顔が浮かんでくるような場面である。

孔子はどうして、不機嫌になったのか。おそらく、仕官を熱望している自分が公務の相談を受けていないことにいらだちがあったものと思われる。

聖人と言われる孔子でも、このような人間くさい側面があったのだ。

なお、原文は「冉子」(冉先生)となっているので、これは、冉有を師と仰ぐ弟子の言葉なのであろう。

『論語』にこの話が載っているのは、おそらく孔子ほどの人を仕官させなかったことへの儒者たちの面当てであろうが、これは、孔子の値打ちを落としたのではないだろうか。私には、贔屓の引き倒しのように思われる。

一五　定公問、一言而可以興邦有諸、孔子對曰、言不可以若是、其幾也、人之言曰、爲君難、爲臣不易、如知爲君之難也、不幾乎一言而興邦乎、曰、一言而可以喪邦有諸、孔子對曰、言不可以若是、其幾也、人之言曰、予無樂乎爲君、唯其言而樂莫予違也、如其善而莫之違也、不亦善乎、如不善而莫之違也、不幾乎一言而喪邦乎、

定公問う。一言にして以て邦を興すべきこと諸れ有りや。孔子対えて曰わく、言は

以て是くの若くなるべからざるも、其れ幾きなり。人の言に曰わく、君たること難し、臣たること易からずと。如し君たることの難きを知らば、一言にして邦を興すに幾からずや。曰わく、一言にして以て邦を喪ぼすべきこと諸れに有りや。孔子対えて曰わく、言は以て是くの若くなるべからざるも、其れ幾きなり。人の言に曰わく、予れは君たることを楽しむこと無し。唯だ其の言にして予れに違うこと莫きを楽しむなりと。如し其れ善にしてこれに違うこと莫くんば、亦た善からずや。如し不善にしてこれに違うこと莫くんば、一言にして邦を喪ぼすに幾からずや。

※　金谷氏は読み下し文に関して、「……其れ幾きなり――新注では『幾』を『期』の意味にみて、『是くの若く其れ幾すべからざるなり。』と一句に読む。　以て邦を喪ぼすべき――皇本の『可以喪邦』に従う。唐石経・通行本は『喪邦』の二字だけ。　莫きを楽しむ――通行本には『楽』字なし。いま皇本に従う。古注によれば有るものよし。」と付記しておられる。

【現代語訳】

〔魯の国の君主の〕定公が、

「一言で国を盛んにできる言葉はあるか。」

と訊ねられた。孔子は、

「言葉はそのようなものではありませんが、近いものはあります。誰かの言葉に『君主であることはむつかしい、臣下であることもやさしくない。』とありますが、もし君主であることのむつかしさを知れば、一言で国を盛んにするというのに近いのではないでしょうか。」

とお答えになった。〔定公は〕、

「〔それでは〕一言で国を滅ぼせる言葉はあるか。」

と訊ねられた。孔子は、

「言葉はそのようなものではありませんが、近いものはあります。誰かの言葉に『わしは君主であることを楽しむのではない。ただ、わしが言ったことに誰も逆らわないことを楽しむのだ。』とありますが、もしも善いことでそれに逆らう者がいないのならよいでしょうが、善くないことでもそれに逆らう者がいないというのであれば、一言で国を滅ぼすということに近いのではないでしょうか。」

と答えられた。

【私の見解】

さて、少しややこしい話で分かりにくいが、これは、魯の国の君主である定公が「一言で国を盛んにできる言葉はあるか。」と訊ねたのに対して、孔子が「君主であることはむつかしいものだ。」という言葉がそれに近いのではないでしょうかと答え、定公が「一言で国を滅ぼす言葉はあるか。」と訊ねたのに対して、孔子が「誰も自分が言ったことに逆らわないことを楽しむ。」と君主が言って、善くないことでも誰も逆らわないのであれば、その君主の言葉がそれに近いのではないでしょうか、と答えたという話である。

つまり、孔子は、君主たる者がその責任の重さを自覚して善行を施せば国は栄えるし、独裁をよしとして悪政を人民に押しつけるようなことをすれば国は滅びると言っているのだと私は解釈する。

孔子の言っていることは、あくまでも当時の価値観に基づくもので、今日に通用する教訓にはなり得ないものだが、当時の君主の在り方についての要諦（ようてい）を衝（つ）いていると言えるだろう。この章には、孔子の為政論の基本が示されていると私は思う。

ところで、この論語を読んでいるまさにこの時、ヨーロッパではロシアがウクライナに侵攻してウクライナの街を破壊し人々を無差別に殺戮（さつりく）している最中である。

どうしてこのような野蛮（やばん）な侵略行為（しんりゃくこうい）ができるのか。ロシアでは、プーチン大統領を止める者は誰もいないのだろうか。ニュース映像から察する限り、プーチンの態度はまさしく「**唯其言而樂莫予違也**」（唯其（ただそ）の言（げん）にして予（わ）れに違（たが）うこと莫（な）きを楽（たの）しむなり。）そのものであり、側近たちは誰一人としてそれを止めようとしていないことが分かる。孔子に言わせれば、これは、ロシアが滅びることを暗示(あんじ)しているということであろう。

『論語』の本家本元である中国も、ロシアに苦言(くげん)を呈(てい)するどころか、ロシアの蛮行(ばんこう)を支援(しえん)するような言動に終始(しゅうし)している。なるほど、中国もまた、「**唯其言而樂莫予違也**」そのものの国なのだ。さすれば、孔子流に言えば、中国という国も、そう長くは続かないということか。

一六　葉公問政、子曰、近者説、遠者來、

葉公(しょうこう)、政(せい)を問(と)う、子曰(しのたま)わく、近(ちか)き者説(ものよろこ)び遠(とお)き者来(ものき)たる。

【現代語訳】

葉公(しょうこう)が政治について訊ねた。先生は、

「近くの人々が喜び、遠くの人々が寄ってくる〔ような政治をしてください。〕」

と言われた。

【私の見解】

楚の国の重臣である葉公が、孔子に政治はどうすれば良いかを訊ねた。孔子は、「領内の者が喜び、領外からも人々が慕(した)ってやってくるように。」と答えている。あまりにもあっけ

ない答えだ。

葉公はこの回答に満足しただろうか。私にはとてもそうは思えない。孔子は、葉公が聞こうとした肝心なことは答えず、葉公の問いをただ言い換えているに過ぎないからだ。葉公は、どうすれば領民が喜び、領外からも人々が慕ってやってくるような政治ができるかを問うているのに、これでは、何も答えていないと同じではないか。

この孔子の回答スタイルは、極端に言えば、一種の〝逃げ〟と言ってよいだろう。この章に限らず、問答に於ける孔子の答えはだいたいに於いてこの〝逃げ〟の傾向が著しい。隠喩や換喩などを駆使して煙に巻く手法がやたらと目に付く。

それはともかく、この章は『論語』に載っている。孔子の政治論としてこれを後世に伝えようとしたのであろうが、中身は何もないと私は思う。

一七　子夏爲莒父宰、問政、子曰、毋欲速、毋見小利、欲速則不達、見小利則大事不成、

子夏、莒父の宰となりて、政を問う。子曰わく、速やかならんと欲すること毋かれ。小利を見ること毋かれ。速かならんと欲すれば則ち達せず。小利を見れば則ち大事成らず。

※　金谷氏は読み下し文に関して、「母かれ――唐石経・通行本は『無』。『教典釈文』はこれと同じ。」と付記しておられる。

【現代語訳】

〔魯の町〕莒父(きょほ)の宰(さい)（とりしまり）となった子夏が、政治についてお訊ねした。先生は、「功を焦(あせ)ってはならぬ。小利に囚(とら)われてはならぬ。功を焦(あせ)るとうまく行かぬ。小利に囚われると大事を成し遂げることはできぬ。」と言われた。

【私の見解】

さて、子夏は、どんな政治をすれば良いかを訊ねていると思われるが、孔子は、例によって政治の中身については何一つ触れず、いわば「政治の心得」について述べて、「焦ると巧(うま)く行かぬ。小利にとらわれると大きなことはできぬ。」と答えている。この回答も、一種の〝逃げ〟と言ってよいであろう。

この回答で子夏が満足したとはとても思えない。子夏は、師の答えから思考を膨(ふく)らませて、自分の政治像を創造しなければならなかったことであろう。

これが『論語』に載っているのは、「**子曰**」とあるからであろう。政治の心得を後世に伝えるという意味はあるかもしれないが、この章は取り立てて言うほどの中身はない。

一八　葉公語孔子曰、吾黨有直躬者、其父攘羊、而子證之、孔子曰、吾黨之直者異於是、父爲子隱、子爲父隱、直在其中矣、

葉公、孔子に語りて曰わく、吾が党に直躬なる者あり。其の父、羊を攘みて、子これを証す。孔子曰わく、吾が党の直き者は是れに異なり。父は子の為に隠し、子は父の為に隠す。直きこと其の中に在り。

※　金谷氏は読み下し文に関して、『躬を直くする者』と読むのが普通。」と付記しておられる。

【現代語訳】

葉公が孔子に、

「私の村には正直者がいます。父親が羊を盗んだときに、その息子がそれを証言しました。」

と話した。孔子は、

「私の村の正直者はそれとは違います。父は子のために隠し、子は父のために隠します。〔本当の〕正直というのは、そういうことです。」

と言われた。

【私の見解】

これは、楚の国の重臣の葉公が、「私どものところに、父親が羊を盗んだことを証言した正直者の息子がいます。」と話すと、孔子は、「それは私どもの村の正直者とは違います。父は子の不都合を隠し、子は父の不都合を隠すことこそが本当の正直というものです。」と言ったという話だ。

私の感覚では、というよりも、普通の日本人の倫理観のもとでは、葉公の言っていることこそがまともな正直観であって、孔子の言っていることはまったくおかしなことである。孔子の言っていることによると、いわば、身内をかばうためには嘘をついてもいい、むしろ、嘘をつくことが正直だという極めて妙な話になってしまう。

なるほど、そうか、これが堂々と『論語』に載っているということは、孔子が生きた紀元前の昔から、中国では身内のためには嘘をつくことは正直者の証であり正義であったということなのだ。だから中国人は、自分を守るために、あるいは身内や国を守るために、平気で嘘をつき、問題が生じればすべてその責任を他者のせいにするのだ。

こうなると、嘘をつくのは中国古来の文化と言ってもいいだろう。驚愕（きょうがく）すべきことではないか。

石平氏は、中国人がいかに平気で嘘をつくかについて、次のように書いておられる。少し長いが引いてみる。

中国人はつねに嘘をつき、人を騙す民族だといわれている。かつて、中国の地を訪れた西洋人も、そのことを記録に残している。（中略）

私は日本に帰化した元中国人だが、彼らの述べていることは、間違っているとは思わない。たしかに今の中国人は平気で嘘をつくし、これまで数千年にわたって、中国人はあらゆる場所、あらゆる場面で嘘をついてきた。

基本的に中国人は儒教の影響から家族主義であり、血族および地縁や利益共同体の疑似家族（「圏子（チェンツ）」という）以外は、すべて信用できない相手と見なす。また、家族であっても、夫婦は完全に信用しない。

だから、何か利害関係に発展する場合、必ず嘘をつく。そしてその嘘がバレても、とにかく嘘をつき通そうとする。中国人が自らの嘘を認めるのは、相手が圧倒的に立場が上で、そのまま嘘をつき通せば、自分の利益にならないときである。（中略）

現在の中国は、南シナ海や尖閣諸島を「古来、中国の領土」と主張し、各国と対立しているが、そうした主張もすべて嘘である。（中略）「中国は息を吐くように嘘をつく」ということを、ぜひ本書で理解してほしい。（『中国五千年の虚言史』1～3ページ）。

儒教といえば、孔子の教えである儒学が元になっているといわれているものだが、中国の嘘つき文化は、この章の話が端的に表しているように、大昔から中国大陸に染みついたものなのかも知れない。

「孔子曰、吾黨之直者異於是、父爲子隱、子爲父隱、直在其中矣」は、中国人にとっては「人倫徳目」かも知れないが、私たち日本人にとっては、というよりも、儒教の影響下にない人々にとってはとんでもないことだと言わなければならない。『論語』を信奉している人たちは、これをどうお考えか、是非聞きたいものである。

ところで、わが国の識者の中にも、孔子の「正直観」こそ本物の正直というものであって、身内をかばうのは最低限の倫理だと説く人がいるが、これは、「正直」というテーマを身内をかばうという肉親の情の問題にすり替える論調であるだけでなく、私たち日本人が幼い時から教えられてきた「正直」の概念から外れる考え方である。私はとても賛同できない。（なお、この章も「**孔子曰**」の表記になっている）。

一九　樊遲問仁、子曰、居處恭、執事敬、與人忠、雖之夷狄、不可棄也、
　樊遲、仁を問う。子曰わく、居処は恭に、事を執りて敬に、人に与りて忠なること、夷狄に之くと雖も、棄つべからざるなり。


【現代語訳】

樊遲が仁についてお訊ねした。先生は、

「家でゆったりとしているときにもきちんとし、仕事をするときは心を込める。人には誠実に接する。これは、夷狄の地に行っても忘れてはならないことだ。」

と言われた。

※　金谷氏は訳文に関して、「仁――衛霊公篇第六章との関係から、この『仁』の字は『行』の誤りではないかと疑う説もある。」などと付記しておられる。

【私の見解】

「仁」について、孔子はいろいろなことを言っている。「仁」の概念が広いため、相手によって言い方を変えているのであろう。

さて、孔子は樊遲の「仁」についての問いに対して、「家でゆったりとしているときにも

きちんとし、仕事をするときは心を込める。人には誠実に接する。これは、夷狄の地に行っても忘れてはならないことだ。」と答えている。

ところで、孔子は、「夷狄」という言葉を用いている。これは、彼が異民族は野蛮だと考えていた証と見てよいであろう。

紀元前数百年の昔から、中国には自国を文明国とし、自国以外の異民族を野蛮と見る考え方が定着していたことが窺える。この考え方は、今日の中国にも連綿として続いており、中国が何かにつけて他国を上から見下ろすような態度に出るのは、この思想の発露と言って良いであろう。

『論語』に載っている言葉は、何でもかんでも人倫徳目だと思ったら大間違いである。今日の中国が世界の普通の常識から外れた異形の国となっているのは、紀元前の孔子の時代にその胚芽があったことを見落としてはいけないと私は思う。

余談だが、万里の長城は、夷狄思想が具体的な形となって現出したものと言って良いだろう。つまり、北方の夷狄の侵入を防ごうとして造ったのがあの万里の長城なのだ。従って、長城以北の満洲は本来中国ではないはずだが、中国は「中国東北部」などと呼んで中国領だと宣明している。おかしな話ではないか。

中国にはもともと国境観念というものがない。前にも触れたが、皇帝の力の及ぶ範囲あるいは中国文化の及ぶ範囲は、すべて中国という考え方が古来染みついている。昨日まで「夷狄」と呼んでいても中国の影響が及べば今日から「中国」だと考える習癖があるのだ。民族的にはまったく違うのに、中国が、中国の力が及ぶ範囲の民族を「中華民族」とひとくくりにするのも、同根の考え方からきている。満洲や内モンゴルやチベットや新疆ウイグルなどをいつの間にか中国だと言い始めたのも、近年になって「偉大なる中華民族の復興」などといったお題目を掲げて平然としているのも、そのような背景があってのことである。中国が侵略をことととする「異形の国」と称される所以である。

二〇　子貢問曰、何如斯可謂之士矣、子曰、行己有恥、使於四方不辱君命、可謂士矣、曰、敢問其次、曰、宗族稱孝焉、郷黨稱弟焉、曰、敢問其次、曰、言必信、行必果、硜硜然小人也、抑亦可以為次矣、曰、今之従政者何如、子曰、噫、斗筲之人、何足算也、

子貢、問いて曰わく、何如なるをか斯れこれを士と謂うべき。子曰わく、己れを行なうに恥あり、四方に使いして君命を辱めざる、士と謂うべし。曰わく、敢えて其の次ぎを問う。曰わく、宗族孝を称し、郷党弟を称す。曰わく、敢えて其の次ぎを問う。曰わく、言必ず信、行必ず果、硜硜然たる小人なるかな。抑々亦た似て次ぎと為すべし。曰わく、今の政に従う者は何如。子曰わく、噫、斗筲の人、何ぞ算うるに足らん。

※ 金谷氏は読み下し文に関して、「小人なるかな――『小人也』の『也』は通行本では『哉』とある。」と付記しておられる。

【現代語訳】

子貢が、

「どのような人であれば士人と言えるでしょうか。」

とお訊ねした、先生は、

「わが身の行いに恥を知り、四方に使いに出て君命を辱めない人は士人といえる。」

と言われた。〔子貢は、〕

「強いてその次をお訊ねします。」

と言った。〔先生は〕、

「一族からは孝行だと言われ、郷里からは悌順だといわれる人だ。」

と言われた。〔さらに子貢は、〕

「強いてその次をお訊ねします。」

と言った。〔先生は、〕

「言葉が必ず信頼される。行なうことが必ず潔い。こちこちの小人だが、次にはできるだろう。」

と言われた。〔子貢は、〕

「今の政治をしている人はどうでしょうか。」

と言った。先生は、

「ああ、つまらない人たちだ。とりあげるまでもない。」

と言われた。

※　金谷氏は訳文に関して、「悌順――兄や年長者によく仕えるのが悌。ああ――『噫』。鄭注に『心に不平を持った発声』とある。つまらない人たち――『斗筲之人』の斗筲はますめの器で、斗は十升（今の約一・六リットル）、筲は一斗二升を容れる。徂徠は『利に近きをいう。』と解し、劉宝楠も『ただ聚斂（租税のとりたて）をつとむるのみ。』という。朱子ではつまらない小人物のこと。」と付記しておられる。

【私の見解】

「士人」とは、一般に、教育水準が高く、社会的地位の高い人のことであろうか。平たく言えば紳士のことであろう。高品位の政治家といってもいい。

私の解釈を交えてこの章を読み解くと、

子貢が、どのような人であれば士人と言えるかと訊ねると、孔子は、「恥を知る者で、君主の使いとしてきちんと仕事ができる者だ。」と真っ先に答えている。子貢がさらに訊ねると、「一族を大事にし、郷里にしっかりと仕える者だ。」と答えている。さらに訊ねると、「嘘を言わず、自分の行為に潔い者だ。まあこれは融通の利かぬ堅物だがね。」と答えた。そこで子貢が、「最近の政治家はどうですか。」と訊ねると、孔子は「自分の利にさとい者ばかりで、士人と言える者はいないね。」と答えている。

ということになろうか。

この問答には、孔子の人間観（紳士観）がよく表れている。当時の時代的背景の制約を受けてはいるが、「恥を知る者」とか「嘘を言わず自分の行為に潔い者」などは、今日でも教訓になり得る内容を含んでいると私は思う。

ただ、「一族を大事にする者」とか「郷里に仕える者」という考え方には、中国一流の家族主義とか宗族主義の匂いが感じられて、文字通りには受け入れがたい。

中国の家族主義とか宗族主義というのは、簡単にいえば、身内の利益を第一に考えるコチコチの利己主義が根底にあって、公(おおやけ)をないがしろにする傾向が強いものだ。このような考え方が、この章の問答からも感じとれる。

さて、中国は、孔子の生きた紀元前数百年の昔から、家族主義・宗族主義が国民の一般意志としてあったことが窺(うかが)える。爾来(じらい)一貫して中国はそういう国として存在してきたのだ。第一八章で見たように、身内のためには嘘をつくのが正直であり正義だという考え方も、まさに家族主義・宗族主義の発露(はつろ)と言って良いだろう。

ともあれ、『論語』を編集した儒者たちは、孔子の考えを後世に伝えようとしてこれを『論語』に載せた訳だが、その後の中国では、家族主義・宗族主義は、儒教や朱子学の洗礼(せんれい)を受けていっそう利己色を強め、今日でもますます健在な様子が窺える。

二一　子曰、不得中行而與之、必也狂狷乎、狂者進取、狷者有所不爲也、

子曰(しのたま)わく、中行(ちゅうこう)を得(え)てこれに与(くみ)せずんば、必(かなら)ずや狂狷(きょうけん)か。狂者(きょうしゃ)は進(すす)みて取(と)り、狷者(けんしゃ)は為(な)さざる所(ところ)あるなり。

【現代語訳】

先生は次のように言われた。

「中庸の人を得て組めなかったら、せめて狂者か狷者〔を見つけて組むこと〕だね。狂の人には進取の気概があるし、狷の人には〔節操がかたくて〕悪いことはしない潔癖なところがあるものだ。」

※　金谷氏は訳文に関して、「中庸の人に次ぐものとして、積極進取の『狂』とひきこみがちで慎重な『狷』とをあげるのは、陽貨篇での俗物『郷原』（八方美人）と対してのことである。『孟子』尽心下篇の万章問章を参照。」などと付記しておられる。

【私の見解】

さて、これは、「ほどほどの人（中庸の人）と交わりたいが、それがダメならせめて熱狂的な人か頑固者がいい。熱狂的な人は進取の気概があって志が高いし、頑固者は節操を守って悪いことをしないから。」と孔子が言ったという話である。

孔子が中庸を好むのは、他の章でも見たように、彼が空想的な平和主義者であることと深い関わりがあると私は観ている。「中庸」というのは、言葉としては穏やかで安心できる韻を踏んでいるが、現実的には、言葉は悪いが「事なかれ主義」とほとんど変わらない。孔子が、例えば「政治とはどういうものですか。」と訊ねられて、その中身については何も答えず、政治の心得のようなことを意味ありげに言うのも、そのためではないか。

「中庸の人と交わりたい」と言いながら、「それがダメなら狂者（熱狂的な人）か狷者（頑固者）がいい。」と言っているが、これは、「中庸の人」がいいと言ったことと明確に矛盾しているように思うがどうであろうか。

教育者としての孔子は、交わるのなら「中庸の人」を第一とし、次に「狂者（熱狂的な人）」、その次に「狷者（頑固者）」と考えていたとする解釈もあるようだが（伊藤仁斎がそのようなことを書き残しているらしい。）、私にはよく分からない。

この章が『論語』に収録されているのは、孔子のこの考えを後世に伝えようとしてのことであろうが、私はたいした値打ちはないように思う。孔子の中庸思想は、平穏無事の時にはまあよいとしても、有事の時には害をなすと私は観ている。

孔子後の中国は、普通の価値観からすれば中庸とは縁もゆかりもない国として今日まで及んでいるように見えるが、これは、孔子の中庸論が無力だったことを証明していると言えるのではないだろうか。

二三　子曰、南人有言、曰、人而無恆、不可以作巫醫、善夫、不恆其德、或承之羞、子曰、不占而已矣、

子曰わく、南人、言えること有り。曰わく、人にして恒なくんば、以て巫医を作すべからずと。善いかな。其の徳を恒にせざれば、或いはこれに羞を承めん。子曰わく、占わざるのみ。

※　金谷氏は読み下し文に関して、「巫医を作すべからず――鄭注の読み方。新注では『巫医と作す……、』と読んで、『恒なき人は賤職の巫医にもできない。』と解する。」と付記しておられる。

【現代語訳】

先生は次のように言われた。

「南方の人の言葉に『移り気で心が安定しない人には、巫の占いも医者の治療も役には立たぬ。』とあるが、いい言葉だね。」〔易経に〕「徳がぐらついていると、いつも恥ずかしめを受ける。」〔とあるが、〕先生は、「占うまでもないことだよ。」と言われた。

※　金谷氏は訳文に関して、「恒のない人は卜筮の結果も医者の言葉も守っていくことができないからだ、と徂徠は説明する。　いつも――『或』は常の意味。ここの二句のことばは今の『易経』恒の卦にみえる。」と付記しておられる。

【私の見解】

さて、金谷氏の付記を参考にして、私なりにこの章を読み解くと、

孔子は、「移り気の人間には、巫女の占いも医者の治療も役に立たない。」という南方の人が言った言葉を「いい言葉だねえ。」と言われ、「徳がぐらつくようでは、いつも恥辱を受ける。」という〔『易経』にある〕言葉について、「そんなこと、言うまでもないよ。」と言われた。

となろうか。

なるほど、自分の意見をしっかりと持たず、人の意見に右往左往するようでは、占いも医者も役に立たないというのは、面白い表現だ。孔子が「いい言葉だねえ。」と言ったのも宜なるかなと思う。

「**不恒其徳、或承之羞**」（其の徳を恒にせざれば、或いはこれに羞を承めん。）について、孔子は「**不占而已矣**」（占わざるのみ。）と言っているが、この意味が私にはよく分からない。「徳を一定に保つ」というのも、要するに、「自分の考えをしっかりと持つ」ということと殆ど同義のように私には思える。だから、孔子はこの言葉についても「**善夫**」（善いかな。）と言ってもおかしくないのに、「**不占而已矣**」（占わざるのみ。）と突き放したような言い方をしているのだ。「はて？」と無学な私は戸惑うばかりである。

『論語』には、このようによく分からない言葉も結構載っている。ネットで少し調べたところでは、この章の解釈も、学者によってまちまちだ。

たとえば、次のごとくである。

先生――「南のことわざにこうある、――『気のかわる人は、ミコや医者になれぬ』と。まったくじゃ。」『心うごけば、面目つぶれ』とある。先生――「易（エキ）をやらないからじゃ。」（魚返善雄『論語新訳』）。

孔子様がおっしゃるよう、「南国の人のことわざに、『移り気で恒なき人にかかっては、易者も八卦が立たず、医者も匙を投げる』とあるが、いい言葉だ。実際それでは学問も修養もできたものではない。また『易経』に『その行に一定不変の道徳標準がないと、とんだ恥辱（ちじょく）を受けることがある』という意味の言葉があるが、それについて孔子様がおっしゃるよう、「それは占わなくてもわかるほど確かなことじゃ。」（穂積重遠（ほづみしげとお）『新訳論語』）。

先師がいわれた。――

「南国の人の諺（ことわざ）に、人間の移り気だけには、祈禱師のお祈りも役に立たないし、医者の薬もきかない、ということがあるが、名言だ。また、易経に、徳がぐらついていると、いつかは、だれかに恥辱というお土産をいただくだろう、という言葉があるが、これもまちがいのないことだ。」（下村湖人『現代訳論語』）。

どうであろう。このように三人三様の解釈である。私の訳とも大部違っている。こうなると、素人の私はもうお手上げという他はない。

この論語を読んで、教訓とするかしないかは、読み手の人生経験や感性などによって様々であろうとしか、言いようがない。わが国では、この論語はあまり人口（じんこう）に膾炙（かいしゃ）されてはいないようだ。

二三　子曰、君子和而不同、小人同而不和、

子曰わく、君子は和して同せず、小人は同して和せず。

【現代語訳】

先生は次のように言われた。

「君子は人と仲よく交わっても人の意見に無定見になびくことはない。小人は人の意見に無定見になびくが人と仲よく交わることはない。」

※　金谷氏は訳文に関して、「為政篇第一四章参照。」などと付記しておられる。

【私の見解】

さて、私なりにこの章を分かり易く言い換えれば、

孔子は、「君子は、他人と調和するが安易に同調はしない。小人は〈自分の考えを持たず〉他人に安易に同調するが調和はしない。」と言われた。

ということになろうか。なるほど、これは人間模様の一端をうまく言い表していると言

えるかも知れない。金谷氏の付記にもあるように、為政篇第一四章にも似たような言葉があった。

だが、私は、孔子のこのような人間仕分けの手法は好きではない。すでに何度か述べたことだが、孔子が人間を「君子」と「小人」に分けて論じる手法が、私にはどうもしっくりと来ないのだ。何か嫌な違和感がある。

人間として生を受けた限り、人はそれぞれの与件のもとで自分なりに努力をして生きて行くものだと私は思っている。

それに、高学歴で高潔な人でも、何かのきっかけで犯罪に手を染めざるを得ない人もいるし、学歴もなく経済的にも恵まれない人でも、つつましく真面目に生きている人もいる。人と調和しなければ生きられない人もいれば、逆に調和はできないけれども同調しなければ生きられない人もいる。様々な人々が様々な事情を抱えて生きていて、その総体が人間社会というものではないだろうか。

だから、人間模様は、「君子」だとか「小人」というように単純に割り切って捉えられるものではないだろうし、そのようにパターン化して人間を観るやり方は、何か一種の権威主義を彷彿とさせ、私はあまりいい心地がしないのだ。

孔子が生きた時代には、「**君子和而不同、小人同而不和**」といった見方も許されたのかも知れない。それ故に『論語』に収録されているのだろうが、今の時代にそのようなことを誰かに面と向かって言えば、一悶着起こるのではないだろうか。現実を離れたバーチャルな観念としては有効だとしても、いまどき現実の中で使える言葉ではないと私は思う。

ところで、似て非なる言葉に「付和雷同」という有名な四文字熟語がある。これは、儒教教典『礼記』の中の一節「毋勦説、毋雷同」が語源らしい（異説もある）が、定見を持たずにただわけもなく他人の意見に賛成するという意味で日本でもよく使われる。この言葉には、「君子」だとか「小人」といった決めつけがないのが有り難い。

二四　子貢問曰、郷人皆好之何如、子曰、未可也、郷人皆悪之何如、子曰、未可也、不如郷人之善者好之、其不善者悪之也、

子貢問いて曰く、郷人皆なこれを好せば何如、子曰わく、未だ可ならざるなり。郷人皆なこれを悪まば何如、子曰わく、未だ可ならざるなり。郷人の善き者はこれを好し、其の善からざる者はこれを悪まんには如かざるなり。

【現代語訳】

子貢が、

「土地の人みなに好かれるというのは、どうでしょうか。」

とお訊ねした。先生は、

「まだ十分ではない。」

と言われた。〔子貢が、〕

「〔では〕土地の人みなに憎まれるというのは、どうでしょうか。」

とお訊ねした。先生は、

「まだ十分ではない。土地の善人には好かれ、悪人には憎まれるというのが一番良(い)いのだ。」

と言われた。


【私の見解】

子貢が何について訊ねたのかの説明がないので分かりにくい話になっているが、どうもこれは、「どんな人が立派な人と言えますか。」という問いについての問答のようで、

子貢が、「土地の皆が好む人は立派な人でしょうか。」と訊ねると、孔子は、「それだけで立派な人とは言えぬ。」と答えた。そこで子貢が「それでは土地の皆が憎む人はどうですか。」と重ねて訊ねると、孔子は、「それだけでは十分とは言えぬ。土地の善人が好み、

悪人が憎む人こそが立派な人なのだ。」と答えた。

と理解すればよさそうだ。

理念的に見れば、極めて当たり前のことを孔子は言っていると思う。これが、孔門十哲の中でも高弟中の高弟といわれる子貢と孔子の問答なのだ。春秋時代のつかみ所のない雰囲気が伝わってくるような逸話である。

「理念的に見れば」と言ったのは、土地の住民を「善人」と「悪人」に識別する孔子の思考が、あまりにも理念的だからである。人間はそう単純に「善人」と「悪人」に峻別できるものではない。ときと場合によって人は善人にもなるし悪人にもなる。土地の人を善人と悪人に識別する孔子の思想は、あまりにも理念的に過ぎていて、私は、現実離れした空想のように思えて仕方がない。

この逸話が『論語』に載っているということは、「子曰」とある話だからということに留まらず、当時の儒者たちも、現実にはあり得ない理念に傾斜した思考に陥っていた可能性が高い。ひょっとして現実逃避の空論は、「儒学」の本質だったのかも知れない。

このように考えれば、儒学から派生した儒教や儒教からさらに派生した礼教が、現実からどんどん遊離した領域にはまり込んで「天命」や「易姓革命」「節婦」「烈婦」などの理論を構築していったのも「なるほど」と合点がいくというものだ。（「節婦」「烈婦」については、石平著『なぜ論語は「善」なのに、儒教は「悪」なのか』に詳しい）。

二五　**子曰、君子易事而難説也、説之不以道、不説也、及其使人也、器之、小人難事而易説也、説之雖不以道、説也、及其使人也、求備焉、**

子曰わく、君子は事え易くして説ばしめ難し。これを説ばしむるに道を以てせざれば、説ばざるなり。其の人を使うに及びては、これを器にす。小人は事え難くして説ばしめ易し。これを説ばしむるに道を以てせずと雖も、説ぶなり。其の人を使うに及びては、備わらんことを求む。

【現代語訳】

先生は次のように言われた。

「君子には仕えやすいが喜ばせるのはむつかしい。道義によって喜ばせるのでなければ喜ばない。〔君子は、〕人を使うときには、才能に応じた使い方をする。小人には仕えにくいが、喜ばせるのは簡単だ。〔小人を〕喜ばせるには道義によらなくても喜ぶ。〔小人は、〕人を使うときには、器量外のこともさせようとする。」

【私の見解】

春秋時代の人だから仕方がないとはいえ、人間を「君子」と「小人」に識別して論じる孔子の手法には本当に辟易する。このように人間をパターン化する思考は、何度も言うようだが、現実的ではないし、人間模様はそのようなステレオタイプのパターン化で測れるものでもない。このようなパターン化をすると、必ずほころびが生じるものだ。

孔子は、「君子には仕えやすい」とか「小人には仕えにくい」という。今、AにBが仕えるとすると、「Aは君子でBは小人」・「Aは君子でBも君子」・「Aは小人でBは君子」・「Aは小人でBも小人」の四パターンが考えられる。

さて、このどのパターンにも「**君子易事而難説也、説之不以道、不説也、及其使人也、器之、小人難事而易説也、説之雖不以道、説也、及其使人也、求備焉**」は矛盾なく通用するだろうか。私はそうは思わない。

たとえば、「君子に君子が仕える」という場合、「**君子易事而難説也**（君子は事え易くして説ばしめ難し）」は一部手直しが必要になりはしないか。なぜなら、孔子によれば、「君子」には「**及其使人也、器之**（其の人を使うに及びては、これを器にす）」の器量があり、仕える相手（君子）を喜ばすのは難しくないはずだからである。また、「小人に君子が仕える」という場合も、「**小人難事而易説也**（小人は事え難くして説ばしめ易し）」は一部成り立たなくなる。なぜなら、「君子」には「小人」に仕える器量があるはずだからである。

ややこしい話になったが、要するに、この章の孔子の主張は、人間を単純にパターン化したことによって自家撞着（自己矛盾）に陥っていると私は言いたかったのだ。

「君子に君子が仕える」ことや「小人に君子が仕える」ことなどありはしないと言うご意見もあるかもしれないが、現実にはそのような事例はいくらでもある。殿さまも優秀で家臣も優秀とかバカ殿に優秀な家臣が仕えるという話は歴史上いくらでもあるし、現代社会に於いても、社長も優秀で社員も優秀とか無能な上司に優秀な部下が仕えるというような話は枚挙にいとまがない。

この章を読んで、私は、ふと中国のある故事を思い出した。「矛盾」という言葉の語源となった話のことである。石平氏がご著書に分かり易く書いておられるので引いてみる。

次のような話である。

楚の男が市場で矛と盾を売っていた。

「この盾の堅きこと、どんな鋭い矛でも絶対に突き破ることができない」

「また、この矛の鋭さは、天下無双、どんな盾でも突き破る」

これを聞いていた男が、

「じゃあ、そのどんな盾でも突き破る矛で、どんな矛でも突き破ることができない盾を突いたら、どうなるのかね」

と尋ねると、楚の男は詰まって答えられなかった。この話は「矛盾」という言葉の語源となっている。(『中国五千年の虚言史』77ページ)。

この章の孔子の言葉には、この「矛盾」の語源となった話とよく似た雰囲気があると思うが、どうであろうか。『論語』に載っているからといって、丸飲みしてはいけないことを教える一章だと私は思う。

二六　子曰、君子泰而不驕、小人驕而不泰、

子曰わく、君子は泰にして驕らず、小人は驕りて泰ならず。

【現代語訳】

先生は次のように言われた。

「君子は落ちついていて驕り高ぶることはないが、小人は驕り高ぶって落ちつきがない。」

【私の見解】

これも、孔子の二者択一式のパターン化理論と言えるだろう。

孔子は、「君子は落ち着いていて威張らない。小人は威張っていて落ち着きがない。」とパターン化しているが、現実はそのようにハッキリと峻別できるものではない。

「徳の高い立派な人」でもときとして乱れることはあるだろうし感情的に当たり散らすこともあるだろう。もし、孔子が言うような「君子」がいたとしたら、それは現実離れした仙人としか言いようがないと私は思う。

「人格の低いつまらぬ人」でもいつもいつも威張っているわけではない。時にはゆったりと落ち着くこともあるだろう。それが人間というものだ。もし、孔子が言うような「小人」がいたら、その人は人間社会から弾き飛ばされて生きる場を失ってしまうに違いないと私は思う。

要するに、孔子の理論は、現実の諸現象を捨象して人間模様を抽象的にパターン化することによって成り立っているのであって、現実論からは遙か遠くに遊離している理論だと言わなければならない。

そのことをよくよく認識した上で、理念としての「君子」や「小人」を脳裏に描くだけであれば、何の問題も生じないし、誰も傷つけることはないだろうが、「君子」や「小人」を現実の概念だと思って口外したりすれば、何らかの軋轢を生じることになると私は思う。

これが『論語』に載っているということは、既に何度か述べたように、儒学が現実とは遊離した本質を具えているからだと思われる。心したいものである。

二七　子曰、剛毅木訥近仁、

子曰わく、剛毅木訥、仁に近し。

【現代語訳】

先生は次のように言われた。

「まっ正直で勇敢で質実で寡黙なのは、仁徳に近い。」

※　金谷氏は訳文に関して、「学而篇第三章参照。」などと付記しておられる。

【私の見解】

さて、「**剛毅木訥**」は四文字熟語としてわが国でもよく使われている言葉である。

難しい言葉だが、分解してみると、「**剛**」は意志が強いとか堅いという意味、「**毅**」は気性が強いとか積極果敢という意味、「**木**」はこの場合、「朴」と同義で飾り気のないこと、

「**訥**」は口べたなこと、である。

したがって、「**剛毅木訥近仁**」を直訳すると、「意志が強くて積極果敢で飾り気のない話し下手な人には、最高の徳たる仁に近い徳が具わっている。」というほどの意味になるだろう。

なるほど、孔子が最高と徳の考える「仁」というものの概観はこのようなものなのだ。口の達者な軽薄者を孔子が嫌っていたことがこの章からも窺える。

ただ、孔子は、「**剛毅木訥**」が「仁」だと言っているわけではない。「仁に近い」と言っているに過ぎない。

それでは完璧な「仁」とはどのようなものなのか。『論語』を通読しても、相手によって様々に言い方を変えて「仁」を説明してはいるものの、ズバリこれだと説明している箇所は見当たらない。強いて言えば「忠恕」だろうが、孔子にも、完璧な「仁」の概念は分かっていなかったのかも知れない。孔子自身がそのように述べている章もある（憲問第十四第二章）。言葉で説明できる範囲を超える徳が「仁」なのかも知れない。

『論語』にはたくさんの「**子曰**」が収録されているが、その中でも「**子曰、剛毅木訥近仁**」は、孔子の思想の中核をなすものとして重い言葉なのであろうと思われる。

それにしても、虚飾を恥じることなく嘘・欺瞞を振りまいている中国共産党は、この「**子**

曰、**剛毅木訥近仁**」をどう読みどう理解しているのだろう。

私から見れば、彼らの振る舞いは「**剛毅木訥**」の対極を行っているようにしか見えない。

二八　**子路問曰、何如斯可謂之士矣、子曰、切切偲偲怡怡如也、可謂士矣、朋友切切偲偲、兄弟怡怡如也、**

子路問いて曰わく、何如なるをか斯れこれを士と謂うべき。子曰わく、切切偲偲怡怡如たる、士と謂うべし。朋友には切切偲偲、兄弟には怡怡如たり。

【現代語訳】

子路が、

「どのようであれば士人と言えますか。」

とお訊ねした。先生は、

「熱心に励まし、にこやかに和やかであれば、士人といえるよ。友だちを熱心に励まし、兄弟をにこやかに和ませるのだ。」

と言われた。

※　金谷氏は訳文に関して、「子路が温和の気性にかけているので、このように答えた。本篇二〇章に子貢の同じ問いがある。」と付記しておられる。

【私の見解】

金谷氏の付記にあるように、士人についての問いかけは、子貢も本編の第二〇章でしている。孔子はその時「**行己有恥、使於四方不辱君命**」（わが身の行いに恥を知り、四方に使いに出て君の命令をそこなわなければ、士人といえるよ。）と答え、子貢のさらなる問いかけに、「一族に孝行な者や郷里に悌順（ていじゅん）な者」とか「嘘をつかず行ないが潔（いさぎよ）い者」が士人だと言い、このごろの政治をしている者については、「つまらない人たちだ。とりあげるまでもない。」と答えていた。その章についての【私の見解】はすでに述べているのでここでは繰り返さない。

この章では、同じ問いかけに対して、孔子はまったく異なる答えをしている。金谷氏の付記によれば、子路が温和の気性（きしょう）に欠けるのでこのように答えたとのことだが、私にはしっくりと来ない。子路の気性を考えてと言われても、答えの中身が余りにも異なるのは異様な感じがする。どれが本当の「士人」の説明なのか戸惑（とまど）ってしまう。どちらも本当の「士人」の説明だとすれば、「士人」の概念は無原則にひろがってしまうように思われるが、どうであろうか。

「士人」に限らず、「仁」「中庸」「忠恕」などといった言葉も、孔子は様々な説明をしている。それを読む人の解釈も様々である。私のようなありふれた凡人は、茫洋（ぼうよう）とした平原に立たされたような心地がして、混乱するばかりである。

二九　子曰、善人教民七年、亦可以即戎矣、

子曰（しのたま）わく、善人（ぜんじん）、民（たみ）を教（おし）うること七年（ななねん）、亦（ま）た以（もっ）て戎（じゅう）に即（つ）かしむべし。

【現代語訳】

先生は次のように言われた。

「善人（ぜんじん）が人民を七年も教育すれば、戦争ができるほどになるだろう。」

※　金谷氏は訳文に関して、「教化によってすすんで生命をささげるようになることをいう。」と付記しておられる。

【私の見解】

「善人」という言葉も『論語』には何度も出て来るが、詳しい説明はどこにもないので判然としない。金谷氏は「聖人」と対比する形で解釈しておられるが、私は、とりあえず「常識のある普通の人」というほどの意味に理解して思考したいと思う。

孔子は、「善人が七年も教育すれば、民は生命を惜しまずに戦争に行くようになる。」と言っている。裏読みすれば、「民は、善人が七年もかけて教育しなければ、生命を惜しまずに戦争に行くようにはならない。」と言っていることになる。はて、孔子はいったい何を言いたいのか。

「民というのは愚かなもので、七年ほど教育すれば生命を惜しまずに戦争に行くようになる。」と言いたいのか、それとも、「民というものは養いがたいもので、七年も教育しなければ生命を惜しんで戦争には行かない。」と言いたいのか、取り方によって、意味がコロリと変わってしまう。

孔子が春秋時代の人であることを考えると、ここは単純に「民を戦争に行かせるには七年の教育が必要だ。」というほどの意味に理解すれば良いのかもしれないが、読み手によって解釈は様々なようだ。

たとえば、ネットで調べてみると、次のような訳が載っている。

先生――「善人が人民を七年もみちびいたら、戦争もできるほどになろう。」（魚返善雄『論語新訳』）。

孔子様がおっしゃるよう、「有徳の君子が人民を七年も教化訓練したならば、はじめて戦争に使い得るだろう。」（穂積重遠『新訳論語』）。

先師がいわれた。――

「有徳の人が人民を教化して七年になったら、はじめて戦争に使ってもよいようになるだろう。」（下村湖人『現代訳論語』）。

いずれも、大意は同じでもニュアンスに微妙な違いがある。

まあ、『論語』の解釈はこんなものだと割り切ってしまえばどうということはないのかも知れないが、私にはなんとなく釈然としない気持ちが残る。それに、なぜ「七年」なのかも気にかかる。「七年」は「長い年月」というほどの意味らしいが、なぜ「長い年月」が「七年」という言葉で表現されるのかがよく分からない。

『論語』の解釈・理解は実に厄介である。

三〇　子曰、以不教民戰、是謂棄之、

子曰（しのたま）わく、教（おし）えざる民（たみ）を以（もっ）て戦（たたか）う、是（こ）れこれを棄（す）つと謂（い）う。

【現代語訳】

先生は次のように言われた。

「教育もしないで人民に戦争させる、これは人民を見殺しにすることだ。」

【私の見解】

これは、前章の続きと考えてよいだろう。教育もしていない民を戦争に行かせるのは、民を棄てるようなものだ、と孔子は言っている。これは、春秋時代に生きていた孔子の実感であろう。権力者の一存で、とにかく人民をかり集めて他国に攻め込むようなことが頻繁（ひんぱん）にあったのかも知れない。

ところで、二十一世紀の今現在でも、似たような戦争をしている国がある。ロシアだ。ロシアは、隣国の独立国・ウクライナに一方的に侵攻（しんこう）した。国際的な常識に照らして一片の正当性もない侵略行為である。

連日このニュースでマスコミはもちきりだが、ロシア軍の一兵士がテレビ画面で話していたのを聞いて、驚いた。彼は、戦争をすることを知らされず、ただの軍事訓練だと聞かされて進軍してきたのだという。当然士気は高くない。ウクライナの猛烈（もうれつ）な反撃を受けて、ロシア兵も多数がすでに死亡しているという。まさに孔子の言う「以不教民戰、是謂棄之」そのものではないか。孔子がこれを知ったら腰を抜かすことであろう。

ロシアは、公然とウクライナの住宅地や公共施設及び原発などを爆撃して多数の市民を殺傷しながら、「ウクライナを侵攻していない。」「市民を殺してはいない。」などと顔色一つ変えずに嘘をつきまくっている。宣戦布告をすることなく一方的に侵略戦争を引き起こしておきながら、「これは戦争ではない。特別軍事行動だ」と詭弁を弄す。

ロシア国内では真実を告げる情報は遮断され、国民にはウクライナが攻めて来たのだと説明し、ロシアが侵略戦争をしている事実そのものが伝わっていないのだという。嘘で固めた教育動画まで作って、子どもたちに嘘を教え込んでもいる。ＳＮＳや親類縁者からの情報などでロシアの蛮行を知った一部のロシア国民は、連日戦争反対のデモを行ない、すでに万を超える人たちが拘束されたとニュースは伝えている。デモに参加した人に殴る蹴るの暴行を加えている警察官たちの姿が連日のようにテレビの画面に映し出されてもいる。

中国は、そのロシアを陰に陽に支援し、ロシアの求めに応じて軍事物資の支援までする気配だという。『論語』の本家本元で孔子を聖人と仰ぐ中国のこれが実像なのだ。『論語』とはいったい何なのか。毎日人間の醜さを見せつけられて、気持ちが落ち込むばかりである。

憲問第十四

一　**憲問恥、子曰、邦有道穀、邦無道穀、恥也、**

憲、恥を問う。子曰わく、邦に道あれば穀す。邦に道なきに穀するは、恥なり。

【現代語訳】

憲が恥についてお訊ねした。先生は、「国に道理ある政治が行われていれば仕官する〔のは恥ではない〕。道理ある政治が行われていないのに仕官するのは恥である。」と言われた。

※　金谷氏は訳文に関して、「憲――孔子の門人。姓は原、名は憲、あざ名は子思。泰伯篇第一三章参照。」などと付記しておられる。

【私の見解】

すでに見てきたように、「恥」については、泰伯篇第一三章でも孔子は述べている。そこでは、「**邦有道、貧且賤焉、恥也、邦無道、富且貴焉、恥也**」（邦に道あるに、貧しくして且つ賤しきは恥也。邦に道なきに、富みて且つ貴きは恥なり。）と述べていた。

ここでは、泰伯篇第一三章で述べたことを少し角度を換えて述べていると言ってよいであろう。

「国家に道があれば」というのは、「国に道理ある政治が行われていれば」というほどの意味であり、「国家に道がないのに」というのは、「国に道理ある政治が行われていないのに」というほどの意味であろう。

要するに孔子は、道徳に適った政治が行われている国であれば、仕官して俸給を得るのは良いが、道徳に適った政治が行われていないのに国に仕官して俸給を得るのは人間として恥ずかしいことだ。」と言っているのである。

「恥」は、人を欺くとか約束を破るとか不倫をするとかといった具合に、人生のいろいろな場面に関わって生じるものだが、孔子は、ただただ仕官に絡めて「恥」を論じている。魯の国の官僚であった夢が忘れられず、仕官を求めて14年もの間中原を彷徨った彼は、「恥」を論じるときにも仕官のことが頭から離れなかったのであろう。

前にも触れたが、孔子の思想の中心には常に「政治」があり「仕官」があったと言っても過言ではない。儒学というのは、極言すれば「孔子の政治学」だと言っても良いくらいだ。

三千人余の弟子がいたと言われているが、孔子のもっぱらの関心事は、弟子たちをどこかの諸侯国に仕官させることにあったようだ。だから、孔子は、「恥」について説明するときも、仕官に絡めて論じたのだと思われる。

既に触れたように、石平氏などの指摘によると、古来中国では、人（男）の立身出世は、政治の世界で公務員として身を立てて出世することを意味し、それは中国の歴史を貫く考え方であり、現在も変わらないのだという。（『なぜ日本は中国のカモなのか』参照）。

春秋時代に生きた孔子が、終始仕官のことを考えていたのも、無理からぬことだったのかも知れない。

二　**克伐怨欲不行焉、可以爲仁矣、子曰、可以爲難矣、仁則吾不知也、**

克・伐・怨・欲、行なわれざる、以て仁と為すべし。子曰わく、以て難しと為すべし。仁は則ち吾れ知らざるなり。

※　金谷氏は読み下し文に関して、『史記』の引用では、始めに『子思曰』の三字がある。子思は前の章と同じ原憲

のあざ名。」と付記しておられる。

【現代語訳】

〔憲が、〕「克（優越心）・伐（自慢）・怨（怨恨）・欲（欲望）を抑えることができれば、仁と言えるでしょうか。」

とお訊ねした。先生は、

「それはなかなかできないことだ。仁のことを私はよく知らない。」

と言われた。

【私の見解】

この章は、前章と合わせて読むのが一般的だという。つまり、はじめの問いは原憲の問いで、「**子曰**」はそれに対する孔子の答えなのだ。

さて、憲が「**克伐怨欲不行焉、可以爲仁矣**」（克・伐・怨・欲、行なわれざる、以て仁と為すべし。）と訊ねたところ、孔子は「**可以爲難矣、仁則吾不知也**」（以て難しと為すべし。仁は則ち吾れ知らざるなり。）と答えている。なんだか変だ。

「仁」と言えば孔子の思想の核心中の核心であるはずである。それなのに、「知らない。」と答えている。これは、本当に知らないからそう言ったのか、それとも、「つまらぬ質問をするな。」という気持ちを言外に込めて言ったのか。いずれにしても、随分つっけんどんな回答をしたものだと私は思う。

ネットで調べてみると、次のような訳があった。

憲がたずねた。——

「優越心、自慢、怨恨、食欲、こうしたものを抑制することができましたら、仁といえましょうか。」

先師がこたえられた。

「それができたらえらいものだが、それだけで仁といえるかどうかは問題だ。」（下村湖人『現代訳論語』）。

「**仁則吾不知也**」を「仁のことを私はよく知らない。」と訳すと身も蓋もない感じになるが、「仁といえるかどうかは問題だ。」と訳すと、少し救われたような気持ちになる。でも、原文に率直な訳は「仁のことを私はよく知らない。」だとも言える。ああ、ややこしい。

弟子との問答で孔子は、よくぶっきらぼうに端的な言葉を並べ、何の説明も加えない。そのため、『論語』の読み手は、自分の境遇や生活上の与件に合わせてあれこれ解釈せざるを得なくなるのだ。

憲は、この回答に満足したとは思えないが、『論語』にはこれが収録されている。私にはその意図するところがよく分からない。

三　子曰、士而懐居、不足以爲士矣、

子曰わく、士にして居を懐うは、以て士と為すに足らず。

【現代語訳】

先生は次のように言われた。

「士人でありながら家庭生活を恋しがるようでは、士人の名に値しない。」

【私の見解】

これは、「士人」の心得を説いたものである。

士人は、方々に出張って為すべき事をしなければならず、安楽な家庭生活を恋しがっているようでは、士人としての勤めを果たすことはできぬ、と孔子は言っているのだ。

ここで言う「士人」とは、高い教育を受けた公的地位のある人を指すと思われるが、孔子の思想（儒学）ではズバリ政治に携わる高官といったところであろう。言葉の雰囲気から言って男性を指していることは間違いない。

孔子が生きた時代にはこのような考えが当たり前だったかも知れないが、いまどきこのようなことを言えば、マスコミで叩かれること請け合いである。

当時の考え方を知る資料としては有効だろうが、今日の教訓にはもはやなり得ないものだと私は思う。『論語』にはこのような言葉が結構多い。

四　子曰、邦有道危言危行、邦無道危行言孫、

子曰わく、邦に道あれば、言を危しくし行を危しくす。邦に道なければ、行を危しくして言は孫う。

※　金谷氏は読み下し文に関して、「危しくし――古注『危は厲なり』による。後藤点では新注『高竣なり。』によって『高くし』と読む。」と付記しておられる。

【現代語訳】

先生は次のように言われた。

「国の政治が道理に適ったものであれば、正しいと思うことをズバリと言い、仕事も大胆に行なう。国の政治が道理に適っていなければ、仕事は大胆に行なうが言葉は控えめにする。」

【私の見解】

さて、これも、国の政治に携わる者（公務員）の心得を言ったものだと思われる。孔子は、とにかく政治から離れて物事を考えることはできない性質なのであろう。

「**邦有道危言危行**」（邦に道あれば、言を危しくし行を危しくす。）というのは、今日的な感覚で言えば、「民主主義の政治が正しく行われている国であれば、公務員は自由にモノが言えるし仕事もバリバリできる。」ということであろう。孔子の言っていることは、あまりにも当然のことで、今日的に見ても何の問題もないと思われる。

だが、「**邦無道危行言孫**」（邦に道なければ、行を危しくして言は孫う。）というのは、今日的な感覚で言えば、「民主主義の政治が正しく行なわれていない国であれば、公務員は言いたいことも我慢して、仕事だけはきっちりとする。」ということであり、私は、これには「ん？」と首を傾げざるを得ない。これは、「道義に外れる政治を行っている国の公務員は、ただ黙々と国の施政に服従する奴隷たれ。」と言っているのと同じであり、とても認められることではないと思う。

たとえばロシアは、今、ウクライナを侵略し、ウクライナの都市を次々と破壊し、罪のないウクライナ国民を無残に殺しまくっているが、孔子の言うところによれば、ロシアの公務員は、その非道を見ても見ぬふりをして、黙々と働くのが正しいということになる。自由な民主主義の感覚から言えば、これはどう考えてもおかしい。

つい昨日（令和4年3月16日）、ロシアの国営放送の女性職員（公務員）が、ニュースのナマ放送中に「戦争反対　嘘のプロパガンダ情報に騙されないでください。」という意味の文字を書いた紙を広げて訴えた映像が世界中を駆け巡った。この女性は、国営放送局の職員として侵略戦争の事実を隠してロシア国民に偽情報を流すことに加担してきた自分の行動に堪えられなくなって、このような行動に出たのだという。

孔子の言うところに従えば、これはダメということになってしまうであろうが、独裁のプーチン政権に生命をも奪われかねない危険を冒してまで真実を伝えようとした勇気ある行動は、世界から喝采を浴びている。これが、今日の良識というものであり常識というものでもあると私は思う。

孔子は春秋時代の人であり、彼の言葉もその時代を反映したものである。孔子の言葉だからといって無条件に有り難がっていると、とんだ陥穽にはまることになる。

ちなみに、中国は、孔子の言う「**邦無道危行言孫**」をそのまま公務員や一般国民に押しつけている国だと言えるであろう。

五　子曰、有徳者必有言、有言者不必有徳、仁者必有勇、勇者不必有仁、

子曰わく、徳ある者は必ず言あり。言ある者は必ずしも徳あらず。仁者は必ず勇あり。勇者は必ずしも仁あらず。

【現代語訳】

先生は次のように言われた。

「徳のある人は必ず良いことを言うが、良いことを言う人は必ず徳あるとは限らない。仁の人には必ず勇気があるが、勇敢な人は必ず仁があるとは限らない。」

【私の見解】

「有徳者」（徳のある人）とは、「学問があって人柄も優れている人」というほどの意味であろうか。そのような徳のある人には、その人にしか言えないような含蓄のある言葉というものがあると、孔子は言っているのだと、私は解釈する。

孔子は、どんなに立派なことを言う人でも、徳があるとは限らないとも言っている。これは、自分は経験もしていないし学んでもいないのに、人の言ったことを自分の言葉のよ

うに言う人もいることなどを指しているのであろう。

「**仁者**」（仁の人）とは、「心の広い、思いやりのある高潔な人」というほどの意味であろうか。そのような人は、人のために自分を犠牲にしてでも何かを為す勇気があると、孔子は言っているのだと、私は解釈する。

孔子は、どんなに勇敢なことをする人でも、仁の人だとは限らない、とも言っている。これは、思いやりや犠牲的精神とは逆に利己的な動機で勇敢なことをする人もいることなどを指しているのであろう。

御多分に洩れず、孔子は自分の言葉の説明を一切していないので、読み手は自分の感覚で解釈を膨らませる他はないが、私の解釈も当たらずと雖も遠からずではないかと思う。

ところで、「**有徳者**」とか「**仁者**」と言っても、人間である限り何かのきっかけで「**有徳者**」でなくなり「**仁者**」でなくなることもあるだろう。だから、人間をパターン化して論じる孔子の手法は、あくまでも理念として認識する範囲に留めるべきもので、それが即現実だと思うと誤解を生むことにもなると私は思っている。

六　南宮适問於孔子曰、羿善射、奡盪舟、俱不得其死然、禹稷躬稼而有天下、夫子不答、南

宮适出、子曰、君子哉若人、尚徳哉若人、

南宮适、孔子に問いて曰わく、羿は射を善くし、奡は舟を盪かす。倶に其の死を得ず。禹と稷とは躬ら稼して天下を有つ。夫子答えず。南宮适出ず。子曰わく、君子なるかな、若き人。徳を尚べるかな、若き人。

※　金谷氏は読み下し文に関して、「句末の『然』は『焉』と同じで助字。」と付記しておられる。

【現代語訳】

南宮适が孔子に、

「羿は弓の名人であり、奡は舟を動かすほどの力持ちでしたが、どちらも非業の死に方をしました。禹と稷は自ら耕して天下をとりました。」

とお訊ねしました。先生は答えられなかった。南宮适が出て行くと、先生は、

「あのような人こそ君子というのだ。あのような人こそ徳を貴ぶ人だね。」

と言われた。

※　金谷氏は訳文に関して、「南宮适――門人の南容のこと。古注では魯の家老の南宮敬叔のことだという。羿――

―夏王朝にそむいた有窮国の君。弓の名人として有名。　奡――羿をたおした寒浞の子で夏王に殺された。　禹――夏王朝をひらいた聖天子。　舜のとき、治水に勤労して功績をあげ、位を譲られた。　稷――舜のときの農官として功績をあげ、子孫が周の王朝をひらいた。　大切なのは、力よりも徳で、だから先生も禹や稷のように……、というこころ。そこで孔子は答えなかった。」と付記しておられる。

【私の見解】

南宮适は、金谷氏の付記によると孔子の門弟ということだが、異説もあるそうだ。

さて、この話は、南宮适が、弓の達人だった羿や舟を動かすほどの力持ちだった奡は非業の死を遂げたが、聖天子の禹は夏王朝を開き、功績を挙げた稷は舜から譲位を受けたという故事を引いて、徳の高い孔子は当然にどこかの国に迎えられるべきだと言おうとしたところ、孔子は、それを察して南宮适には何も答えず、南宮适が退出すると、「よくわかっているねえ、南宮适は。ああいう人が本当の君子であり徳を貴ぶ人というのだ。」と喜んだという逸話である。

孔子は、仕官を熱望していたがどこからも声がかからないことに意気消沈していたことが、この逸話からもよく分かる。南宮适の言葉がよほど嬉しかったのだろう。「**君子哉若人、尚徳哉若人**」と言った時の孔子のにんまりした顔が彷彿としてくる。孔子のありのままの人間性を垣間見た思いがする。

この逸話が『論語』に載っているのは、孔子ほどの人を任用しなかった理不尽を後世に伝えようとしたためと思われる。孔子の教えを守ろうとする儒者たちの無念な思いが込められているようにも思われる。

孔子がどこからも仕官の声がかからなかったのは、彼の思想が現実から遊離したバーチャルな空論（あるいは理想論）だったからだと私は思うが、儒者たちはそのようなことは夢にも思わなかったであろう。

儒学というのは、前にも何度か触れたように、「孔子流の政治学」だと私は思っているが、その政治学が、時代に拒絶されたのだとみて間違いない。この章は、そのことを際立たせた逸話だと言ってよいだろう。

七　子曰、君子而不仁者有矣夫、未有小人而仁者也、

子曰わく、君子にして不仁なる者あらんか。未だ小人にして仁なる者あらざるなり。

【現代語訳】

先生は次のように言われた。

「君子の中にも仁でない人はいるだろうね。小人で仁の人というのはこれまでいない。」

【私の見解】

君子であっても思いやりに欠ける人はいるだろうが、小人は志が低いから思いやりのある人はいない、と孔子は言い切っている。

これまで見てきたように、孔子の思考は、人間をパターン化して固定的に見る傾向が強いが、この章の話もそうである。現実の人間像を捨象して抽象化し、君子だとか小人といった理念的な人間像をつかみ出しているが、それは、観念的な世界に於ける思考としては有効だとしても、現実世界では実効性が極めて乏しいと言わなければならない。

孔子が生きた時代には、政治を掌る地位にいる者がエライのであり、「君子」とも呼ばれ「仁」とも呼ばれたのだろうが、権力者の治世の下でその日その日を何とか生きている一般大衆は出世とは無縁の「小人」なのだ。小人はどんなにあえいでも小人でしかなく、「君子」にはなれずまた「仁」とも無縁であったのだろう。孔子の言葉には、このような人間観が滲み出ているように思われてならない。

孔子の言葉（儒学）というのは、結局、人間を治世下のコマとして見て峻別するものであり、そのように峻別した人間像の交わりを上から目線で解釈し説明する（論理立てる）ものだと言ってよいのではないか。儒学には、今日的な民主主義の人間関係を語る力はもはやありはしないと、私は思っている。

この章も、孔子の考えを知る資料としての価値はあるとしても、今日の人間関係の教訓として生かすべきものではないと私は思う。

八　子曰、愛之能勿労乎、忠焉能勿誨乎、

子曰わく、これを愛して能く労すること勿からんや。忠にして能く誨うること勿からんや。

【現代語訳】

先生は次のように言われた。

「人を愛するからにはその人を鍛えないわけにはいかない。人に誠実であるからにはその人を教育しない訳にはいかない。」

※　金谷氏は訳文に関して、「はげます――『労とは勉なり。』の読み方による。新注では『骨折らせる。』と付記しておられる。

ちなみに、金谷氏は次のように訳しておられる。

先生がいわれた、「〔人を〕愛するからにははげまさないでおれようか」〔人に〕誠実であるからには教えないでおれようか。」

【私の見解】

さて、孔子は教育者の立場から、その信条（しんじょう）を吐露（とろ）しているのがこの章の話であると私は思う。

つまり、その人を鍛（きた）え励（はげ）ますのはその人のことを愛するがゆえであり、懸命（けんめい）に教えるのは誠実であるために放っておけないからである、と孔子は言っているのだ。私も長年教育に携（たずさ）わってきたので、孔子のこの気持ちはよく分かる。

生徒のことを思えば思うほど、なんとかしてやりたいとの思いが募（つの）り、言葉に熱が入るのが教師というものだ。

だが、ひとたび何かが壊（こわ）れると、言葉にどんなに熱を込めても生徒にはまったく響かなくなる。繰り返して言えば言うほど生徒は遠のいてしまうことにもなりかねない。

孔子は、三千人に及ぶ弟子を抱えていたというから、教えることには随分苦労があったことと思う。「**愛之能勿勞乎、忠焉能勿誨乎**」には孔子の信条と気持ちがよく表れている。

『論語』にこれが収録されているのは、孔子の弟子を思う気持ちを後世に伝えるためだと思われる。孔子が偉大な教育者だったと言われる所以なのであろう。

九　子曰、爲命卑諶草創之、世叔討論之、行人子羽脩飾之、東里子産潤色之、

子曰わく、命を為るに卑諶これを草創し、世叔これを討論し、行人子羽これを脩飾し、東里の子産これを潤色す。

※　金谷氏は読み下し文に関して、「卑諶――『卑』の字、唐石経・通行本では『裨』とある。」と付記しておられる。

【現代語訳】

先生は次のように言われた。

「〔鄭の国の〕外交文書を作るときには、〔家老の〕卑諶が草稿を作り、〔同じく家老の〕世叔がその内容を検討し、〔外交官の〕子羽がそれに手を入れ、東里にいた〔家老の〕子産が磨きをかけた。」

※　金谷氏は訳文に関して、「卑諶――以下の四人は、みな孔子よりやや先輩の鄭の家老である。子産が特に有名で、

宰相ともなった。」と付記しておられる。

【私の見解】

鄭（紀元前806年〜紀元前375年）は、現在の中国河南省にあった侯国で、西周時代から春秋時代まで存在したという。

金谷氏の付記にあるように、孔子は、卑諶らとは歳があまり離れておらず、彼らと同時代に生きていて鄭の国の実情をよく知っていたものと思われる。

鄭の国の外交文書は大変優れていて落ち度がなかったのは、卑諶・世叔・子羽・東里がそれぞれの立場で協力して合作したからだと、孔子は言っている。外交文書はかくあるべしという孔子の考えが窺われる逸話である。

この話も、やはり政治に関わるものだ。孔子の念頭から政治は切り離せないものだったことがよく分かる。

これが『論語』に載っているのは、政治や外交文書に関わる孔子の考えを後世に伝えるためだと思われるが、さて、その影響はどれほどのものであったのだろうか。

これが今日の教訓になるかは、私にはよく分からない。政治や外交のことを担当している人や政治や外交に関心の高い人にはなにがしかの教訓になるかもしれないが、日本でこの章が話題になった例を私は寡聞にして知らない。

一〇　或問子産、子曰、恵人也、問子西、曰、彼哉、彼哉、問管仲、曰、人也、奪伯氏騈邑三百、飯疏食、没歯無怨言、

或るひと子産を問う。子曰わく、恵人なり。子西を問う。曰わく、彼をや、彼をや。管仲を問う。曰わく、〔この〕人や、伯氏の騈邑三百を奪い、疏食を飯いて歯を没するまで怨言なし。

※金谷氏は読み下し文に関して、「この人や――朱子の読み方による。中井履軒は『人や』の上に一字の脱字があろうといい、武内博士は『大』字を補うべしとした。『大人なり』となる。」と付記しておられる。

【現代語訳】

ある人が〔鄭の〕子産についてお訊ねした。先生は、

「恵み深い人です。」

と言われた。〔楚の〕子西についてお訊ねすると、

「あの人か、あの人か。」

と言われた。〔斉の〕管仲のことをお訊ねすると、

「この人は、伯氏から三百戸の駢の村を奪ったが、伯氏は粗末な飯を食べて、死ぬまで怨みごとを言わなかった。」

と言われた。

※　金谷氏は訳文に関して、「子西――楚の公子で賢宰相として評判が高かったが、孔子が用いられようとしたとき邪魔をしたとされ、のち白公の内乱で殺された。　駢の村を……――『荀子』仲尼篇によると、桓公から書社三百を与えられたが、富人も邪魔をしなかった、という。」と付記しておられる。

【私の見解】

この話は、孔子がどのような基準で人を評価していたかを示す逸話である。

子産は、孔子よりも少し前の時代の人で、教養があり、優れた政治家であったという。

孔子は、彼のことを「**惠人也**」（恵人なり。）と評価している。

子西は、孔子と同時代の人で、金谷氏の付記にあるように、楚の国の公子で賢宰相として知られていたが、孔子が登用されそうになったときにそれを邪魔したとされ、のちに白

公の内乱で殺されたという。孔子は、この人については「**彼哉、彼哉**」（彼をや、彼をや。）と言葉を濁し、何の評価も与えていない。金谷氏の訳文には「語るまでもない。」という気持ちだったとある。登用を妨害されたことをよほど怨みに思っていたのであろう。人間孔子を垣間見た思いがする。

管仲は、孔子よりも一世紀ほど前の人で、斉の宰相を勤めたほどの人物だったという。彼は伯氏から三百戸の駢の村を取りあげたが、伯氏が粗食に耐えながら恨み言ひとつ言わなかったことを挙げて、伯氏を心服させるほどの人物だったとここでは評価している。しかし、八佾篇の第二二章では、管仲を小者と言っていた。孔子が行なう人物評は上げたり下げたりで一定しないが、その人の政治手腕がどうであったかが評価の基準になっていたようだ。孔子は、寝ても覚めても政治のことを考えていたことが窺える。

『論語』に載っているとはいえ、この逸話は、儒学理解の一助とはなり得ても、今日の教訓にはなり得ないと私は思う。

一一　**子曰、貧而無怨難、富而無驕易、**

子曰わく、貧しくして怨むこと無きは難く、富みて驕ること無きは易し。

【現代語訳】

先生は次のように言われた。

「貧乏していて怨みごとのないのは難しいが、金持ちでいて驕り高ぶらないのは易しい。」

【私の見解】

これも、孔子の人間観を表している言葉である。

孔子は、貧乏人というのは自分の非力を省みずに世の中に不満を持って生きている者であり、金持ちは心にゆとりもあり教養もあって威張らない者である、と思っていたのであろうか。私は、それはあまりにも一方的な人間観ではないかと思う。

貧乏であっても、自分の境遇に不満を抱くことなく、慎ましく平穏に暮らしている人はいくらでもいる。また、少しばかりお金持ちだからといってそれを鼻にかけ、やたらと威張り散らす不心得な金持ちも珍しくない。それが現実の人間模様というものではないだろうか。

孔子が生きた時代は、弱い者は貧乏に生きる他に術がなく、権力者や権力者に近い人（官僚など）は豊かな生活に安住できるという時代だったのかもしれないが、それにしても、孔子の見方は偏っている。現実を直視すれば、「**貧而無怨難、富而無驕易**」などとは言えなかったはずだ。

『論語』を通読すれば気づくことだが、孔子の目線は、いつの場合も基本的に権力者の側からのものであり、上から目線の物言いであることが分かる。

「**子曰、貧而無怨難、富而無驕易**」は、孔子の思想の実相の一端を表しているのだと思えば合点がいく。儒学とはそういうものであり、儒学から時の権力者（皇帝）の正統性を担保する儒教理論（天命論や易姓革命論など）が生じたのも、必然の成り行きであったと言えるであろう。

一二　**子曰、孟公綽爲趙魏老則優、不可以爲滕薛大夫也、**

子曰わく、孟公綽、趙魏の老と為れば、則ち優。以て滕薛の大夫と為すべからず。

【現代語訳】

先生は次のように言われた。

「孟公綽は、趙や魏の家老になるには十分だが、滕や薛の大夫になることはできない。」

※　金谷氏は訳文に関して、「孟公綽——魯の国の大夫。　趙や魏——大国の晋の大臣の家柄で、やがて晋を乗取った

権力家。滕や薛でだめなら、魯の大夫としてはなおさら、というこころ。」と付記しておられる。

【私の見解】

これは、魯の国の大夫だった孟公綽について、趙や魏のような大きな一家の家老となることはできるが、滕や薛のような小さな国であっても大夫にはなれない、と孔子が言ったという逸話である。

つまり、孔子は、孟公綽を政治家の器ではないと言っているのであって、金谷氏の付記にあるように、魯の国の大夫などもってのほかだという気持ちだったのであろう。

なぜそう言ったのかについては、『論語』には何の説明もないのでわからないが、孔子は、「孟公綽は君子にあらず」と思っていたのであろう。

『論語』に載っているとはいえ、この話は、取り立てて言うほどのことではないように思われる。『論語』には、このようなつまらぬ話も載っているという一つの典型である。

一三　子路問成人、子曰、若臧武仲之知、公綽之不欲、卞莊子之勇、冉求之藝、文之以禮樂、亦可以爲成人矣、曰、今之成人者、何必然、見利思義、見危授命、久要不忘平生之言、

亦可以爲成人矣、

子路、成人を問う。子曰わく、臧武仲の知、公綽の不欲、卞荘子の勇、冉求の藝の若き、これを文るに礼楽を以てせば、亦た以て成人と為すべし。曰わく、今の成人は、何ぞ必ずしも然らん。利を見ては義を思い、危うきを見ては命を授く、久要、平生の言を忘れざる、亦た以て成人と為すべし。

【現代語訳】


子路が完璧な人物についてお訊ねした。先生は、

「臧武仲ほどの知恵と公綽ほどの無欲さと卞荘子ほどの勇気と冉求ほどの教養があって、礼儀と雅楽が具わっていれば、完璧な人物と言えるだろう。」

と言われ、さらに、

「このごろの完璧な人物というのは、何もそうとは限らない。利益を前にして正義を思い、危険を前にして一命をささげ、古い約束や平生の言葉を忘れないというのであれば、完璧な人物と言えるだろう。」

と言われた。

※ 金谷氏は訳文に関して、「臧武仲――以下の四人はみな魯の人。冉求は門人。身近かのなかから評判の人を選んだ。」

と付記しておられる。

【私の見解】

これは、子路が「完璧(かんぺき)な人とはどういう人のことですか。」と訊ねたことに対する孔子の回答である。

孔子は、幾人かの名を挙げて、「智恵と無欲と勇気と教養があり、礼儀を弁(わきま)え、雅楽(ががく)の素養(そよう)があれば完璧な人と言えるだろう。」と答え、さらに、「利益を前にして正義を考え、危険を目の前にしても命懸(いのちが)けで事に当たり、古い約束を忘れず、平生の自分の言葉に責任を持つ、そんな人物なら完璧な人と言えるだろう。」と付け加えている。孔子の理想とする人間観が集約されていると言えるだろう。

子路は、正義感が強く武勇に優(すぐ)れ政治的才能もあったが、直情的な行動が目立ったという。孔子は子路のその性格や能力を踏まえた上で、このような回答をしたものと思われる。

私は人間がいじけているのか、孔子のこの「完璧な人間観」には賛成できない。そもそも「完璧な人間」など存在しないと思っているからだ。

人間は、「完璧な人間」とひとくくりにして説明できるほど単純にはできていないと、私は常々思っている。様々な素養(そよう)が入(い)り混(ま)ざり、それが、人それぞれの個性となって表れている。時には長所だったものが、状況次第では短所にもなる。豊かな教養を具(そな)えていても、それが邪魔(じゃま)をして人間関係にマイナスに作用することもある。勇気があって智恵が豊かでも情に溺(おぼ)れて失敗することもある。等々、それが人間の実相(じっそう)である。だから、孔子は「完璧な人間などいないよ。」と子路を諭(さと)すべきであったと私は思うのだが、右で見たように、孔子は自分流の「完璧な人間観」を説いている。観念的で固定的な上から目線の人間観だと私は思う。

このような人間観の下では、可変的(かへんてき)で柔軟(じゅうなん)な、どちらかと言えばつかみ所のない人間模様(にんげんもよう)は捨象(しゃしょう)されてしまうような気がするが、どうであろうか。

ともかく、これは『論語』に載っているのであり、儒学の人間観なのだ。人間を一定の価値観で外から洗脳(せんのう)し縛りつける儒教が儒学から生まれたのも、宜(むべ)なるかなと思われる。

一四　子問公叔文子於公明賈、曰、信乎、夫子不言不笑不取乎、公明賈對曰、以告者過也、夫子時然後言、人不厭其言也、樂然後笑、人不厭其笑也、義然後取、人不厭其取也、子曰、其然、豈其然乎、

子(し)、公叔文子(こうしゅくぶんし)を公明賈(こうめいか)に問(と)いて曰(のたま)わく、信(しん)なるか。夫子(ふうし)、言(い)わず、笑(わら)わず、取(と)らざること。公明賈対えて曰わく、以て告す者の過ちなり。夫子、時にして然る後に言う、人其れの言うことを厭わざるなり。楽しみて然る後に笑う、人其の笑うことを厭わざるなり。義にして然る後に取る、人其の取ることを厭わざるなり。子曰わく、其れ然り。豈に其れ然らんや。

※　金谷氏は読み下し文に関して、「取らざること――『不取乎』の『乎』字は、魏徴らの『群書治要』の引用にはない。」と付記しておられる。

【現代語訳】

先生は、〔衛の家老の〕公叔文子のことを公明賈にお訊ねになって、

「本当ですか。あの方はものも言わず、笑いもせず、受け取りもしないというのは。」

と言われた。公明賈は、

「お知らせした者の間違いです。あの方は言うべき時がきてはじめて言いますから、あの人の言ったことを誰も嫌がらないのです。楽しくなってから笑いますから、あの方が笑ったことを誰も嫌がらないのです。筋が通れば受け取りますから、あの方が受け取ったことを誰も嫌がらないのです。」

と答えた。先生は、

「その通りです。噂のようなことはないでしょう。」

と言われた。

※　金谷氏は訳文に関して、「公叔文子――衛の国の大夫。公明賈も衛の人。うわさのような……――新注では公明賈のことばが立派すぎるので、『本当だろうか。』と疑いを表わしたという。」と付記しておられる。

【私の見解】

これは、孔子が衛の国の家老である公叔文子の人柄について公明賈に訊ねた時の話である。噂では、公叔文子は無口で笑わず、人からものを贈られても受けとらないということだったが、公明賈は、「あの方は、言うべき時に言い、笑うべき時に笑い、もらってもよい場合にだけ受けとられるので、だれにも嫌がられないのです。」と答えている。

他愛のない話だが、これにも孔子の考え方（儒教）の一端がよく表れている。

多弁でへらへらした人間や目先の利益に弱い人間を孔子が嫌っていることは、『論語』を読めばすぐに分かる。公明賈の公叔文子評はその逆であり、孔子は恐らく嬉しかったのであろう、「人の噂などあてにはなりませんね。」と応えている孔子の表情が目に浮かぶようだ。

金谷氏の付記によれば、新注では「**豈其然乎**」という孔子の言葉には公明賈の説明への疑念が含まれているとのことだが、ここは素直に「人の噂などあてにはなりませんね。」の意味に解釈すればいいのではないかと私は思う。

ところで、中国は、古来「賄賂天国」と言われるほど賄賂によって政治や行政が動いてきたと言われている。この章の話の中にも、家老が物を贈られる話がでてくるが、孔子が生きた時代にも賄賂は普通のこととして行われていたことが窺える。孔子も、「**義然後取**」(義にして然る後に取る。)には異議を差し挟んでいない。それどころか、それを当然のこととして認めている様子が行間から伝わってくる。

石平氏の著作『中国人の善と悪はなぜ逆さまか』によると、中国は昔も今も賄賂が当たり前のこととして横行しており、身内の誰かが出世してたくさんの賄賂をもらうようになることは一族の名誉だと考えられているというから驚きである。もはやこれは、中国の宿痾と言ってよいであろう。

一五　子曰、藏武仲以防求爲後於魯、雖曰不要君、吾不信也、

子曰わく、臧武仲、防を以て魯に後たらんことを求む。君を要せずと曰うと雖も、吾れは信ぜざるなり。

【現代語訳】

先生は次のように言われた。

「臧武仲は、防に立てこもって〔自分の〕後継ぎを立てることを魯〔の主君〕に要求した。主君に〔武力を背景にして後継ぎを〕強要したのではないと言ったとしても、私は信用しない。」

※　金谷氏は訳文に関して、「防――臧武仲（臧孫氏、名は紇。武はおくり名）の封地の名。このまま家が断絶になるなら、ここにたてこもって反乱するという気勢を示した。事件は『春秋左氏伝』襄公二十三年にみえる。」と付記しておられる。

【私の見解】

金谷氏の付記にあるように、臧武仲は、内紛によって魯の国を追われたが、後継ぎを立てて封地を安堵するように魯の君主に要求した。その要求は、若し聞き入れなければ防に立てこもって謀反に及ぶという気勢を示したものであったので、聞き入れられ、臧武仲は斉の国へ亡命したが、この事件について孔子は、臧武仲が謀反をちらつかせて封地の安堵を迫ったことを快く思っていなかったようで、「**雖曰不要君、吾不信也**」（君を要せずと曰うと雖も、吾れは信ぜざるなり。）と不快感を表したというエピソードである。

これは、孔子や孔子の教えを守る儒者たちにとっては大切なものかも知れないが、小さな出来事の話であり、今日の私たちにはどうでもよいことだ。まあ、こういう話も『論語』には載っているのである。

一六　**子曰、晉文公譎而不正、齊桓公正而不譎**

子曰わく、晋の文公は、譎りて正しからず。斉の桓公は正しくして譎らず。

【現代語訳】

先生は次のように言われた。

「晋の文公は、謀略家で正道を歩まず、斉の桓公は、正道を歩んで謀略家ではなかった。」

※　金谷氏は訳文に関して、「桓公と文公は、ともに春秋時代の覇者（諸侯の旗がしら）として有名。両者の道義性に優劣をつけたとみるのがふつうであるが、徂徠は軍隊の正攻と奇襲の違いだという。」と付記しておられる。

【私の見解】

晋の文公も斉の桓公も孔子よりも約一世紀前の人である。二人とも諸侯の盟主となり外敵を払って周王朝を守った功績があった。文公は謀略を好み、桓公は正攻法を善しとしたと伝えられている。

道徳と礼を重んじる孔子は、謀略を好まなかった。そこで「**晋文公譎而不正、齊桓公正而不譎**」（晋の文公は、譎りて正しからず。斉の桓公は正しくして譎らず。）と言ったのであろう。孔子の理想主義がよく現れているエピソードである。

孔子は、しかし、この理想主義によって身を持ち崩したと言えるだろう。乱世に謀略はつきものであり、彼は、諸侯国のどこからも、仕官の口はかからなかったのである。

『論語』にこの話が載っているのは、この孔子の考えを後世に伝えるためだと思われるが、その後の中国の歴史は、孔子の理想とはうらはらに、嘘・欺瞞・欺き・騙しといった要素に彩られたものになっている。これは、現在の中華人民共和国の時代も変わらない。

『論語』は無力だったのか、それとも『論語』を好きなように解釈して実行したからこうなったのか、それを解き明かすことは容易ではないが、謀略を嫌う孔子の考えとは真逆の現実が中国の歴史を貫いていることだけは、紛れもない事実なのである。

一七　子路曰、桓公殺公子糾、召忽死之、管仲不死、曰未仁乎、子曰、桓公九合諸侯、不以兵車、管仲之力也、如其仁、如其仁、

子路曰わく、桓公、公子糾を殺す。召忽これに死し、管仲は死せず。曰わく、未だ仁ならざるか。子曰わく、桓公、諸侯を九合して、兵車を以てせざるは、管仲の力なり。其の仁に如かんや。其の仁に如かんや。

※　金谷氏は読み下し文に関して、「其の仁に……――『如其仁』の『如』を『奈何』と同じにみて、『いかんぞ其れ仁ならん。』または『其の仁をいかん。』と読んで管仲の仁を許さなかったとする説（兪樾）もある。」と付記しておられる。

【現代語訳】

子路が、

「桓公が公子の糾を殺したとき、召忽が死にましたが管仲は死にませんでした。」

と言い、

「〔管仲は〕まだ仁の人ではないですね。」

と言った。先生は、

「桓公が諸侯を寄せ集めて武力を用いなかったのは、管仲の功績だ。管仲の仁徳に及ぶ者は誰がいようか。誰がいようか。」

と言われた。

※　金谷氏は訳文に関して、「公子の糾――桓公の兄。斉の君位を争ったが敗れた（B・C・六八五年）。召忽・管仲はともにその傅であった。会合――覇者として諸侯を集め、周の天子を中心とする中国の秩序を守った。『九合』の九は糾と同じ。集の意味（新注）。初めの九度の盟会とする説（劉宝楠）もある。」と付記しておられる。

【私の見解】

さて、この章の話は次のようなものだ。

桓公は、斉の国の君位を争って妾腹の兄の糾を殺した。そのとき糾の傅であった召忽は殉死したが、同じ傅であった管仲は殉死するどころか桓公に仕えた。そのことを指して子路が、「管仲は仁者ではありませんね。」と孔子に訊ねた。孔子は、「桓公が武力を用いずに諸侯を連合させて周王朝の国の体制を守ったのは管仲の働きがあったからだ。殉死をしなかったことなど問題ではない。管仲の仁にいったい誰が及ぼうか。」と言った。

これも、その時代ならではのものだ。孔子の言う「仁」がどういうものだったのかを知る手がかりになる逸話であると言えようか。

子路には、主人が殺されて殉死した召忽は立派だが主人を殺した桓公に仕えた管仲はけしからんとの思いがあったものと思われる。一般論としては、子路のこの思いが普通のことと思われる。が、孔子の答えはまったく違うものだった。管仲を周王朝を安定に導いた功労者として高く評価し、それに比べれば「殉死しなかったことなど問題ではない。」とし、「管仲の仁に及ぶ者はいない」とまで言っているのだ。八佾篇第二二章で小者だと言ったのとはえらい違いである。孔子の周王朝への強い思い入れがあってのことだと思われるが、孔子の言う「仁」の評価も、個人の信条やその時の感情で動くものだということが分かる。

これが『論語』に載っているのは、高弟の子路と孔子の対話であり、話の内容が孔子の思想の中核をなす「仁」に関わるものであるため、後世に伝えるべきだと儒者たちが考えたからであろうが、「仁」について考える資料とはなり得ても、今の時代の教訓にはなり得ない。

一八　子貢曰、管仲非仁者與、桓公殺公子糾、不能死、又相之、子曰、管仲相桓公覇諸侯、一匡天下、民到于今受其賜、微管仲、吾其被髮左衽矣、豈若匹夫匹婦之爲諒也、自經於

溝瀆而莫之知也、

子貢曰わく、管仲は仁者に非ざるか。桓公、公子糾を殺して、死すること能わず、又これを相く。子曰わく、管仲、桓公を相けて諸侯に覇たり、天下を一匡す。民、今に到るまで其の賜を受く。管仲微かりせば、吾れ其れ髪を被り衽を左にせん。豈に匹夫匹婦の諒を為し、自ら溝瀆に経れて知らるること莫きが若くならんや。

【現代語訳】

子貢が、

「管仲は仁者ではありませんね。桓公が公子の糾を殺したときに、殉死もできず、そのうえ桓公を輔佐しました。」

と言った。先生は、

「管仲は桓公を輔佐し、桓公は諸侯の覇者になり天下を統一して安定させた。人民は今日までそのお陰を被っている。管仲がいなければ、我々は髪を振り乱し、着物の襟を左前にしていただろう。義理だてをして首つり自殺で溝に捨てられ、誰にも気づかれないつまらぬ男女と、〔管仲を〕どうして同じにできようか。」

と言われた。

【私の見解】

これも、前章と同趣旨の話だ。今度は子貢が子路と同じことを孔子に訊ね、孔子は少し表現を変えてはいるものの同じ内容の回答をしている。

孔子は、桓公が糾を殺したときに殉死しなかった管仲を、義理立てをして首つり自殺してどぶに捨てられたつまらぬ男女とは同列に語れないとまで言って、持ち上げている。この表現は尋常ではない。「管仲がいなければ、わたしたちは髪を振り乱して着物の襟を左前にしていただろう。」と言っているのも異様である。孔子にしては、あまりにも感情的な言葉遣いのように思われる。

前章のところでも述べたが、孔子の言う「仁」は、やはり個人の信条や感情で動くもののようだ。私のような浅学菲才には、まったく漠として掴みようがない。

一九　公叔文子之臣大夫僎、與文子同升諸公、子聞之曰、可以爲文矣、

公叔文子の臣、大夫僎、文子と同じく公に升る。子これを聞きて曰わく、以て文と為すべし。

※金谷氏は読み下し文に関して、「公に升る――『升諸公』の『諸』は於と同じ。」と付記しておられる。

【現代語訳】

〔衛の大夫の〕公叔文子（公孫抜）の家来であった大夫の僎は、〔文子の推薦によって〕文子と同列で朝廷に出仕した。先生はそのことを聞かれると、

「公叔文子は文の名に値するね。」

と言われた。

※　金谷氏は訳文に関して、「公叔文子――第一四章参照。文といえる――文子は死後のおくり名。文子が在世中に私情にこだわらないで自分の家来を朝廷に推薦したことは、死後の文という美名にふさわしいとした。」と付記しておられる。

【私の見解】

これは、孔子がまだ若かった頃の出来事について述べたもののようだ。

公孫抜は、衛の国の家老であったが、自分の家来の僎を、その才能を見込んで衛の国の家老に推薦した。孔子は、自分が子どもの頃のこの話を聞いて、「**可以爲文矣**」（以て文と為すべし。）と言ったのである。

「**可以爲文矣**」（以て文と為すべし。）と言った孔子には、仕官の口がどこからもかからな

い自分のことがあり、公孫抜のような人物が現れないものかという気持ちがあったものと思われる。孔子も人の子であることが垣間見える。

『論語』に載っている話だが、取り立てて語り継ぐべき話とは思えない。孔子という人間を理解する資料とするだけで十分であろう。

二〇　子言衛靈公之無道也、康子曰、夫如是、奚而不喪、孔子曰、仲叔圉治賓客、祝鮀治宗廟、王孫賈治軍旅、夫如是、奚其喪、

子、衛の霊公の無道なるを言う。康子曰わく、夫れ是くの如くんば、奚にしてか喪わざる。孔子曰わく、仲叔圉は賓客を治め、祝鮀は宗廟を治め、王孫賈は軍旅を治む。夫れ是くの如くんば、奚んぞ其れ喪わん。

【現代語訳】

先生が、衛の霊公の乱脈ぶりを話された。〔魯の国の大夫の〕康子は、

「そのようなことであれば、どうしてまた滅びなかったのですか。」

といった。先生は、

「仲叔圉（孔文子）が来賓のことを統括し、〔大夫の〕祝鮀が宗廟のことを差配し、

〔大夫の〕王孫賈が軍事を担当しています。まあこういうことですので、どうして滅びることがありましょうや。」

と言われた。

※　金谷氏は訳文に関して、「仲叔圉――公冶長篇第一五章の衛の孔文子のこと。下の二人も衛の重臣。　軍事――『軍』は一万二千五百人、『旅』は五百人の軍隊組織。」などと付記しておられる。

【私の見解】

この章は、ダメ君主でも、家臣がしっかりしていれば君主は持ちこたえる、と孔子が言ったという話である。

衛の国の霊公は襄公とその妾の間に生まれたが、他に子がいなかったために襄公が逝去したのち君位に就いた。孔子は、放浪の旅の途中で衛の国に立ち寄ったが、そのときの主君が霊公だったという。

衛の国に立ち寄ったときに何があったのか、孔子は、霊公のことを「無道」（乱脈）だと言った。『論語』には何の説明もないからその理由は分からない。

孔子の話を聞いた魯の国の家老の季康子が「そんなでたらめなのに霊公はどうして位を

失わないのですか。」と訊ねた。すると孔子は、君主を支える優秀な家臣の名を挙げて、家臣がしっかりしているから位を失うことはない、と答えている。

孔子が言った通り、霊公は、紀元前535年〜紀元前493年までの長きに亘って君主であり続けたと歴史書にある。

余談だが、子路篇第二五章で、孔子は、「**小人難事而易説也**」（小人には仕えにくいが、喜ばせるのはやさしい）と言っていた。無道の君主の霊公は「小人」で優秀な家臣は「君子」と想定できるが、この場合、「**小人難事而易説也**」との整合性にはやはり「？」がつく。ともあれ、この章の話は、できの悪い上司でも部下がしっかりと勤めを果たせば組織はうまく機能するという教訓として、今日でも立派に通用するのではないか。

二一　**子曰、其言之不怍、則其爲之也難、**

子曰わく、其の言にこれ怍じざれば、則ちこれを為すこと難し。

【現代語訳】

先生は次のように言われた。

「恥ずかしげもなく大言壮語するようでは、実行するのは難しい。」

【私の見解】

これは、恥ずかしげもなく大きな事を言うようでは、実行するのは怪しいものだ、というほどの意味であろう。多弁で軽薄な者を嫌う孔子らしい言葉である。「言葉よりも実行」が孔子の信条であり、日本でも言われる格言「不言実行」に相応する考え方と言ってよいだろう。

ところで、わが国には、「有言実行」という格言もある。「不言実行」に背反する言葉のようだが、実行することの大切さを言ったものであることに変わりはない。

二二　陳成子弑簡公、孔子沐浴而朝、告於哀公曰、陳恒弑其君、請討之、公曰、告夫三子、孔子曰、以吾従大夫之後、不敢不告也、君曰、告夫三子者、之三子告、不可、孔子曰、以吾従大夫之後、不敢不告也、

陳成子、簡公を弑す。孔子、沐浴して朝し、哀公に告げて曰わく、陳恒、其の君を弑す。請う、これを討たん。公曰わく、夫の三子に告げよ。孔子曰わく、吾れ大夫の後に従えるを以て、敢えて告げずんばあらざるなり。君曰わく、夫の三子者に告げよと。三子に之きて告ぐ。可かず。孔子曰わく、吾れ大夫の後に従えるを以て、告敢えて告げずんばあらざるなり。

※　金谷氏は読み下し文に関して、「弑す——皇本・清本では『殺』。陸徳明の『経典釈文』の一本にあう。」と付記しておられる。

【現代語訳】

陳成子が〔主君の〕簡公を殺したとき、孔子は沐浴して体を清めて出仕すると、

「陳恒が主君を殺しました。どうかお討ちとりください。」

と哀公に言上された。〔しかし〕公は、

「あの三人に言うがよい。」

と返答された。孔子は〔退出後〕、

「わたしも大夫の末席についている以上は、あえて申し上げずにはいられなかったのだ。だが殿さまは『あの三人の者に言うがよい。』と仰せられた。」

と言われ。〔孔子は〕三人のところへ行って話されたが、〔三人は〕聞き入れなかった。

孔子は、

「わたしも大夫の末席についている以上は、あえて話さずにはいられなかったのだ。」

と言われた。

※　金谷氏は訳文に関して、「陳成子が……――魯の哀公十四年（B・C・四八一年）、孔子七十二歳のときのできごと。陳成子の名は恒（または常）。斉の大夫で実力者。陳氏はこのあと三代めでついに斉の君位を奪う。　三人――魯の実力者、孟孫・叔孫・季孫の三家のこと。哀公の権力はすでに弱く、三家はちょうど斉の陳氏の立場にあった。孔子の言葉がきかれなかったのも当然である。　事の重大さと国政に参与する大夫としての責務とからのこと。話してもむだだとは思われたが……、ということろ。」と付記しておられる。

【私の見解】

さて、これは、春秋時代らしい逸話である。

斉の国で家臣の陳成子（宰相）が主君の簡公を弑した。歴史書によると、簡公は陳成子の専横を糾そうとして逆に殺されたのだという。孔子はこのことを魯の国の主君の哀公に訴えて、陳成子を成敗してくださいと奏上した。しかし、その哀公の権力はすでに衰退しており、哀公は、孟孫・叔孫・季孫の三人に言えと言った。そこで、孔子はなす術もなく退出した。そのあと、孔子は孟孫・叔孫・季孫のところへ行き、陳成子を成敗するように言ったが聞き入れられなかった。孔子は「**以吾従大夫之後、夫敢不告也**」（吾れ大夫の後に従えるを以て、敢えて告げずんばあらざるなり。）と言った、という話である。

臣下が主君を殺すなどもってのほかだという孔子の気持ちが伝わってくる逸話だが、話の筋が少し分かりにくい。

①「**孔子沐浴而朝**（孔子、沐浴して朝し）とあるが、孔子はこのとき72歳で、魯の国には仕官していなかったはずだが、出仕したというのはどういうことであろう。

②孔子は、哀公に「**告夫三子**」（夫の三子に告げよ）といわれて引き下がり、「**以吾従大夫之後、不敢不告也、君曰、告夫三子者**」（吾れ大夫の後に従えるを以て、敢えて告げずんばあらざるなり。君曰く、夫の三子者に告げよと。）と言ったというが、誰に言ったのだろうか。

③孟孫・叔孫・季孫に聞き入れられなかったあと、孔子は「**以吾従大夫之後、夫敢不告也**」（吾れ大夫の後に従えるを以て、敢えて告げずんばあらざるなり。）と言ったというが、これは誰に言ったのだろうか。

①は、金谷氏の付記には「国政に参与する大夫」とあるが、孔子は過去に魯の国の高官であったため、宮殿に上がることが許されていたのだろうか。よく分からない話だ。

②は、孔子の独り言だったのかも知れない。それを誰かが聞いていて言い伝えられ、『論語』に収録されたものと思われる。

③も、やはり孔子の独り言だったのかもしれない。「**以吾従大夫之後**」とあるから、孔子が国政に参与する大夫であったことは間違いないようである。②と③は、読みようによっては、孔子の弁解のようにもとれるし、愚痴（ぐち）のようにもとれる。ところで、これがどうして『論語』に収録されたのか、私にはその意味がよく分からない。この章は「**孔子曰**」となっている。孔門の弟子が伝承した言葉ではないようだ。誰が言い伝えた言葉なのだろう。

とにかく、この章には、分からないことが多い。

二三　子路問事君、子曰、勿欺也、而犯之、

子路（しろ）、君（きみ）に事（つか）えんことを問（と）う。子曰（しのたま）わく、欺（あざむ）くこと勿（な）かれ。而（しこう）してこれを犯（おか）せ。

【現代語訳】

子路が主君に仕えることについてお訊ねした。先生は、

「偽りのないことが第一だ。場合によっては逆（さか）らってでも主君をお諫（いさ）めせよ。」

と言われた。

【私の見解】

これは、子路が主君に仕えるときの心得を孔子に訊ねたときの会話である。

子路は孔子の弟子の中でも最年長だった。政治的才能に優れ、正義感が強く、武勇にも優れていたといわれている。その子路に、孔子は「主君を偽り侮ってはいけない。そしてたとえご機嫌を損ねるようなことになっても面と向かって諫言せよ。」と答えている。子路の性格を踏まえての答えであろうと思われる。

乱世に於いてこのように主君に仕えるように諭した孔子の思いは奈辺にあったのだろうか。短いやりとりではあるが、孔子の理想主義がよく現れている。「**勿欺也**」（欺くこと勿かれ。）はまあよいとしても、「**而犯之**」（而してこれを犯せ。）は現実離れしている。しかも、これは、本篇第一四章の「**邦無道危行言孫**」（邦に道なければ、行を危しくして言は孫う。）と言っていたことと明らかに矛盾している。これほどの矛盾をさらりと言えるのが、孔子なのだ。

仮に、今の北朝鮮やロシアや中国で、金正恩やプーチンや習近平に面と向かって諫言すればどうなるか。おそらく直ちに粛清されるであろう。

確かに、誰かが道義を貫き、暴君に対してでも直言しなければ、政治を正すことはできない。この章で孔子の言っていることは正論には違いないが、現実から遊離した理想論であることは間違いないだろう。

子路は孔子の推薦によって衛の国に仕官したが、内紛に巻きこまれて憤死した。孔子の教えをしっかりと守った結果だったとしたら、気の毒という他はないが、孔子から教えられた理想を貫いたのであれば立派と言うべきであろう。孔子は、子路の死にショックを受けたのか、その翌年に74歳で生涯を終えている。

「子路問事君、子曰、勿欺也、而犯之」は『論語』に収録されているが、その後の中国の政治はこれとは無縁の様相を呈している。皇帝による独裁が延々と繰り返され、そして今は共産党独裁の中華人民共和国である。政治の本質は何も変わっていない。

二四　子曰、君子上達、小人下達、

子曰わく、君子は上達す。小人は下達す。

【現代語訳】

先生は次のように言われた。

「君子は上へ上へと進む。小人は下へ下へと進む。」

※　金谷氏は訳文に関して、「里仁篇=君子は義に喩り、小人は利に喩る。」などと付記しておられる。

【私の見解】

人間を「君子」と「小人」という二つのパターンに分けて論じる孔子の手法には、やはり私は馴染めない。これまで何度も触れてきたように、人間はそう単純に峻別できるものではないからだ。

「君子」は徳の高い立派な人で「小人」は教養がなく人格の低いつまらぬ人という意味だそうだが、君子はいつでも君子で小人はどこまで行っても小人かと言えば、そんなことはない。徳が高くて立派な人でも何かの拍子に馬鹿げたことをすることもあるし、教養の低いつまらぬ人でも、心が清らかで人のために尽くすこともある。「**君子上達、小人下達**」などと決めつけた言い方をすると、実相から離れてしまうと私は思う。

「**君子上達、小人下達**」を理念的な教訓として捉えれば、今日でも教訓とはなり得ないこともないが、それ以上でもそれ以下でもないだろう。『論語』に載っているからといってこれを固定的な価値として信奉すると、不当な差別思想を招来することにもなろう。心したいものである。

二五　子曰、古之學者爲己、今之學者爲人、

子曰わく、古えの学者は己れの為にし、今の学者は人の為にす。

【現代語訳】

先生は次のように言われた。

「昔の学者は自分を伸ばすために学んだが、今の学者は人に知られたいために学ぶ。」

【私の見解】

これは、古の人は自分を伸ばすために学問をし、今の学者は人に自分のことを知ってもらうために学問をしている、と孔子が言ったという話である。紀元前二千五百年ほど前に、孔子が「古の人は」とか「今の人は」と言っているのがなんとも面白い。

孔子は、古の人は皆自分のために学問したとか、今の人は皆誰かに知ってもらうために学問をしている、と言っているのでは勿論なく、そのような傾向がある、というほどの意味でそう言ったのであろう。弟子たちへの戒めとして言ったものと思われる。

学問は、本来自分を高めるためにするものだ、という信念のようなものが孔子にはあり、誰かに見せるためにする学問を軽蔑していたのであろう。理想思考の孔子らしい言葉であると言えよう。

現実的には、学問を志す動機には、自分を高めようとする気持ちだけでなく、人に認められたいという気持ちもあるのが普通であろう。孔子の言うような純粋思考ばかりとは限らないのが実相である。

とはいえ、「古之學者爲己、今之學者爲人」は学問を志す者にとって心に留めておくべき言葉ではある。

これが『論語』に収録されているのは、孔子の学問に対する考え方や姿勢を後世に伝えるためであると思われる。

二六　蘧伯玉使人於孔子、孔子與之坐而問焉、曰夫子何爲、對曰、夫子欲寡其過而未能也、使者出、子曰、使乎使乎、

蘧伯玉、人を孔子に使いせしむ。孔子これに坐を与えて問いて曰わく、夫子何をか為す。対えて曰わく、夫子は其の過ち寡からんことを欲して、未だ能わざるなり。使者出ず。子曰わく、使いなるかな、使いなるかな。

【現代語訳】

蘧伯玉が孔先生のところへ使者を送った。孔先生はその使者に坐をすすめて、

「あの方はどうしておられますか。」

と訊ねられた。〔使いの者は、〕

「主人は過ちを少なくしたいと願っていますが、なかなかそうは行かないようです。」と答えた。使いの者が退出すると先生は、

「見事な使いだね、見事な使いだね。」

と言われた。

※ 金谷氏は訳文に関して、「蘧伯玉――衛の大夫。『淮南子』に『年五十にして四十九年の非を知る。』などとあって、よく反省を重ねた人。〔「見事な使いだね」の部分は：山内注〕使者として主人の人がらをよくわきまえ、答えぶりも立派であることを感歎した。」と付記しておられる。

【私の見解】

衛の国の蘧伯玉は、とても謙虚な人だったようだ。「五十にして四十九の非を知る。」というのは蘧伯玉の言葉として有名だそうである。

さて、この章は、孔子が蘧伯玉の使いとしてやって来た者に蘧伯玉の様子を訊ねると、使いの者は蘧伯玉の謙虚さぶりをそのまま答えた。孔子は、その使いの者が主人のことをよく弁えていることに感服して「**使乎使乎**」（使いなるかな、使いなるかな。＝見事な使いだね。）と言ったという逸話である。

この話が『論語』に載っているのは、孔子の「あの主人にしてこの使者あり。」といった感歎(かんたん)を後世に伝えるためだと思われる。今日でも、好ましい上司と部下の関係としての教訓になり得る逸話であろう。ちなみに、この章には「孔子」と「子」表記が混在している。

二七　子曰、不在其位、不謀其政、

子曰(しのたま)わく、其(そ)の位(くらい)に在(あ)らざれば、其(そ)の政(まつごと)を謀(はか)らず。

※　金谷氏は読み下し文に関して、「泰伯篇第一四章と重出。」と付記しておられる。

【現代語訳】

先生は次のように言われた。

「その地位にいるのでなければ、その政務に口出ししない。」

【私の見解】

この話は、金谷氏の付記にもあるように、すでに泰伯篇第一四章で出ている。**【私の見解】**はそこで述べているので、ここでは省略する。

二八　曾子曰、君子思不出其位、

曾子曰わく、君子は思うこと其の位を出でず。

【現代語訳】

曾子は、

「君子は自分の職分以外のことは考えない。」

と言った。

※　氏は訳文に関して、『易経』の昆卦にもみえることば。古注では上の第二七章を解説したものとする。」と付記しておられる。

【私の見解】

これは、孔子が言ったことを受けて、弟子の曾子が同じことを言い方を変えて言ったものと思われる。

「君子」というパターン化した人間観にはどうも馴染めない。それに、君子は自分の職分以外のことは考えないという決めつけも、人間の実相には合っていないと思う。教養があって人格的にも立派な人は、視野が広く、自分の職分だけでなく多方面に亘って関心を持つのが普通だろうと思われる。この章は、人倫徳目にはなり得ないと私は思う。

二九　子曰、君子恥其言之過其行也、

子曰わく、君子は其の言の其の行に過ぐるを恥ず。

※　金谷氏は読み下し文に関して、「其の言の――『其言之』の『之』字は、唐石経・通行本では『而』とあり、新注では『其の言を恥じて（ひかえめにし）、其の行を過ご（して十分に）す。』と読む。今、皇本に従う。」と付記しておられる。

【現代語訳】

先生は次のように言われた。

「君子は、自分の言葉が実践を越えるのを恥じる。」

【私の見解】

君子は、自分の言葉が自分の行ないを越えることを恥じるものだと、孔子は言っている。

実践を重んじ、多弁を戒める孔子らしい言葉と言えよう。

これまでも似たような言葉が出てきており、【私の見解】はすでに述べているのでここではこれ以上は省略するが、ただ、どんな場合でも「君子恥其言之過其行也」が通用するかというと、必ずしもそうではないだろうと私は思う。孔子の言っていることはあくまでも理念の世界のことである。現実には、実践が伴わないと分かっていても言わなければならないこともある。

三〇　子曰、君子道者三、我無能焉、仁者不憂、知者不惑、勇者不懼、子貢曰、夫子自道也、

子曰わく、君子の道なる者三つ。我れ能くすること無し。仁者は憂えず、知者は惑わず、勇者は懼れず。子貢曰わく、夫子自ら道うなり。

【現代語訳】

先生が、
「君子には三つの道がある。私はいずれの道にも達していない。仁の人は心配しない、智の人は惑わない、勇の人は恐れない。」
と言われた。子貢が、
「それは、先生がご自分のことを〔謙遜して〕言われたのだ。」

と言った。

【私の見解】

ここで孔子が言っている「君子」とは、「**仁者**」（仁の人）、「**知者**」（智の人）、「**勇者**」（勇の人）の三様である。孔子に於いては、「君子」の概念は融通無碍に変化するもののようだ。

さて、仁の人は心配しない、智の人は惑わない、勇の人は恐れない、と孔子は言い、自分にはできない、と言っているが、子貢は、それは孔子の謙遜だと言っている。師弟の微笑ましい関係が窺える。

これまで何度も触れたが、孔子の思考手法は人間を理念的に峻別して概念規定するものだ。それは、現実とは遊離した理念世界の思考だと私は思う。「仁の人」といえども心配することもあるだろう、「智の人」も惑うことがあるだろう、「勇の人」も恐い思いをすることもあるだろう、それが血の通った人間というものだ。その、現実に起こりうることを孔子はことごとく捨象して人間をパターン化し、理念の世界に逃げ込んでいるのである。

孔子が言っていることは、理念としては「なるほど」と思えても、現実とは符合しない。

この章の話が『論語』に載っているのは、「君子」についての孔子の考えであり、また、孔門十哲の一人である子貢との対話であるからだと思われる。

この章と同様のことは、言葉の順序を替えて子罕第九第三〇にも「**子曰、知者不惑、仁**

者不憂、勇者不懼」（子曰わく、知者は惑わず、仁者は憂えず、勇者は懼れず。）とあった。

三一　子貢方人、子曰、賜也賢乎哉、夫我則不暇、
子貢、人を方ぶ。子曰わく、賜や、賢なるかな。夫れ我れは則ち暇あらず。

※　金谷氏は読み下し文に関して、「方ぶ――比較し批評すること。これが通説。『教典釈文』では鄭注本には『謗』とあったといい、両字は通ずる。その意味に読むのがよい。『そしる』。」と付記しておられる。

【現代語訳】

子貢が人の批評をしていた。先生は、

「賜は賢いんだね。私にはそんなひまはない。」

と言われた。

※　金谷氏は訳文に関して、「賜――子貢の名。」と付記しておられる。

【私の見解】

これは、子貢が人の批評をしたことを孔子が皮肉たっぷりに諭した逸話である。師にこのように言われて、子貢は大いに恥じたことであろう。

子貢は弁舌に優れていたという。孔子は、多弁を嫌う傾向があり、日頃から子貢の弁舌を快く思っていなかったのでかも知れない。諭し方に少しトゲがあるように私は感じるが、どうであろうか。

人の批評をするのは、劣等感の裏返しだという指摘もある。人の批評をして溜飲を下げるのはさもしいことに違いなく、あまり褒められたことではないが、誰しもそのような弱点を抱えているものだ。孔子は、愛弟子である子貢のことを知り尽くした上で、このようなトゲのある言い方をしたのかも知れない。

子貢は、孔子が亡くなったあと、葬儀に関わる一切合切を取り仕切り、長く喪に服したと伝えられている。少々トゲのある言い方をされても、師への心服はいささかも揺るがなかったことが窺える。

ところで、「**方**」には「比較する」という意味があり、「**方人**」を「人の品定めをする」と訳している例も多々見られる。大意に於いては同じようなものなのかも知れない。真意は学者先生にお任せする他はない。

三二一　子曰、不患人之不己知、患己無能也、

子曰わく、人の己れを知らざることを患えず、己れの能なきを患う。

※　金谷氏は読み下し文に関して、「己れの能なき――『己無能』、唐石経・通行本では『其不能』とある。」と付記しておられる。

【現代語訳】

先生は次のように言われた。

「人が自分のことを知ってくれないことを心配しないで、自分に〔それだけの〕能力がないことを心配することだ。」

【私の見解】

孔子は、人が自分のことを知ってくれないことを気にするのではなく、自分に能力がないことを気に懸けよ、と言っている。つまりこれは、自分に能力があれば、人は自然に自分を知るようになる、ということでもある。

この場合「知る」とは「評価する」と同じ意味であろう。孔子は、その人の評価はその人の能力についてまわると言っているのだと理解できる。孔子の言っていることは、基本

的に正論である。

正論には違いないが、現実の人間模様は、そうそう絵に描いたようにはいかないのが普通である。さしたる能力もないのに、いや、能力がないからこそ、虚勢を張って目立つことをしたがるのも人情というものだ。目立つことをして、それが人の目に止まり、評価されて持ち上げられてその気になって、それがきっかけとなって能力を発揮する場合もある。つまり、評価が先で能力が後というケースもないわけではないのだ。そのような人がいることも是認しなければ、世の中はうまく回っていかないのではないか。世の中には、正論だけでは片づかないこともけっこう多いのである。

三三　**子曰、不逆詐、不億不信、抑亦先覺者、是賢乎、**

子曰わく、詐りを逆えず、信ぜられざるを億らず、抑々亦た先ず覚る者は、是れ賢か。

【現代語訳】

先生は次のように言われた。

「騙されないかと警戒することもなく、疑われるのではないかと憶測することもなく、それでいて相手の真偽を直感的に見抜くのは、これは賢い。」

【私の見解】

「**不逆詐**」（詐りを逆えず）というのは、「騙されないかと警戒することもなく」というほどの意味であり、「**不億不信**」（信ぜられざるを億らず）というのは、「疑われるのではないかと憶測することもなく」というほどの意味であるという。また、「**抑亦**」は、「それなのにまた」の意で、「**先覺者**」は、「相手の真偽を直感的に見抜くのは」の意味だという。「**是賢乎**」（是れ賢か）は文字通り「これは賢いではないか。」の意味だと分かる。なるほど、これはいかにも相互不信が当たり前の中国ならではの話だと合点がいく言葉である。

わが国では、「嘘つきは泥棒の始まり」という格言があるように、嘘をつくことを厳に戒めている。「騙すよりも騙されよ」という格言もある。これは、人を騙すことを罪悪視するものであり、根底に相互信頼の文化が根付いているからこそ成り立つ格言なのである。

だが中国ではまったく逆だ。「騙される方が悪い」というのが人々の一般的な心裡であり、「騙されないのが賢い」という考え方が当たり前なのだ。相互不信の文化が根底にあるのである。だからこそ、孔子は、「**不逆詐、不億不信、抑亦先覺者、是賢乎**」と言ったのだと分かる。孔子が生きた二千数百年前から、中国では騙しや嘘つきが普通のこととして社会に蔓延っていたのだ。

中国の騙しや嘘を背景にした「相互不信」の文化は、歴史を一貫しているようだ。前にも引用した部分で、石平氏は次のように述べておられる。

> 他国の人から見て中国人といえば、昔から「嘘つき」というのが定番の評価として語られてきた。（中略）
>
> 19世紀末から20世紀初頭にかけて、中国で22年間にわたり布教活動を行ったアメリカ人宣教師のアーサー・スミスは、その著書『中国人的性格』（中略）において、中国人がいかに不誠実で、よく嘘をつくか、そしてそのために相互不信が社会でも家庭内でも起こっている、と述べている。（『中国五千年の虚言史』冒頭部分）。

既に触れたように、日本では「騙されたと思って○○してみてください。」とか「嘘だと思って○○してみてください。」という言い方をすることがある。これは、相互信頼の文化があってこそ成立する。相互不信の中国では、このような言葉は訳が分からないであろう。

孔子の「……、**是賢乎**」は、中国でこその言葉であって、日本には当てはまらない。『論語』に載っている言葉ではあるが、これを教訓とすることはできないと私は思う。

三四　微生畝謂孔子曰、丘何爲是栖栖者與、無乃爲佞乎、孔子對曰、非敢爲佞也、疾固也、

微生畝、孔子に謂いて曰わく、丘、何為れぞ是れ栖栖たる者ぞ。乃ち佞を為すこと無からんや。孔子対えて曰わく、敢えて佞を為すに非ざるなり。固を疾むなり。

【現代語訳】

微生畝が孔子に、

「丘さん、どうしてそんなに忙しいのかね。口八丁手八丁ではないかね。」

と言った。孔子は、

「決して口八丁手八丁ではありません。独りよがりの頑固者になるのが嫌なのです。」

と答えられた。

※　金谷氏は訳文に関して、「微生畝――微生は姓、畝は名。隠者のようである。　口上手――『佞』は口さきうまく人にとりいること。」と付記しておられる。

【私の見解】

さて、これは、砕けた言い方をすれば、

微生畝が、
「丘さん、お前さんはどうしてそんなに忙しくしているのかね。世間に媚を売ろうとしてはいないか。」
と言った。孔子は、
「媚びたりはしていませんよ。頑固になるのが嫌なのです。」
と答えた。

とまあ、こういう話であろうか。

微生畝は孔子の先輩で隠者だったという。当時、隠者はどこにでもいたそうだ。隠者らしく微生畝の言い方はどこかいやみたらしい感じがするが、孔子は淡々と、独りよがりの頑固者になりたくないのです、と答えている。さすがである。

ところで、この章でも、孔子のことを「**子**」ではなく「**孔子**」と表記している。これまでに何度も触れたように、「**孔子**」表記は、孔子の言葉を弟子が直接聞いて伝えたものではないということを表していると思われるが、述而篇の第三〇章などのように「**子曰**」と「**孔子曰**」が混在している例もある。『論語』は実に謎の多い書物だ、と私は思う。

この章の内容は単純なもので、取り立てて言うほどのことではない。孔子の人柄を知る資料として心に留めておくだけで十分ではないか。

三五　子曰、驥不稱其力、稱其徳也、

子曰わく、驥は其の力を称せず、其の徳を称す。

【現代語訳】

先生は次のように言われた。

「名馬が名馬であるのはその能力によるのでなくて、〔調教によって〕その徳（人間の指示通りに動くこと）によるものなのだ。」

【私の見解】

これは、孔子が、馬というものは調教が肝心だと言った話だと私は解釈する。

つまり、馬はどんなに走力があっても、暴れ馬であっては人間の役には立たず、人間の意のままにその力を発揮してこそ名馬と言えるのだと、孔子は言っているのだと思う。

「**驥不稱其力、稱其徳也**」は、人間にも当てはまる隠喩であろう。

人間は、「調教」というわけにはいかないが、「躾」によって人間としての基礎基本を身につけさせ、教育によって能力を引き出して磨きをかけ、学習によって諸能力を定着発展させる、その繰り返しによってひとかどの人間に成長していくものである。孔子は、そのことを言っているのだと思われる。心に留めておきたい言葉である。

余談だが、私が校長時代に、生徒への話の中で「躾」という言葉を使ったところ、わざわざ校長室へ抗議をしに来た国語の先生がいた。「躾」は人間を一つの型にはめ込むものであり非人道的だというのがその先生の言い分であった。

困ったものである。言葉にしても人間としての基本的な立ち居振る舞いにしても、あるいは喜怒哀楽といった人間としての基本的な感情にしても、すべて躾から始まって身に付いていくものだということが、その先生には分かっていなかったのだ。

このことは、ゲゼルの『狼に育てられた子』やイタールの『アヴェロンの野生児』を読むまでもなく、子育ての日常の中で誰でも実感できることである。ヒトとして生まれ人間に育つためには、躾、教育、学習は必須の要件なのだ。

ところで、宮崎正弘氏と河添恵子氏の共著『中国・中国人の品性』によると、中国には日本でいうところの「躾」という言葉がないのだそうだ。だとすれば、孔子の「**驥不稱其力、稱其徳也**」という言葉は、中国ではまったく省みられていないと言っても過言ではないだろう。

当該の部分を引用しておく。

宮崎　…中国人の個人旅行や団体客が夥しく来ているのを日本人が見て、みんな呆れるのは、子どもの躾がまったくなっていないということ。「なぜでしょうかね?」とよく聞かれるのですが、そもそも日本語の「躾」という意味での漢字が中国にはない。中国語にも「躾」とは古い昔の大きな辞書を見るとありますが、普通の中国人がその字を見ても、あれは体が美しくてもの凄くエロティックな想像しかしない（笑）。（18ページ）。

三六　或曰、以徳報怨、何如、子曰、何以報徳、以直報怨、以徳報徳、

或るひと曰わく、徳を以て怨みに報いば、何如。子曰わく、何を以てか徳に報いん。直きを以て怨みに報い、徳を以て徳に報ゆ。

※　金谷氏は読み下し文に関して、「徳を以て……――『老子』第六三章＝大小多少、怨みに報いるに徳を以てす。」と付記しておられる。

【現代語訳】

誰かが、

「憎たらしいやつには〔嫌みたらしく〕よくしてやったらどうでしょう。」

と言った。すると先生は、

「では、恩のある人には何をもって報いればいいですか。憎たらしい人にも正しい真っ直ぐな心で接し、恩になった人には恩徳でお返しをすればいいのです。」

と言われた。

【私の見解】

これは、徳の在り方あるいは本質について、孔子が言った言葉だと私は解釈する。

要するに孔子は、誰にでも広い心で接しなさいと言っているのだと私は思う。基本的にはこの通りであり、「**以直報怨、以徳報徳**」に私は何の異論もない。

だが、現実にはそうはいかないことが結構あることも押さえておかなければならない。

たとえば、ロシアが侵略するために、突然、隣国のウクライナに大軍で攻め込んだ。何の罪もないウクライナの国民をたくさん虐殺し、住居を破壊し、病院や学校などの公共施設を廃墟にし、あまつさえ原子力発電所を火力で襲撃するなどの蛮行を繰り返して、今なお侵攻中である。ウクライナの人々はロシアを心から怨んでいるに違いないが、さてこの場合、孔子の論法でいけばどうなるのであろうか。「正しい真っ直ぐな心で」と言われてもどうしようもない状況なのである。

ロシアのウクライナ侵略は異様な事例だとしても、現実の人間関係の中では、これに似たようなことが結構あるのであって、孔子流の理想主義では対応できないことがしばしば起こるのも否定できない事実なのだ。

『論語』には、このように綺麗な理想主義の話が結構多い。そのことを踏まえた上で、取捨選択して教訓とすべきは教訓とする読み方が必要だと私は思っている。

三七　子曰、莫我知也夫、子貢曰、何爲其莫知子也、子曰、不怨天、不尤人、下學而上達、知我者其天乎、

子曰わく、我れを知ること莫きかな。子貢曰わく、何為すれぞ其れ子を知ること莫からん。子曰わく、天を怨みず、人を尤めず、下学して上達す。我れを知る者は其れ天か。

【現代語訳】

先生が、

「私のことを知ってくれる人がいないねえ。」

と言われた。子貢は、

「どうして先生のことを知る者がいないのですか。」

と言った。先生は、

「天を怨みもせず、人をとがめず、身近なことから学んで高い智恵を身に付けた。私のことを知るのは天だけだろうね。」

と言われた。

※　金谷氏は訳文に関して、「天を怨む――運が悪いのは天のせいだとして、それを怨むこと。人をとがめもせず――次章を参照。身近なことを学んで……――『下、人事を学び、上、天命を知る。』という古注に従う。徂徠では『今のことを学んで古代のことに通ずる。』と付記しておられる。

【私の見解】

孔子には数千人の弟子がいたという。なのに、そのことに満足できず、「**莫我知也夫**」（我れを知ること莫きかな。）と嘆息している。やはり孔子は、どこの諸侯国からも仕官の口がかからないことを気に病んでいたのであろうか。

このようなことを言うと『論語』信奉者から袋だたきに遭うかもしれないが、「**不怨天、不尤人、下學而上達**」（天を怨みず、人を尤めず、下学して上達す）というのは、「誰にも認められなくてもいい、自分はこれだけのことをしてきたのだ。」という自慰めいた自己満足のように感じられるし、「**知我者其天乎**」（我れを知る者は其れ天か。）は格好付けの自己弁護のように聞こえる。孔子は、心理的に相当追い詰められていたように思われる。

それにしても、孔子は、この篇の第三二章で「**不患人之不己知、患己無能也**」（人の己を知らざることを患えず、己の能なきを患う。）と言っていたのに、自分のことになると「**莫我知也夫**」（我を知ること莫きかな。）と嘆息している。大いなる矛盾である。

『論語』は、この例のように、随所にこのような矛盾がある。決して論理的に一貫した思想の書ではないことが分かる。

この章がどうして『論語』に収録されているのか、私にはよく理解できない。「天」を信奉する孔子の思想を後世に伝えようとしたのだろうか？

三八　**公伯寮愬子路於季孫、子服景伯以告曰、夫子固有惑志於公伯寮也、吾力猶能肆諸市朝、**
子曰、道之將行也與、命也、道之將廢也與、命也、公伯寮其如命何、

公伯寮、子路を季孫に愬う。子服景伯以って告して曰わく、夫子固より公伯寮に惑える志し有り。吾が力猶能く諸れを市朝に肆さん。子曰わく、道の将に行なわれんとするや、命なり。道の将に廃せんとするや、命なり。公伯寮、其れ命を如何。

【現代語訳】

〔孔子の弟子の〕公伯寮が子路のことを〔家老の〕季孫に讒言した。〔魯の大夫の〕子服景伯が、

「あの方（季孫）はむろん公伯寮〔の言葉〕に惑わされておいでですが、私の力であいつを広場でさらし者にすることができます。」

と言った。先生は、

「道が行われるのも天命です。道が廃れるのも天命です。公伯寮ごときに天命をどうすることもできません。」

と言われた。

※　金谷氏は訳文に関して、「子服景伯――魯の大夫。子服氏、名は何。景はおくり名。伯はあざ名。　もちろん公伯寮めの……――『元来公伯寮に疑いを持っておられるから、』とする解釈もある。」と付記しておられる。

【私の見解】

さて、これは少し人間関係が分かりにくいが、私の解釈を交えて分かり易く書き換える

と、次のような話になる。

〈孔子の弟子の〉公伯寮が魯の国の家老の季孫に〈同じ孔子の弟子の〉子路の悪口を言った。〈魯の国の家老の〉子服景伯が、

「季孫どのは公伯寮の言にまどわされておられますが、私の力で公伯寮をさらし首にできます。」

と言った。先生は、

「この世はなるようになるものです。公伯寮ごときに天命を動かすことなどできはしません。」

と言われた。

どのようなシチュエーションで公伯寮が子路のことを季孫に讒言したのか、『論語』には何の説明もないので分からない。また、その讒言の中身もどんなことだったのか分からない、共に孔子の門弟でありながら、公伯寮はなぜ子路のことを家老に告げ口したのかも謎である、等々疑問は尽きないが、ここでは一応措くことにする。それにしても、子服景伯が公伯寮を「さらし首」にできると言っているのは穏やかでない。

孔子は、子服景伯の言葉を受けて、「**道之將行也與、命也、道之將廢也與**」（道の将に行なわれんとするや、命なり。道の将に廃せんとするや、命なり。）と答えている。私はこれを「この世はなるようになるものです。」と訳したが、大意に於いて間違いはないだろう。

普通ならば、公伯寮がなぜ同門の子路の悪口を魯の国の家老に言ったのかを確かめ、どうしてそのようなことを言ったのかもよく調べてから、孔子は自分の考えを述べるべきところだろうが、即座に「この世はなるようになるものです。」と応じて「**公伯寮其如命何**」（公伯寮、其れ命を如何。）と突き放したような言い方をしている。

孔子は、子路や公伯寮のことを誰よりもよく知っており、公伯寮がなぜ子路の悪口を言ったのか、どんな悪口を言ったのか、分かっていたのかも知れない。でなければ、このような返答はできなかったはずである。

と、まあ想像は膨らむばかりだが、真実は勿論分からない。

『論語』にはこのように訳の分からない話が結構ある。ただこの章の話のポイントは、「この世はなるようになるものです。公伯寮ごときに天命を動かすことなどできはしません。」というところにあり、『論語』にこの章が載っているのは、孔子の天命論の一端を伝える逸話としてこれを後世に遺すためであろうと思われる。

石平氏は、『論語』（儒学）と儒教は別物であり孔子は儒教とは関係ない、と著書『なぜ論語は「善」なのに儒教は「悪」なのか』に書いておられる。
　確かに儒教の現出を孔子は知らず、直接的な関わりがないという点ではその通りだが、儒教は儒学がなければ生じ得なかったのも否定しがたい事実ではないだろうか。『論語』に孔子の天命論は詳しく載っていないとはいえ、後の儒教が天命論を理論化する下地はやはり『論語』にあったと見るべきであろうと私は思う。

三九　子曰、賢者避世、其次避地、其次避色、其次避言、子曰、作者七人矣、

　子曰わく、賢者は世を避く。其の次ぎは地を避く。其の次ぎは色を避く。其の次ぎは言を避く。子曰わく、作す者七人。

※　金谷氏は読み下し文に関して、「避く——唐石経・通行本では『辟』。新注本では以下〔「子曰わく、作す者七人。」の部分：山内注〕を別章とする。」と付記しておられる。

【現代語訳】

先生は次のように言われた。

「賢い人は世を避ける。その次に土地を避ける。その次に〔主君の〕顔色を避ける。その次に〔主君の〕言葉を避ける。」

続けて先生は、

「〔これを〕行なった人は七人いる。」

と言われた。

※　金谷氏は訳文に関して、「この章には避退を善しとする道家思想の趣きがあり、それから考えると、『避色』『避言』は『美人から離れ』『ことばをやめる』ことかとも思える。　七人――だれをさすか異説が多く不明。微子篇第八章の逸民七人を当てるのは魏の王弼。」と付記しておられる。

【私の見解】

さて、これは、「君子危うきに近寄らず。」（『春秋公羊伝』が出典由来との説がある）と同趣旨のことを表現を変えて言ったものと解釈してよさそうだ。

つまり孔子は、賢い人というのは、まず乱れた俗世を避け、次に乱れた土地を避け、次に主君の顔色を見て危険を避け、次に主君の言葉を聞いて危険を避ける。」と言い、「この危険を避けた人物は七人いる。」と言っている。

この七人が、金谷氏の付記にもあるように、微子篇第八章で述べている伯夷・叔斉・虞仲・夷逸・朱張・柳下恵・少連のことだとすると、この七人はいわゆる逸民（世捨て人）であり、孔子は、これらの世捨て人を「**賢者**」と評価していたことになる。

これまで見てきたように、孔子は現実から遊離した空想的な理想主義者の傾向があり、自分自身が現実を避けて理念の世界に逃げ込んでいるようなところがある。それ故に、逸民の生き方を「**賢者**」の生き方として評価したとも考えられる。

識者の中には、孔子は究極のリアリストだと評する人もいるようだが、私に言わせればその真逆である。

『論語』にこの章が収録されているのは、「**子曰**」の言葉であるからだと思われる。儒学においては、現実からの逃避にどれほどの価値があるのだろうか。私には推察さえできない。

四〇　子路宿於石門、晨門曰、奚自、子路曰、自孔氏、曰、是知其不可而爲之者與、

子路、石門に宿る。晨門曰く、奚れよりぞ。子路曰わく、孔氏よりす。曰わく、是れ其の不可なることを知りて而もこれを為す者か。

【現代語訳】

子路が石門に宿をとった。門番が、

「どちらから。」

と言った。子路が、

「孔の家からです。」

と言うと、〔門番は、〕

「ああ、あのだめだと知りながらやっている男ですな。」

と言った。

※　金谷氏は訳文に関して、「門番——『晨門』の晨は朝の意味。朝に門をあける役目。石門は鄭注によると魯の町の外門で、郊外に出た子路が晩くなって帰れなくなったのである。」と付記しておられる。

【私の見解】

さて、これは、魯の石門に宿をとった子路に門番が「どこから来たのか。」と訊ねたので、「孔家からです。」と答えると、門番が、「ああ、あのだめだとわかっていながら思い切り悪くまだやっている者のところからかい。」と言ったという逸話である。

この門番がどれほどの者か、『論語』には何の説明もないので分からないが、少なくとも、当時、門番風情にさえ孔子は軽く見られていたことが窺える逸話である。

門番にそのように軽くあしらわれて、子路はどう思ったかは『論語』には何も書いてないが、きっと面白くなかったに違いない。

この、孔子の名誉を貶めるような楽しくない話が、なぜ『論語』に収録されているのか、私にはよく分からない。孔子の弟子の中で最年長者であった子路にまつわる逸話であるために載せざるを得なかったのだろうが、それにしても、何とも解せない。

『論語』には、このように訳の分からない話も載っている。一貫性のない、とりとめのない書物だと言われる所以なのであろう。

四一　子撃磬於衛、有荷蕢而過孔氏之門者、曰、有心哉撃磬乎、既而曰、鄙哉、硜硜乎、莫己知也、斯己而已矣、深則厲、浅則掲、子曰、果哉、末之難矣、

子、磬を衛に撃つ。蕢を荷ないて孔子の門を過ぐる者あり。曰わく、心あるかな、磬を撃つこと。既にして曰わく、鄙きかな。硜硜乎たり。己を知ること莫くんば、斯れ已まんのみ。深ければ厲し、浅ければ掲す。子曰わく、果なるかな。難きこと末きなり。

※　金谷氏は読み下し文に関して、「斯れ已まんのみ——新注での読み方。古注系では『斯れ己れのみ。』と読んで『ひとりぽっちだ。』と解する。」と付記しておられる。

【現代語訳】

先生は衛の都で磬をたたいておられた。もっこをかついで孔家の戸口を通り過ぎる者がいて、

「心を込めて磬をたたいているね。」

と言った。しばらくするとまた、

「品がないね。執念深い音だ。自分のことを認めてもらえなければ、すぐやめるだけのことだ。『深い川なら着物を脱いで、浅い川なら小褄をとって。』〔と『詩経』にもあるさ〕。」

と言った。先生は、

「思いきりがいいね。だが〔それは〕難しいことではないよ。」

と言われた。

※ 金谷氏は訳文に関して、「磬――『へ』の字型に曲がった石の打楽器。 深い川なら……――『詩経』邶風の詩の句。世間に分かってもらえないのに、むりをすることはない、世間しだいに身をまかせよ、ということ。」と付記しておられる。

【私の見解】

さて、これはとても分かりにくい話だ。

「磬」というのは、金谷氏の付記にあるように石の打楽器だそうだが、孔子がそれを叩いていると、通りすがりのもっこを担いだ者（これは隠者だという説もあれば、農民とか土木作業員といった説もあるが、よく分からない。相当教養のある者のようだ。）が「心を込めて磬をたたいているね。」と言った。通り過ぎるとその者は、「品がないね。執念深い音だ。自分のことを認めてもらえなければ、すぐやめるだけのことだ。『深い川なら着物を脱いで、浅い川なら小褄をとって。』と『詩経』にもあるさ。」と言った。孔子がそれを聞いて、「なるほど、悩むことはないな。」と言った、という奇妙な話である。

これは、第三七章や第三九章と通底する話と考えてよさそうだ。

つまり、「誰にも自分のことを分かってもらえない」という忸怩たる思いと、「気負うことはない。だめなら気楽に世捨て人になればいいのだ。」という避退の気持ちとが入り交じった孔子の心境を表している逸話だと解釈できるのではないか。

とにかく、奇妙な話だ。読み方によっては様々な解釈ができそうである。

このような話がどうして『論語』に載っているのか不思議だが、これも孔子が直接言った話ではなさそうである。

四二　子張曰、書云、高宗諒陰三年不言、何謂也、子曰、何必高宗、古之人皆然、君薨、百官總己以聽於冢宰三年、

子張曰わく、書に云う、高宗、諒陰三年言わずとは、何の謂いぞや。子曰わく、何ぞ必ずしも高宗のみならん。古えの人皆な然り。君薨ずれば、百官、己れを総て以て冢宰に聴くこと三年なり。

【現代語訳】

子張が、

「書経に『〔殷の〕高宗は喪に服して三年のあいだものを言わなかった。』とありますが、どういうことでしょうか。」

と言った。先生は、

「何も高宗に限らない。昔の人はみなそうだった。主君が薨去（こうきょ）されると、すべての官吏（かんり）は自分の職務をまとめて三年のあいだ首相の指図を仰（あお）いだものだ。」

と言われた。

【私の見解】

これは、『書経』にある言葉について、子張が孔子に質問し、孔子がそれに答えた話である。

「殷の高宗」は、殷朝の第22代王（紀元前１２５０年～紀元前１１９２年）で、言語障害があったという。彼は即位してから3年間は自ら政治に口を出さなかったと『書経』に記されていることを、子張が孔子に訊ねたところ、孔子は、古代の風習について説明し、「昔の人はみなそうだった。云々。」と言ったという逸話である。

取り立てて言うほどの話ではないように思われるが、孔子が生きた時代には、礼を踏まえる観点から大切な話だったのであろう。『論語』に収録されているのはそのためだと思われる。

まあ、古代中国の歴史に関心のある向きには大切な資料かも知れないが、今日的にはどうでもよい話だと、私は思う。

四三　子曰、上好禮、則民易使也、

子曰わく、上、礼を好めば、則ち民使い易し。

【現代語訳】

先生は、

「上の人が礼を好めば、人民は統治しやすい。」

と言われた。

【私の見解】

この場合、「上の人」とは権力者あるいは為政者のことであろう。「権力者（為政者）が礼を踏まえて事に当たれば、人民もそれに教化されて礼を弁えるようになり、統治がしやすくなる。」と孔子が言ったという話である。

これは、あくまでも「上から目線」の物言いであり、乱世における権力者と人民との関係を言ったもので、今日の民主主義の社会には直接当てはまらない。

「礼」を人間関係をスムーズに取り結ぶ潤滑油として考えれば、この話は、今日においても一脈通じるものがあるかもしれないが、まあ、一読すれば十分であろう。

四四　子路問君子、子曰、脩己以敬、曰如斯而已乎、曰脩己以安人、曰如斯而已乎、曰脩己以安百姓、脩己以安百姓、堯舜其猶病諸、

子路、君子を問う。子曰わく、己れを脩めて以て敬す。曰わく、斯くの如きのみか。曰わく、己れを脩めて以て人を安んず。曰わく、斯くの如きのみか。曰わく、己れを脩めて以て百姓を安んずるは、堯・舜も其れ猶お諸れを病めり。

【現代語訳】

子路が君子についてお訊ねした。先生は、

「自己修養に務め、慎み深くすることだ。」

と言われた。〔子路は重ねて〕、

「それだけでしょうか。」

と言った。〔先生は〕、

「自己修養をして人を安心させることだ。」

と言われた。〔子路はさらに、〕

「それだけでしょうか。」

と言った。〔先生は、〕

「自己修養をして万民を安心させるということは、堯や舜でさえも苦労されたのだ。」

と言われた。

【私の見解】

これは、子路が「ひとかどの人物になるにはどうしたらよいでしょうか。」と孔子に訊ね、孔子がそれに答えた話である。

孔子はまず、「よく修養に努めて慎み深くすることだ。」と言い、さらに、「修養して人のためにつくすことだ。」と言い、そして、「修養して万民のために尽くすことであり、それは堯や舜でさえも苦労されたことだ。」と言っている。

堯・舜はともに古代の伝説上の聖天子であり、孔子が堯・舜を理想の人物像としていたことが偲ばれる逸話である。

孔子の話は、いつでも基本的に政治家（公務員）として出世することが基軸となっており、この章の話も例外ではない。

従って、今日でもこの章の話がそのまま通用するかといえば、否であるが、「人のために尽くす」ということにしぼって言えば、どのような生き方をする場合でも心がけるべきことに変わりはない。その意味において、この章の話は、今日でも十分に教訓になり得ると思われる。

四五　原壌夷俟、子曰、幼而不孫弟、長而無述焉、老而不死、是爲賊、以杖叩其脛、

原壌、夷して俟つ。子曰わく、幼にして孫弟ならず、長じて述ぶること無く、老いて死せず。是れを賊と為す。杖を以て其の脛を叩つ。

【現代語訳】

〔先生の幼なじみの〕原壌がしゃがみ込んで待っていた。先生は、「幼い時にはへりくだらず、長じても何もよいことをせず、年老いても死にもしない。お前のような者こそが世の中のくずなのだ。」と言い、杖で原壌の脛を叩かれた。

【私の見解】

これは、孔子が、幼なじみの原壌という男に悪態をついて、持っていた杖でその男の脛を叩いた、というもので、異様な感じがする話である。

『論語』には何の説明もないので、何がどうなってこうなったのか分からない。金谷氏の解説によると、原壌は孔子の幼なじみで魯の人らしいが、「ろくでなし」とのことだ。

孔子の言う「ろくでなし」というのは、「**幼而不孫弟、長而無述焉、老而不死**」（幼にして孫弟ならず、長じて述ぶること無く、老いて死せず。）ということのようで、「**是爲賊**」（是れを賊と為す。）とまで罵って、挙げ句に杖でその男の脛を叩いたのである。

おそらく、原壌に対する孔子の心中は、幼いときから礼儀も知らず、大人になっても何ほどのこともせず、ただ無駄に年を取って生き恥をさらしている、お前のようなやつは世の中のくずだ、というほどの烈しい憤りだったのであろう。

それにしても、孔子のこの憤りは、異常という他はない。弟子たちから君子とも大夫とも崇められている人物とは思えない激しさであり、品のなさではないか。

『論語』にこの話が載っているのは、生き恥をさらしている人間は脛を杖で叩かれて当然とする考えが正当なものとして受け継がれていることを意味しているのだろうか。だとすれば、『論語』（儒学）は、今日的な価値観から大きくかけ離れていると言わなければならない。

世の中は、障害を持って生まれた人、何らかののっぴきならない事情で働きたくても働けない人、一時の間違いで罪を犯したが更生しようともがいている人、などなどを包み込んで成り立っている。もし、原壌の脛を杖で叩いた孔子の考えや行為が正当なものとして行き渡れば、世の中はとても生きづらいものになるに違いない。

この章の話は、孔子の烈しい品のない考えや行為を知る資料としては有効でも、決して倫理徳目にしてはならないものだ。

四六　闕黨童子將命矣、或問之曰、益者與、子曰、吾見其居於位也、見其與先生竝行也、非求益者也、欲速成者也、

闕党の童子、命を将なう。或るひとこれを問いて曰わく、益者か。子曰わく、吾れ其の位に居るを見る。其の先生と竝び行くを見る。益を求むる者に非ざるなり。速やかに成らんと欲する者なり。

【現代語訳】

闕という五百戸ほどの村の少年が、先生の言いつけで客の取り次ぎをしていた。ある人がその少年を見て、

「あの子は学問が身についていますか。」

と訊ねた。先生は、

「いや、あの子は遠慮もせずに成人が坐る席に坐っていましたし、先輩と肩を並べて歩いてもいました。学問の上達を求めているのではなく、ただ早く大人になりたがって背伸びをしているだけですよ。」

と答えられた。

【私の見解】

さて、これは、礼に関わるとはいえ、どうでもいいようなとりとめのない話である。こ

れがどうして『論語』に載っているのかよく分からないが、おそらく、「子曰」の話だから儒者たちは無視できなかったのであろう。

わが国には、『論語』といえば全てが倫理徳目のように思っている人が結構いるが、前にも何度か指摘したように、このようにつまらぬ話も結構含まれているのである。

論語　巻第七　終

論語　巻第八

衛靈公第十五

一　衛靈公問陳於孔子、孔子對曰、俎豆之事、則嘗聞之矣、軍旅之事、未之學也、明日遂行、

衛の霊公、陳を孔子に問う。孔子対えて曰わく、俎豆の事は則ち嘗てこれを聞けり。軍旅の事は未だこれを学ばざるなり。明日遂いに行る。

【現代語訳】

衛の霊公が孔子に戦陣について訊ねられた。孔子は、

「お供えの器のことなら前から聞いておりますが、軍隊の使い方についてはまだ学んでおりません。」

と答えられた。〔孔子は〕その翌日に〔衛の国を〕出立された。

※　金谷氏は訳文に関して、「お供えの器――『俎』はひら台、『豆』はたかつき。ともに祭の供物を盛る器。祭儀一般をさす。　霊公の好戦をにくんだ。」と付記しておられる。

【私の見解】

さて、これは、衛の国の霊公が孔子に戦争の仕方について訊ねたところ、戦争をしたがる霊公のことを嫌っていた孔子は、「祭りの仕方なら以前からよく聞いていますが、戦争の仕方のことはまだ学んでいません。」と答えて、そそくさと衛の国を去って行ったという逸話である。

孔子の人柄を端的に表している逸話であり、これが『論語』に載っているのは当然であろう。

孔子のことを「子」ではなく「孔子」と表記しているところを見ると、弟子が遺した言葉ではないものと思われる。

ところで、霊公は、小さな衛の国の君主であり、大国の晋から自国を守らなければならないという使命があった。そのため戦陣のことを孔子に訊ねたのであろう。乱世の君主としては、当然のことだったと思われるが、戦争を嫌う孔子はそれが面白くなかったようだ。現実逃避の理想主義者の面目躍如といったところであろうか。

二　在陳絶糧、従者病莫能興、子路慍見曰、君子亦有窮乎、子曰、君子固窮、小人窮斯濫矣、

陳に在して糧を絶つ。従者病みて能く興つこと莫し。子路慍って見えて曰わく、君子も亦た窮すること有るか。子曰わく、君子固より窮す。小人窮すれば斯に濫る。

【現代語訳】

陳の国で食糧がなくなり、お供の人々はすっかり弱り果てて起き上がることもできなかった。子路が腹をたてて孔子に面と向かって、

「君子でも困窮することがありますか。」

と言った。先生は、

「君子ももちろん困窮する、だが小人は困窮すると取り乱すのだ。」

と言われた。

※　金谷氏は訳文に関して、「孔子六十四歳のときといわれる。先進篇第二章注参照。君子は当然いい生活をすべきなのに、というこころ。」などと付記しておられる。

【私の見解】

さて、これは、魯の国の高官をしていた孔子が、権力争いに巻きこまれて魯を出奔し、中原を弟子たちとともに放浪していた時の話のようである。

私は、次のように脚色してこの話を脳裏に描いてみたい。

孔子一行は、陳の国では食糧もなくなって皆疲れ果てていた。勇士で気短の子路が腹を立てて孔子に、

「君子でもこんな苦しい目に遭うのですか。」

とかみついた。子路には“君子（この場合は孔子のこと）ならこんなひどい目には遭わないはずではないか。”という気持ちがあったのであろう。

子路の剣幕に孔子は悠然と構え、

「君子だって当然困窮するよ。だが、小人と違うのは、困窮しても取り乱さないところだ。」

と答えた。師にこのように言われて、おそらく子路は、わが身の短慮を大いに恥じたことであろう。

その時の情景が目に浮かぶようである。

この話は、修養を積むことの本質を衝いており、今日の私たちも貴重な教訓として心に留めておく必要があると思われるが、孔子の言葉は理念的に過ぎていて、現実感に欠ける

きらいがあることは否めない。

ところで、何度か述べたことだが、「君子」とか「小人」といった具合に人間をパターン化して表現する孔子の手法は、やはり私には強い抵抗感がある。

三　**子曰、賜也、女以予爲多學而識之者與、對曰然、非與、曰、非也、予一以貫之、**

子曰わく、賜や、女予れを以て多く学びてこれを識る者と為すか。対えて曰わく、然り、非なるか。曰わく、非なり。予れは一以てこれを貫く。

【現代語訳】

先生が、

「賜よ、そなたは、私が多くのことを学んでそれを皆身につけていると思っているかい。」

と言われた。子貢は、

「はい、そう思っています。違いますか。」

と答えた。先生は、

「違うなあ。私はただ一つのことを貫いているのだよ。」

と言われた。

【私の見解】

少し分かりにくいが、これは孔子が弟子の子貢に自分の学びというのは「一以貫之」（一以てこれを貫く。）だと言ったという話である。

孔子は、学びとは知識を増やすことではなく、人間としての正しい道を身につけることだ、と言いたかったのであろう。なるほど、人としての道義を窮めようと日々努めている理想主義者の孔子らしい言葉である。

しかし、この言葉も理念的に過ぎていて、現実離れしているように私は思う。生身の人間が学ぶのは、生きて行くための実利を求める側面もあり、そのための博学多識は誰しも求めるはずのものではないだろうか。

金谷治氏は、ご著書『孔子』の中で、次のように書いておられる。

> 孔子のことばはおおむね現実的で日常的であるが、仁を説くとか孝を説くとかいったもののほかに、とくに一般的な日常生活にかかわる処世上の発言が少なくない。（240ページ。傍点は山内がつけた）。

しかし、私は、『論語』を読めば読むほど、孔子の言葉は現実から遊離した理念論が多いように思われて仕方がない。私が素人故の誤読なのだろうか。

四　子曰、由、知徳者鮮矣、

子曰わく、由よ、徳を知る者は鮮し。

【現代語訳】

先生は次のように言われた。

「由よ、徳のことが本当に分かっている人は少ないね。」

※　金谷氏は訳文に関して、「由——子路の名。」と付記しておられる。

【私の見解】

さて、これは、孔子が孔門の高弟である子路に「徳のことが分かっている人はすくないね。」と言ったという単純明快な話である。話は単純明快だが、中身は濃い。

孔子の嘆き節のように聞こえるし、弟子への叱咤激励のようにも聞こえるが、徳を窮めようと日々努めている孔子ならではの心からの言葉だったのだろう。

私の父は明治26年生まれで、小学校もろくに出ていない人だったが、『論語』は読んでいたようで、「人に好かれる徳のある人間になれ。」とよく言っていた。普段は物静かで、酒を飲むと乱れることもあったが妙に人に好かれていた。父には人に好かれる徳が備わっていたのかも知れない。私は、父が亡くなった80歳に近づいたが、「徳のある人間」にはとてもとてもなれそうにない。

五　子曰、無爲而治者、其舜也與、夫何爲哉、恭己正南面而已矣、

子曰わく、無為にして治まる者は其れ舜なるか。夫れ何をか為さんや。己れを恭しくして正しく南面するのみ。

【現代語訳】

先生は次のように言われた。

「何もせずにうまく治めることができた人は舜だろうね。舜は一体、何をされたのだろうか。ただ恭しい態度できちんと君主の勤めを果たされただけだ。」

※　金谷氏は訳文に関して、「ま南に向いて……――天子や諸侯が政治をとる位置は『南面』であった。」と付記して

おられる。

【私の見解】

さて、これは、孔子が伝説上の聖天子である舜のことを最大限に称えた話である。

取り立てて何をしたという訳でもないのに、舜はうまく国を治めることができた。ただ恭しい態度で政治をしただけなのだ、と孔子は尊敬を込めて言っている。舜は、孔子が描く君主の理想像だったことが窺える。

『論語』にこれが載っているのは、孔子の求める政治の在り方を後世に語り継ぐためであろうと思われる。

今日の政治は、総理大臣（あるいは大統領）がただ恭しく総理官邸（あるいは大統領公邸）にいるだけでうまく行なえるほど単純ではない。孔子が称える舜の話は、もはや参考にもならないのではないか。

六　子張問行、子曰、言忠信、行篤敬、雖蠻貊之邦行矣、言不忠信、行不篤敬、雖州里行乎哉、立則見其參於前也、在輿則見其倚於衡也、夫然後行也、子張書諸紳、

子張、行なわれんことを問う。子曰わく、言忠信、行篤敬なれば、蛮貊の邦と雖も行なわれん。言忠信ならず、行篤敬ならざれば、州里と雖も行なわれんや。立ちては則ち其の前に参するを見、輿に在りては則ち其の衡に倚るを見る。夫れ然る後に行なわれん。子張、諸れを紳に書す。

【現代語訳】

子張が、

「どうすれば自分の思いが社会に受け入れられて実現されるでしょうか。」

とお訊ねした。先生は、

「そなたの言葉に忠信（まごころ）があり、行ないが篤敬（ねんごろ）であれば、野蛮な国に於いてもそなたの思い通りのことが行なわれるであろう。もしそうでなければ、自分の郷里に於いても何一つ行なわれることはないだろう。忠信篤敬の四文字が、立っているときには目の前に浮かび、車に乗っているときには車の前の横木にぶら下がっているように見えるようであってはじめて、自分の思いが社会に受け入れられ実現するのだ。」

と言われた。子張はその言葉を忘れないように広帯の端に書き付けた。

【私の見解】

さて、これを簡略に表現すれば、

子張が孔子に「自分の考えていることが社会に受け入れられるようになるにはどうすればよいでしょうか。」と訊ねたのに対して、孔子は、「そなたの言葉に忠信があり、行ないに篤敬があれば受け入れられるだろう。そのことを片時もわすれるなよ。」と諭(さと)した。

という話だと言えようか。

子張は、孔子の言葉を忘れないように自分が締(し)めている帯の端に書き付けたというから、あっぱれだ。子張の孔子への信頼の厚さが偲(しの)ばれる。師弟の関係はこうありたいものだ。私は40年余りを教育の仕事に携わってきたが、残念ながら生徒たちに信頼されたという実感があまりない。徳のなさを恥じ入るばかりである。

「忠信篤敬」の四文字は、今日の私たちにとってもそのまま通用する教訓であると思われるが、『論語』の本家本元の中国の言動がその真逆(まぎゃく)に見えるのはどうしたことだろう。嘘(うそ)・欺瞞(ぎまん)・騙(だま)しを顔色一つ変えずに行なっているところを見ると、彼らは、自分たちの言動こそが忠信篤敬なのだと思っているのかも知れない。

七　子曰、直哉史魚、邦有道如矢、邦無道如矢、君子哉蘧伯玉、邦有道則仕、邦無道則可巻

而懷之、

子曰わく、直なるかな史魚。邦に道あるにも矢の如く、邦に道なきにも矢の如し。君子なるかな蘧伯玉。邦に道あれば則ち仕え、邦に道なければ則ち巻きてこれを懐にすべし。

※　金谷氏は読み下し文に関して、「巻きて懐にす――後藤点では『巻めて懐す。』と付記しておられる。

【現代語訳】

先生は次のように言われた。

「真っ直ぐだな、（衛の大夫の）史魚は。国に道理ある政治が行なわれているときも矢のようだし、そうでないときも矢のようだ。君子だな、（衛の大夫の）蘧伯玉は。国に道理ある政治が行なわれているときには仕官をし、そうでないときには才能を隠すことができる。」

※　金谷氏は訳文に関して、「史魚――衛の大夫。史鰌。子魚はあざ名。蘧伯玉――史魚に推薦された衛の大夫。憲問篇第二六章参照。」などと付記しておられる。

【私の見解】

さて、これは、孔子が衛の国の大夫である史魚と同じく衛の国の大夫である蘧伯玉を比較して論評している話である。

孔子は、史魚の場合は、国が道義に満ちて平和なときもそうでないときも矢のように真っ直ぐだと言っているが、行間(ぎょうかん)には「もっと臨機応変(りんきおうへん)に対応できないものか。」という気持ちが滲(にじ)み出ている。それに対して蘧伯玉の場合は、国が道義に満ちて平和なときには自分の才能を発揮するがそうでないときには才能を見せないという臨機応変(りんきおうへん)な対応力を褒(ほ)めて、君子だと持ち上げている。孔子が善しとする政治家像がよく表れていると言えよう。

孔子のこの考えは、乱世を生きる政治家の智恵としては有効かもしれないが、現在に通用する教訓とは言えないと私は思う。

つまり、「**邦有道則仕、邦無道則可巻而懐之**」（邦(くに)に道(みち)あれば則(すなわ)ち仕(つか)え、邦(くに)に道(みち)なければ則(すなわ)ち巻(ま)きてこれを懐(ふところ)にすべし。）の蘧伯玉を君子と評価している孔子の考えは、一種の現実逃避(げんじつとうひ)の姑息(こそく)な処世術(しょせいじゅつ)であり、本物の政治家であれば、国に道義が欠けているときこそ本領を発揮して道義ある政治を取り戻すために尽力(じんりょく)すべきである。肝心なときに才能を引っ込めたのではものの役に立たないではないか。

たとえば、今、ロシアはプーチン大統領の狂気によってウクライナを侵略し、夥(おびただ)しい数の無辜のウクライナ国民を虐殺している。プーチンの側近たちは、誰一人としてプーチンに諫言しないのだそうだが、孔子流に言えば、この側近たちは君子ということになってしまう。孔子はやはり、乱世の現実から逃げている理念の人だったのだ、と私は思う。『論語』にこの章が載っているのは、「**子曰**」の言葉だからだと思われるが、儒学の底が知れるというものである。

中国が昔も今も人の道に悖る国であり続けているのは、孔子の思想が生きている証左と言ってよいのかも知れない。

八　子曰、可與言而不與之言、失人、不可與言而與之言、失言、知者不失人、亦不失言、

子曰わく、与に言うべくしてこれと言わざれば、人を失う。与に言うべからずしてこれと言えば、言を失う。知者は人を失わず、亦た言を失わず。

【現代語訳】

先生は次のように言われた。

「ともに話し合うべきなのに話し合わないと、人を失う。話し合うべきでないのに話し合うと、言葉を失う。智の人は人を失わないし、言葉を失うこともない。」

【私の見解】

孔子は、「話し合うべき人と話し合わないと、その人を失う。」と言っている。それはそうかも知れないが、問題は、どの人が話しあうべき人なのかを見極めるのが難しいのだ。また、「話し合うべきでない人と話し合うと、言葉を失う。」と言っているが、これも、どの人が話し合うべきでない人かを見極めるのが大変なのである。

孔子は、どのようにして人を見極めるかについては何も語っていない。肝心なことを何も語らずして、「智者（つまり賢い人ということか）は人を失うこともないし言葉を失うこともない。」と言っている。この場合、「智者」とは「人を見極める人」ということになるが、これでは、話が堂々巡りに陥ってしまう。

孔子は、「智者になれ。」と言う。しかし、私のような菲才な凡人は、理念的には分かった気になったとしても、実質的には何の指針にもならない。

『論語』には、このように、中身がよく分からないのに「凄いことが書いてある。」と思わせるような話がけっこう多い。『論語』の評価が読む人の取りようで解釈がさまざまになるのは、この辺りにも原因の一端があるのかも知れない。

九　子曰、志士仁人、無求生以害仁、有殺身以成仁、

子曰わく、志士仁人は、生を求めて以て仁を害すること無し。身を殺して以て仁を成すこと有り。

【現代語訳】

先生は次のように言われた。

「志士や仁の人は、命を惜しんで仁徳を害するようなことはない。時には身を捨ててでも仁徳を成しとげることがある。」

【私の見解】

この篇の第七章で孔子は、「**君子哉蘧伯玉、邦有道則仕、邦無道則可巻而懐之**」（君子なるかな蘧伯玉。邦に道あれば則ち仕え、邦に道なければ則ち巻きてこれを懐にすべし。）と述べていた。今度は、「**志士仁人、無求生以害仁、有殺身以成仁**」（志士仁人は、生を求めて以て仁を害すること無し。身を殺して以て仁を成すこと有り。）と言う。

「**志士仁人**」は「命懸けで仁徳を成し遂げる人」とのことだが、国家に道義が行われず世が乱れているときに、それを正そうと尽力するのも「仁徳を成し遂げる」行為だと思われる。そうだとすれば、「**君子哉蘧伯玉、邦有道則仕、邦無道則可巻而懐之**」と「**志士仁人、無求生以害仁、有殺身以成仁**」は、なんだか矛盾しているように思われる。

「志士仁人」が「君子」とは別の概念だということであれば、右のような矛盾は生じないだろうが、そうなると、「志士仁人」と「君子」はどう違うのであろう。

ここでは一応「君子」は「臨機応変に対応できる人」であり、「志士仁人」は「命懸けで仁徳を成し遂げる人」のことだと理解しておく他はないが、字面を眺めているとやはり孔子の言葉は矛盾しているとの思いが強くなって、私の思考は一歩も前に進めなくなってしまう。

『論語』には、このように相矛盾する言葉が結構あるように思われる。『論語』だからといって無批判に通り過ぎることのないように、心したいものである。

一〇　子貢問爲仁、子曰、工欲善其事、必先利其器、居是邦也、事其大夫之賢者、友其士之仁者也、

子貢、仁を為さんことを問う。子曰わく、工、其のことを善くせんと欲すれば、必ず先ず其の器を利くす。是の邦に居りては、其の大夫の賢者に事え、其の士の仁者を友とす。

【現代語訳】

子貢が仁徳の修め方についてお訊ねした。先生は、

「職人が自分の仕事をうまくやろうとすれば、必ず自分の道具を研ぐ。この国に居るならこの国の優れた家老にお仕えし、徳のある士人を友だちにすることだ。」

と言われた。

【私の見解】

これは、子貢が仁徳の修め方を訊ねたことに対して孔子が答えた話である。

孔子は、「仁徳を治めるためには、職人が自分の道具を研ぐように、自分を磨くことが肝心だ。」と答えている。どのようにして自分を磨くのかについて、孔子は、「国の優れた家老にお仕えして、仁徳のある士人と友だちになることだ。」と言っている。

仁徳は、何も政治に絡めなければ身に付かないものでもあるまいに、孔子は、政治に絡めて仁徳の修め方を説いている。彼の念頭には、やはり政治のことが真っ先に浮かんでいることが分かる。

あとで見るように、孔子には「女子と小人は養い難し。」という言葉がある。男子、それも政治に関わる男子の修養のことが孔子の主な思考対象だったようである。『論語』（儒学）とは、だから、政治に関わる男子の心得を説いたものと言ってもよいのかも知れない。

「職人が自分の道具を研ぐように自分を磨け。」というのは今日でも通用する教訓だとし

ても、自分を磨く手段を政治に絡めて説くこの章の話は、今日の一般的な教訓にはならないと私は思う。

一一　顔淵問爲邦、子曰、行夏之時、乗殷之輅、服周之冕、樂則韶舞、放鄭聲、遠佞人、鄭聲淫、佞人殆、

顔淵、邦を治めんことを問う。子曰わく、夏の時を行い、殷の輅に乗り、周の冕を服し、楽は則ち韶舞し、鄭声を放ちて佞人を遠ざけよ。鄭声は淫に、佞人は殆うし。

【現代語訳】

顔淵が、国の治めかたについてお訊ねした。先生は次のように言われた。

「夏の暦を使い、殷の輅に乗り、周の冕の冠をかぶるのだ。音楽は韶の舞いがいい。鄭の音楽を禁じて口上手な者を遠ざけよ。鄭の音楽は淫らだし、口の上手な者は危険だ。」

※金谷氏は訳文に関して、「夏の暦――季節の春を歳の初めとしていて、農事に便利であったとされる。殷の輅の車――木でできていて質素堅牢であった。州の冕の冠――上に板がついて前後にふさのたれた冠。儀礼用として立派である。」と付記しておられる。

【私の見解】

さて、これも政治に関わる話である。

顔淵（顔回）が政治の仕方を孔子に訊ねたところ、孔子は、「夏の暦を使い、殷の輅に乗り、周の冕の冠をかぶる。」と言っているが、これは、伝説の王朝である夏とその夏を受け継いだ殷、さらに夏と殷の文化を受け継いだ周を、孔子が理想の国と考えていたからだと思われる。

次に孔子は、「**樂則韶舞**」（楽は則ち韶舞し）と言っているが、これは、舜の時代の韶の舞いのことで、孔子は伝説の聖天子・舜に憧れを抱いていたことが分かる。

さらに、「**放鄭聲、遠佞人**」（鄭声を放ちて佞人を遠ざけよ。）と言い、「**鄭聲淫、佞人殆**」（鄭声は淫に、佞人は殆うし。）と言っている。鄭は周の宣王の同母弟（桓公）が鄭に封じられたことによって始まった小国でありながら周に楯突いた歴史があり、孔子は鄭を快く思っていなかったのかも知れない。口の巧い人間を孔子が嫌っていたのは、これまで何度も見てきたとおりである。

孔子が語る政治のあり方は、畢竟、自分の理想とする過去の政治を受け継ぐことであり、その基本思想は、既に指摘したように、懐古的な保守主義だったと言って良いだろう。『論語』（儒学）を貫く政治論は、したがって、極論すれば「昔に還れ」というものだと言ってよいのではないかと、私は思う。

一二　子曰、人而無遠慮、必有近憂、

子曰わく、人にして遠き慮り無ければ、必ず近き憂い有り。

【現代語訳】

先生は次のように言われた。

「人は先々のことまで配慮しないと、必ずや身近なところで心配ごとが起こる。」

※　金谷氏は訳文に関して、「遠くまでの——さきざきのことや、また縁遠く思えるようなこと。」と付記しておられる。私が「先々のことまで」と訳した部分を、金谷氏は「遠くまでの」と訳しておられる。

【私の見解】

さて、要するに孔子は、先々のことをよく考えて行動せよと言ったのだ。

これは、孔子でなくても、人生経験のある大人であれば誰でも言えることであろう。常々の心得にしたい言葉である。

一三　**子曰、已矣乎、吾未見好徳如好色者也、**

子曰わく、已んぬるかな。吾れ未だ徳を好むこと色を好むが如くする者を見ざるなり。

【現代語訳】

先生は次のように言われた。

「困ったことだなあ。私は色事を好むように徳を好む人を見たことがない。」

【私の見解】

「**已矣乎**」（已んぬるかな。）を、金谷氏は「おしまいだなあ。」と訳しておられる。文字通りの意味としてはそうに違いないのだが、肌感覚としては、「困ったことだなあ。」というほどの意味であろう。孔子は、男性が女性の色香に弱いことを歎息しているのだと私は思う。

ここでも孔子は、男性のことしか念頭に置いていないようだが、色香に気を付けなければならないのは、何も男性に限ったことではない。女性についても言えることである。

性欲は、生き物が生命を繋ぐために不可欠のものであり、人間の欲望のなかでも最も本源的なものだ。一方、人間として求められる「徳」は、社会生活をするための理性に関わる領域のことがらであり、本源的な性欲には敵わない。孔子は、この自明の哲理を「**已**

矣乎」と表現したのだ。

ただ、人間とは哀しいまでに社会的な生き物で、本源的な欲望を理性で抑えなければならないことが必要になってくる。「徳」が求められる所以でもある。孔子の言う「**吾未見好徳如好色者也**」(吾れ未だ徳を好むこと色を好むが如くする者を見ざるなり。)は、このことを衝いた戒めでもあると私は思う。

前にも触れたが、わが国には「下半身に人格はない。」という戯れ言的な格言がある。これは、どんなに徳を積んだ立派な人格者でも、性行為の時には野性に返ることを言ったものであろう。いわば庶民の「**吾未見好徳如好色者也**」版とでも言えるものであろうが、ひねりを込めた自戒の言葉でもあると言えよう。

ところで、孔子は、『論語』の中で色欲に関する自戒の言葉を、後で見る季氏第十六の第七章でも「**孔子曰、君子有三戒、少之時、血気未定、戒之在色、及其壯也、血氣方剛、戒之在鬭、及其老也、血氣既衰、戒之在得、**」と述べている。

ともかく、性欲は人間存在の根源に関わるものであるゆえに厄介である。これらの章は、孔子も性欲に苦労したことが窺える逸話であると言えるだろう。

一四　子曰、臧文仲其竊位者與、知柳下恵之賢、而不與立也、

子曰わく、臧文仲は其れ位を盗める者か。柳下恵の賢を知りて与に立たず。

【現代語訳】

先生は次のように言われた。「臧文仲は位を盗んだ人だろう。柳下恵が賢人であると知りながら、いっしょに朝廷に立とうとはしなかった。」

※　金谷氏は訳文に関して、「臧文仲――魯の大夫。公冶長篇第一八参照。　柳下恵――魯の賢大夫。姓は展、名は獲、あざ名は子禽。恵はおくり名。柳下の地にいたのでこうよぶ。『孟子』万章下篇に『聖人の和なる者』と評する。微子篇第二章参照。」などと付記しておられる。

【私の見解】

さて、臧文仲は、孔子が生まれるよりも70年ほど前に没した魯の国の大夫だ。関所を廃止して通商の便をよくした智者として知られているが、孔子は彼を酷評して「**臧文仲其竊位者與**」（臧文仲は其れ位を盗める者か。）と言っている。つまり、「ニセ智者」と言っているのだ。柳下恵も、魯の国の大夫で道徳に優れている賢者であり、智計によって斉の攻

撃を退けたことで知られているが、孔子は、「**知柳下恵之賢、而不與立也**」（柳下恵の賢を知りて与に立たず。）と臧文仲を非難している。

孔子が何故このように臧文仲を酷評するのか、『論語』には何の説明もないので私には分からないが、おそらく、柳下恵が優れていることを知りながら共に朝廷にお仕えすることをしなかった臧文仲を姑息な輩だと思っていたのであろう。

この逸話が『論語』に載っているということは、儒学的には重いものなのであろうが、今日的にはもはや大した話ではないように思われる。

一五　子曰、躬自厚、而薄責於人、則遠怨矣、

子曰わく、躬自ら厚くして、薄く人を責むれば、則ち怨みに遠ざかる。

【現代語訳】

先生は次のように言われた。

「自分には厳しく、他人にはがみがみ言わなければ、怨まれることは少ない。」

【私の見解】

孔子は要するに、「自分に厳しく、他人にやさしくすれば、怨まれることはない。」と言っているのだ。今日でも心しておきたい言葉である。

これは、孔子でなくても、良識的な人であれば誰でも思うことだが、実行はなかなか難しいことである。

幸い、わが国では「和」を大切にする気風があって、どちらかと言えば自省的な国民性であるため、「**躬自厚、而薄責於人、則遠怨矣**」は多分に無意識のうちに実行しているように思われるが、『論語』の本家本元の中国は、「**躬自厚、而薄責於人、則遠怨矣**」の逆を行っているように見える。孔子の時代から中国はそのような国だったのであり、それ故に孔子はわざわざ「**躬自厚、而薄責於人、則遠怨矣**」と言わざるを得なかったのであろう。

一六　**子曰、不曰如之何如之何者、吾末如之何也已矣、**

子曰わく、如之何、如之何と曰わざる者は、吾れ如之何ともすること末きのみ。

【現代語訳】

先生は次のように言われた。

「『どうしようか、どうしようか。』と言わない者は、私もお手上げだ。」

【私の見解】

イギリスの諺に「馬を水の所まで連れて行くことはできても、水を欲しがらない馬に水を飲ますことはできない。」という言葉があるが、孔子が言っているのは、このことであろう。学習主体に問題意識がなければ、何事も成し得ないし、教師も手の施しようがない。

これは、教育という営みの基本を見事に言い当てているが、現実には、問題意識を持たぬ生徒にも、問題意識を持たせるように指導するのも教師の大切な役割である。孔子ほどの人であるから、そのことは十分に分かった上で、弟子たちを鼓舞するためにこのように言ったのだと思われる。

実は、子どもにとっての最初の教師は、親、とりわけ母親だとよく言われる。母親は、母性本能として子ども（乳飲み子や幼児）に働きかけ、子どもが主体的に行動するように仕向ける。授乳にしてもおもちゃ遊びにしても、初めは皆、母親が子どもに働きかけて成立しているのだ。教師というのは、まさに母親のこの理屈抜きの気配りを具え、生徒に働きかけなければならないものなのである。

もし、「乳飲み子が何もしようとしないから私はお手上げだ。」と母親が何もしなかったらどうだろう。子どもは、それこそ何もできず死んでしまうかも知れない。同様に、「生徒に問題意識がないから私は手の施しようがない。」と言っていたのでは、教師の役割は果たせないし生徒の発達もおぼつかなくなる。

孔子に「不曰如之何如之何者、吾未如之何也已矣」と言われた弟子たちは、発奮したことであろう。孔子も、弟子たちを発奮させるために心を砕いたものと思われる。

一七　子曰、羣居終日、言不及義、好行小慧、難矣哉、

子曰わく、群居して終日、言、義に及ばず、好んで小恵を行なう。難いかな。

【現代語訳】

先生は次のように言われた。

「たくさん集まって日が暮れるまで話しあっているが、そなたたちは肝心な道義のことは話さず、つまらぬことを得意がって話している。そんなことでは見込みがないな。」

【私の見解】

これは、おそらく弟子たちが集まっていろいろと話しあっているのを、孔子が皮肉ったものだと思われる。孔子は、直接的に「道義のことを話しあえ。」とは言わず、このように間接的に皮肉めいて言うことが結構あったようだ。隠喩や換喩を交えて辛辣に言うこともあったことは、『論語』を通読すればよく分かる。

この章は、孔子の、弟子を指導する手法の一端を知る上で有効だが、それ以上でもそれ以下でもないと私は思う。

一八　子曰、君子義以爲質、禮以行之、孫以出之、信以成之、君子哉、

子曰わく、君子、義以て質と為し、礼以てこれを行ない、孫以てこれを出だし、信以てこれを成す。君子なるかな。

※　金谷氏は読み下し文に関して、「〔冒頭の：山内注〕君子――『経典釈文』のテクストには二字がなかったようで、それがよい。」と付記しておられる。

【現代語訳】

先生は次のように言われた。

「君子は、正義を根本とし、礼に基づいて実行し、へりくだって言葉で表現し、誠実にまとめ上げる。それでこそ君子だねえ。」

【私の見解】

これは、孔子が君子の振る舞いについて述べたものだ。金谷氏の付記にあるように、確

かに初めの「君子」はない方が文章としてすっきりする。

孔子は、君子というものは、まず正義を本質にして、礼儀を弁えた行動をし、謙遜ぎみに発言して、誠実に物事を成す、そうしてこそ本物の君子だと言っている。孔子の「君子像」がどんなものかを端的に表していると言えようか。孔子が理想とする人間像を窺い知ることができる。

これが『論語』に収録されたのは、君子像についての孔子の言葉であるため当然であろうが、私は、どうも「君子」とか「小人」といった言葉には馴染めない。

これまで何度も触れたが、このように人間をパターン化する表現にはとても違和感（抵抗感）を覚えるのだ。

幸い、わが国では「君子」とか「小人」といった言葉が一般的に使われることはないので、喜ばしい限りである。

一九　**子曰、君子病無能焉、不病人之不己知也、**

子曰わく、君子は能無きことを病う。人の己れを知らざることを病えず。

【現代語訳】

先生は次のように言われた。
「君子は、〔自分に〕才能のないことを気に懸けるが、人が自分の事を認めてくれないことは気に懸けない。」

【私の見解】

孔子は、これと同趣旨のことを次の三箇所で述べていた。

学而第一第一六章

子曰、不患人之不己知、患己不知人也、

(子曰わく、人の己れを知らざることを患えず、人を知らざることを患う。)

里仁第四第一四章

子曰、不患無位、患所以立、不患莫己知、求爲可知也、

(子曰わく、位なきことを患えず、立つ所以を患う。己れを知ること莫きを患えず、知らるべきことを為すを求む。)

憲問第十四第三二章

子曰、不患人之不己知、患己無能也、

(子曰わく、人の己れを知らざることを患えず、己れの能なきを患う。)

すでに【私の見解】はそこで述べているので、ここではこれ以上のことは省略する。

二〇　子曰、君子疾没世而名不稱焉、

子曰わく、君子は世を没えて名の称せられざることを疾む。

【現代語訳】

先生は次のように言われた。

「君子は、死後に名を残さないのを気に懸けるものだ。」

※　金谷氏は訳文に関して、「今の名声のために気を配るのはよくないが、いつかは真価を認められるように自分をみがく。」と付記しておられる。

ちなみに、金谷氏の訳は、次のようになっている。

先生がいわれた、「君子は生涯を終わってから〔自分の〕名まえのとなえられないことを悩みとする。」

【私の見解】

金谷氏の付記を考慮してこの章を読み解くと、君子は生きているときには名声を求めないが、死後に名を残すことは気に懸けている、と孔子は言っているのだと解釈できる。

この解釈が正しいとすれば、孔子も大したことは言っていないと私は思う。なぜなら、「君子」は、生きているときには名声を求めないのに、死後の名声を気にするのはなぜなのかが分からないし、なぜ死後の名声を気にするのが「君子」なのかも分からないからだ。

要するにこれは、孔子が自分流に作り上げた君子像に過ぎないのであって、囚われることはないと私は思う。どのように生きるかは人それぞれであっていいと私は思うのだ。

これが『論語』に載っているのは、孔子の「君子像」であり儒学の人間像であるからだと思われるが、私はこれを教訓にはしたくない気持ちである。

余談だが、わが国では古くから「命惜しむな名をこそ惜しめ。」ということが言われてきた。この言葉の由来を私は知らないが、「**子曰、君子疾没世而名不稱焉**」から来ているかも知れない。武士の心意気を言ったものだそうだが、今時、これはもう流行らないだろう。

二一　**子曰、君子求諸己、小人求諸人、**

子曰わく、君子は諸れを己れに求む。小人は諸れを人に求む。

【現代語訳】

先生は次のように言われた。

「君子は、〔何か巧(うま)く行かない事があると、〕その責任は自分にあると思って反省するが、小人は、すべて他人(ひと)のせいにする。」

※ 金谷氏は訳文に関して、「『大学』＝君子は諸(こ)れを己れに有(も)ちて而(しか)る后(のち)に人に求む。」と付記しておられる。

【私の見解】

さて、いつものことながら、孔子のこの決めつけたような言い方は、どうも私の性に合わない。どんなに徳の高い人でも、イライラすることもあるだろうし、何か巧(うま)く行かないときには、ついつい他人(ひと)のせいにすることもあるであろう。また、教養のないつまらぬ人でも、心根(こころね)の優しい穏(おだ)やかな人は、何か巧く行かないことがあっても他人のせいにしないで謙虚(けんきょ)に反省することもあるはずだ。これが、現実の人間というものである。孔子の言う「君子」「小人」は、あくまでも現実から離れた理念の世界のことだと言っていいだろう。

したがって、『論語』に載っているからといって、このような人間観を善(よ)しとして受け入れる必要はないし、受け入れてはいけないと私は思う。

人間を「君子」だとか「小人」だとかに分けて論じる孔子の手法（つまり儒学の人間観）に、私は、もうほとほとうんざりである。

二三一　子曰、君子矜而不争、羣而不黨、

子曰わく、君子は矜にして争わず、群して党せず。

【現代語訳】

先生は次のように言われた。

「君子は、誇り高いがむやみに人と争わない。また、大勢といても徒党を組むことはない。」

【私の見解】

またまた「君子」云々の話である。あまり気が乗らないが、私なりに解読してみる。

孔子の言っていることも一理あるが、現実には、いつもいつもそうだとは限らないだろう。徳の高い立派な人でも、誰かと争わなければならないことも生じるだろうし、何かを成すためには志を同じくする人たちとグループを形成することも普通にあり得ることだ。

孔子流に言えば、このような人は本当の「君子」ではないということになるのであろうが、それは、孔子の考えが現実を踏まえたものではないことの証左ではないか。

ところで、これと似たような話は、次の二箇所にも出ていた。

爲政第二第一四章

子曰、君子周而不比、小人比而不周、

(子曰く、君子は周して比せず。小人は比して周せず。)

子路第十三第二三章

子曰、君子和而不同、小人同而不和、

(子曰く、君子は和して同せず、小人は同じて和せず。)

すでに**【私の見解】**はそこで述べているので、ここではこれ以上のことは省略する。

二三　**子曰、君子不以言擧人、不以人廢言、**

子曰わく、君子は言を以て人を挙げず、人を以て言を廃せず。

【現代語訳】

先生は次のように言われた、

「君子は、言葉だけでなく人物をよく見て人を抜擢するし、ダメ人間の言うことだからといってその人の言うことを無視したりはしない。」

【私の見解】

凡人は、口の巧い人には騙されやすいし、また、同じ事を言っても誰が言ったかで評価したりしなかったりするものだ。孔子はこのことを戒めたものと思われる。

まあ、これは、普通の人間なら日常の中で誰でも気づくことであろうし、気を付けなければいけないと思うことではないだろうか。

とりわけ、社会で人の上に立つ位置にある人は、日頃から実感していることだと思われる。不肖私も、校長時代に最も心を痛めたことの一つがこれであった。

二四　子貢問曰、有一言而可以終身行之者乎、子曰、其恕乎、己所不欲、勿施於人也、

子貢問うて曰わく、一言にして以て終身これを行なうべき者ありや。子曰わく、其れ恕か。己れの欲せざる所、人に施すこと勿かれ。

【現代語訳】

子貢が、

「一生行なって行くべき一言があるでしょうか。」

とお訊ねした。先生は、

「それは恕（おもいやり）だね。自分の望まないことを人にしないことだ。」

と言われた。

【私の見解】

これは、子貢が、一生守って行く言葉について孔子に訊ねたところ、孔子は、「恕」つまり「思いやり」という言葉を挙げ、「思いやり」とは、つまるところ「**己所不欲、勿施於人也**」（己の欲せざる所、人に施すこと勿かれ。）だと諭したという話である。「**己所不欲、勿施於人**」は、すでに顔淵第十二第二章にも出ていた言葉だ。

仲弓が仁について問うたとき、孔子は次のように述べていた。

出門如見大賓、使民如承大祭、己所不欲、勿施於人、……

（門を出でては大賓を見るが如くし、民を使うには大祭に承えまつるが如くす。己れの欲せざる所は人に施すこと勿かれ。……）

孔子の思想に於いて中核となるのは「仁」である。孔子は、「仁」について、ときと場合によって言い方を変えているが、要するに対人関係の要諦のことだと言ってよいであろう。子貢の問いに対しても仲弓の問いに対しても、人に対する敬い、慎み深さ、思いやりなどといった「仁」の神髄を説いている。孔子は「仁」を一生貫きなさいと言っているのだと、私は思う。

「**己所不欲、勿施於人**」（己の欲せざる所、人に施すこと勿かれ。）は、『論語』を知らない人にもよく知られた言葉である。

「**己所不欲、勿施於人**」について、すでに**【私の見解】**はのべているので、ここではこれ以上のことは省略する。

二五　子曰、吾之於人也、誰毀誰譽、如有所譽者、其有所試矣、斯民也、三代之所以直道而行也、

子曰わく、吾れの人に於けるや、誰をか毀り誰をか誉めん。如し誉むる所の者あらば、其れ試みる所あり。斯の民や、三代の直道にして行なう所以なり。

※　金谷氏は読み下し文に関して、「誉むる所――皇本・清本では『所』の字が『可』となっている。」と付記しておら

れる。

【現代語訳】

先生は次のように言われた。

「私は人のことをむやみにけなしたり褒めたりしない。褒めるときには、事実を確かめたうえで褒める。今の人々もあの理想的な夏・殷・周三代が栄えた頃の民衆と同様に真っ直ぐな道を歩んでいる。〔だから、事実を確かめもせずにけなしたり褒めたりはできない。〕。」

【私の見解】

孔子は、夏の文化を引き継いだ殷、夏と殷の文化を引き継いだ周を理想視していた。だから、その理想とする社会の真っ直ぐな政道を歩んでいる人々を、むやみにけなしたり褒めたりはできないと言っているのである。孔子の思想の一端を知ることのできる逸話と言ってよいだろう。

要するに、孔子の思想の基本は、彼が理想とする周の文化（政道・礼楽など）に還れというもので、やはり懐古的な保守主義なのだ。

この逸話が『論語』に収録されているのは、「**子曰**」であるからだと思われるが、今日的に見れば、教訓とするものは何もないと言ってよいのではないか。

二六　子曰、吾猶及史之闕文也、有馬者借人乗之、今則亡矣夫、

子曰わく、吾れは猶お史の文を闕き、馬ある者は人に借してこれに乗らしむるに及べり。今は則ち亡きかな。

※　金谷氏は読み下し文に関して、「則ち――通行本にはこの字は無い。」と付記しておられる。

【現代語訳】

先生は次のように言われた。

「私の若い頃には、まだ書類には空白があり、馬を持つ者は人に貸して乗せてやったものだが、〔こういうことは〕今ではもうなくなってしまった。」

【私の見解】

さて、これは、孔子が昔を懐かしんで現在の状況についてぼやいている話である。

つまり、〔孔子の〕若い頃には、朝廷の記録係がハッキリしないことは記録せず、馬を所有している者は気軽に人に貸して乗せてあげたものだが、今はそういうことがなくなってしまった、と嘆いているのだ。やはり、孔子の懐古的保守主義というものが垣間見える逸話だと言えるだろう。

この話も、「**子曰**」であるために『論語』に集約されたのだろうが、今日的には教訓としての価値はほとんどないのではないか。

二七　子曰、巧言亂徳、小不忍、則亂大謀、

子曰わく、巧言は徳を乱る。小、忍びざれば、則ち大謀を乱る。

【現代語訳】

先生は次のように言われた。

「巧い言葉は徳を害する。小さな事に我慢できないと大計画はうまく行かぬ。」

【私の見解】

孔子は、口の巧い者は人の道を踏み外すと言い、小さな事に我慢ができない者は大きな事はできない、と言っている。なるほど、含蓄のある言葉ではあるが、私はこの考えに全面的には賛成できない。「**小不忍、則亂大謀**」（小、忍びざれば、則ち大謀を乱る。）はまだいいとしても、「**巧言亂徳**」（巧言は徳を乱る。）には首を傾げざるを得ない。

孔子の「口の巧い者嫌い」は筋金入りだ。よほど口達者を警戒しているようだが、これは、嘘と騙しを文化とする中国古来の弊習を背景にしたものであろうと思われる。

「弁舌爽やか」は望ましいこともある。たとえば、わが国の大学には「雄弁会」という部活動を擁しているところがあるが、これは、自分の主張したいことを論理的に分かり易く組み立て、いかに人に訴えるかを研究・実践するものだ。その目的を達成するためには、様々なことに関心を持ち、データを収集し、咀嚼してそれを自分のものにしなければならない。それゆえ、「雄弁会」の活動は、人格の陶冶に役立つ側面も色濃く有しているのであって、必ずしも「**巧言亂徳**」とは言えないのではないかと私は思う。

「**小不忍、則亂大謀**」は、今日でもそのまま通用する教訓であると思うが、「**巧言亂徳**」は一つの智恵として心に留めておくだけで良いように思われる。

二八　**子曰、衆悪之必察焉、衆好之必察焉、**

子曰わく、衆これを悪むも必ず察し、衆これを好むも必ず察す。

【現代語訳】

先生は次のように言われた。

「大勢が悪いと言うことでも必ず調べてみるし、大勢が好むことでも必ず調べてみる。」

【私の見解】

孔子は、よく言えば「慎重」、悪く言えば「疑い深い」、そういう人柄だったようだ。皆が言うことは鵜呑みにせず、必ず自分で調べて確かめる、そう言っているのがこの章の話である。

孔子がこのように慎重で疑い深いのは、前章でも触れたが、中国という国の悪弊、つまり、嘘と騙しの文化が染みついていることから来ていると見て間違いないだろう。誰も安易に信じられないのである。

たしかに、何でも自分で確かめることは決して悪いことではない。自信を持って何事も進めるためには必要なことではある。が、何でもかんでも疑ってかかるというのは、普通の人間の普通の生活のなかでは異常という他はない。

「子曰、衆悪之必察焉、衆好之必察焉」は、中国の国柄・孔子の考え・孔子の人柄を知る資料としては有用だろうが、このままを生活行動の教訓とすることはないと私は思う。何度も言うようだが、『論語』に載っているからと言って全てが人倫徳目というわけではないのである。

二九　子曰、人能弘道、非道弘人也、

子曰わく、人能く道を弘む。道、人を弘むるに非ず。

【現代語訳】

先生は次のように言われた。

「人間が道義を広めるのであって、道義が人間を大きくするのではない。」

【私の見解】

孔子の言っていることは、「人間」（主体）と「人間としての在り方（道義）」（客体）の理念的説明としてはその通りであろう。

だが、ひとたび「人間としての在り方（道義）」が形成されると、逆に、その「人間としての在り方（道義）」がそれに適った人間を作り出すことは現実の生活の中では普通にあり得ることである。

少し話の角度が異なるが、たとえば「人間」と「憲法」の関係を考えて見ればこのことはハッキリする。憲法を作り出すのは人間だが、ひとたび作り出されると、今度は憲法が人々の行動を規制するのだ。

だから、孔子の言っていることは、あくまでも理念的な説明であり、実相とは異なる場合があることも押さえておく必要があると私は思う。

三〇　子曰、過而不改、是謂過矣、

子曰わく、過ちて改めざる、是れを過ちと謂う。

【現代語訳】

先生は次のように言われた。

「間違いを犯しても改めないのを過ちというのだ。」

※　金谷氏は訳文に関して、「学而篇第八章・子張篇第八章参照。」などと付記しておられる。

【私の見解】

これは、余りにもよく知られた言葉であるので、私があれこれと見解を述べるまでもないであろう。

金谷氏の付記にもあるように、よく似た言葉や同様の言葉は、他の箇所でも述べられている。

学而第一第八章

子曰、君子不重則不威、學則不固、主忠信、無友不如己者、過則勿憚改、

（子曰わく、君子、重からざれば則ち威あらず。学べば則ち固ならず。己れに如かざる者を友とすること無かれ。過てば則ち改むるに憚ること勿かれ。）

子張第十九第八章

子夏曰、小人之過也必文、

（子夏曰わく、小人の過つや、必ず文る。）

子罕第九第二五章

子曰、主忠信、無友不如己者、過則勿憚改、

（子曰わく、忠信を主とし、己れに如からざる者を友とする無かれ。過てば則ち改むるに憚ること勿かれ。）

人間は、どんなにできた人でも間違いを犯すものである。孔子は、過ちを犯すことはだれでもあることだからそのことを問題にしているのではない。「過ちに気づいたら、すぐに改めよ。過ちに気づいても改めないのが本当の過ちなのだ。」と言っているのである。今日の私たちにもそのまま通用する教訓である。心したいものである。

ところで、今ロシアがウクライナを侵略している。「侵攻しない。」と言っていたのに侵攻し、「民間人は殺さない。」と言っていたのに民間人を大量に虐殺している。「軍の施設だけを攻撃する。」と言いながら病院や学校や劇場や駅などの公共施設を破壊している。証拠を突きつけられると、「それはフェイクニュースだ。」とか「ウクライナが自分たちのしたことをロシアのせいにしている。」などと平気な顔をして言っている。これは、「過ち」を犯しても「過ち」とは認めず嘘と欺瞞で塗り固めているもので、過ちの最たるものだが、孔子がこの現実を目にしたら、何と言うであろうか。

『論語』の本家本元の中国は、そのようなロシアをかばい、肩入れしている。孔子を聖人と仰ぎながらこの体たらくだ。中国はロシアのウクライナ侵攻を「過ち」とは思っていないのであろう。

三一　**子曰、吾嘗終日不食、終夜不寢、以思、無益、不如學也、**

子曰わく、吾れ嘗て終日食らわず、終夜寝ねず、以て思う。益なし。学ぶに如かざるなり。

【現代語訳】

先生は次のように言われた。

「私は、かつて一日じゅう何も食べず、一晩じゅう寝ずに考えたことがあるが、得るものはなかった。学ぶに越したことはない。」

※　金谷氏は訳文に関して、「学ぶ――書を読み、師に聞くこと。為政篇第一五章参照。」などと付記しておられる。

【私の見解】

この章は、「考える」と「学ぶ」の違いが分かっていないと意味が分からない。

孔子は、金谷氏の付記にもあるように、為政第二の第一五章で次のように述べていた。

子曰、學而不思則罔、思而不學則殆、

(子曰わく、学んで思わざれば則ち罔し。思うて学ばざれば則ち殆うし。)

孔子は、思うこと(考えること)と学ぶこととを明確に区別していることが分かる。

さて、この章で言っていることを私なりの解釈を交えて訳し直すと、

先生は次のように言われた。

「以前に一日中食事もせず、一晩中寝ることもなく考えたことがあるが得るものはなか

った。考えることよりも書を読み、先生にいろいろと訊ねることの方が得ることが多いね。」

ということになる。この方が私には分かり易い。

つまり、孔子は自分独りであれこれ考えるよりも、よい書物を読み、よい先生に就いて教えを請う方がいいと言っているのである。

まあ、当然と言えば当然のことを言っているに過ぎないと言えるが、乱世にこのようなことをさらりと言えるのはやはり凄いことだ。

なぜなら、当時庶民は、今日の日を生きるのが精一杯であり、為政者は、戦いに明け暮れながらいかに国を治めるかで精一杯の状況下であったであろうからである。

乱世にあっても書を読み、師に就いて学ぶことを薦める孔子は、やはり、理念の人だったと言うべきであろう。当時の為政者の中には、そんな孔子を「役に立たない理屈屋」として非難する向きもあったようだ。

たとえば、斉の景公が孔子を登用しようとして宰相の晏子に相談すると、晏子は、次のように言ったと、金谷氏のご著書『孔子』に書いてある。少し長いが引いてみる。

「いけません。儒者というものは傲慢にかまえてかってなことをし、音楽を好んでそれで人の心を乱し、天命をかかげてそれを口実にして仕事を怠け、葬礼を手厚くして悲哀をつくすもので、とても政治にあてることはできません。孔某もはでにうわべを飾って世を惑わし、弦歌鼓舞して衆人を集め、階段の昇り降りや歩き方の礼を繁雑にして威儀をみせびらかしています。博識ではあっても現実の問題を論ずることはできず、苦労をして考えていても民を救うことはできません。——要するに実益のない人物です——今わが君がこんな人物に封地を与えて斉の風俗を善くしようとなさるのは、君主として国を導く道ではないでしょう。」（349ページ）。

もっとも、この話は、「孔子が斉の景公に重視されたという儒家の側の伝説をふまえて、それを墨家（墨子を始祖とする思想家集団：山内注）の側につごうのよいように作りかえたものである。」（同書同ページ）そうだから、どうも事実ではないらしい。

しかしまあ、これまで何度も触れてきたように、孔子が現実から遊離した理念的な理想主義者であったことは疑いようもなく、私は、右に引いた孔子評には信憑性があるように思われてならない。三千余人にも及ぶ弟子を抱えていたほどの人望ある孔子が、どの諸侯国からも招聘されることがなかったという事実が、何よりの証拠ではないだろうか。

三二　子曰、君子謀道、不謀食、耕也餒在其中矣、學也禄在其中矣、君子憂道、不憂貧、

子曰わく、君子は道を謀りて食を謀らず。耕すも餒え其の中に在り、学べば禄は其の中に在り。君子は道を憂えて貧しきを憂えず。

【現代語訳】

先生は次のように言われた。

「君子は人の道を窮めようとあれこれ思案するが、食を得ようとはしない。耕しても飢饉はあるが、学んでいれば、俸禄は自然についてくる。君子は人の道のことは気に懸けるが、貧乏なことは気に懸けない。」

【私の見解】

孔子は「よくできた立派な人は、食うためではなく道を窮めようとして学ぶ。」と言う。そして、「学んでいれば俸禄（つまり食）は自然に得られる。」とも言う。現実から遊離した絵に描いたような理念主義である。

「**學也禄在其中矣**」（学べば禄は其の中に在り。）は、人の道を説き、仁だの忠恕だのと言って数千人もの弟子を集めながら一向に仕官の口が見つからないわが身への鎮魂歌のように聞こえるし、「**君子憂道、不憂貧**」（君子は道を憂えて貧しきを憂えず。）と言うに至っては、なんだか孔子自身のやせ我慢のようにしか聞こえない。

なるほど、食のことは考えずに学問に没頭できる結構な人もいるかもしれないが、それは、食のことを考えなくても学問に没頭できる条件が整っている人だけのことである。食べて生きていなければ、学問も何もあったものではない。食べることに腐心することを下賤なことのように言う孔子の考えに、私は賛同できない。

前章でも触れたが、このような宙に浮いたことを言うから、孔子はどこからも仕官の口がかからなかったのだと、私は思っている。

三三　子曰、知及之、仁不能守之、雖得之必失之、知及之、仁能守之、不莊以涖之、則民不敬、知及之、仁能守之、莊以涖之、動之不以禮、未善也、

子曰わく、知はこれに及べども仁これを守ること能わざれば、これを得ると雖も必ずこれを失う。知はこれに及び能くこれを守れども、荘以てこれに涖まざれば、則ち民は敬せず。知はこれに及び仁能くこれを守り、荘以てこれに涖めども、これを動かすに礼を以てせざれば、未だ善ならざるなり。

【現代語訳】

先生は次のように言われた。

「為政者は、どんなに豊かな知見があっても、仁徳によって人民を治めなければ必ずその地位を失うし、豊かな知見があって仁徳によって人民を治めていても、威厳(いげん)がなくては人民から尊敬されることはない。豊かな知見があって仁徳によって人民を治め、威厳があっても、礼を踏まえていなければ、本当の善政とは言えない。」

※ 金谷氏は訳文に関して、「人民を治めるのに――全体の対象を人民のこととみたのは清の毛奇齢の説。古注では位。」と付記しておられる。

ちなみに、金谷氏の訳は次のような書き出しになっている。

先生がいわれた、「智は〔人民を治めるのに〕十分であっても、仁徳で守れなければ、たとい〔人民を〕獲得しても手放すようになる。……。」

【私の見解】

さて、これは為政者の心得を説いたものだと思われる。孔子は、念頭から政治のことが片時も離れなかったのであろう。『論語』で語られているのは、多くが政治がらみの話である。何度も言うように、儒学は、畢竟(ひっきょう)、孔子の政治学だと言ってよいだろう。

この章では、孔子は、為政者に必要な要素として「知見」「仁徳」「威厳」「礼」を挙げ、この四つが揃ってはじめて本当の善政なのだと言っている。

当時は、人民は統治される側にあり、国の主権者としての地位にはなかった。したがって人民は、為政者（つまり権力者）の知見や仁徳や威厳に縋らざるを得ないところがあり、為政者が定めた礼式に従わざるを得ないところがあった。

それゆえ、孔子の政治論は、あくまでも統治者側に立ったものになり、為政者心得に傾斜したものにならざるを得なかったのだろう。

この章の話は、儒学（孔子）の政治論がどのようなものかを知る資料として心に留めて置くだけで十分だ。当時と今日では、政治の在り方が根本的に違うのである。

三四　子曰、君子不可小知、而可大受也、小人不可大受、而可小知也、

子曰わく、君子は小知すべからずして、大受すべし。小人は大受すべからずして、小知すべし。

【現代語訳】

先生は次のように言われた。

「君子は小さい仕事には向かないが、大きい仕事には向いている。小人は大きい仕事には向かないが小さい仕事には向いている。」

※　金谷氏は訳文に関して、「用いられない――『小知』を小用の意味に解するのは徂徠の説。新注では『小事では知りがたい。』と解する。」と付記しておられる。
ちなみに、金谷氏は、私が「君子は小さい仕事には向かないが、……」と訳したところを「君子は小さい仕事には用いられないが、……」と訳しておられる。

【私の見解】

さて、これも、人間を固定的にパターン化している話で、私はどうも好感が持てない。人は能力が様々でそれぞれ得意とすることや不得意とすることがあり、個性もまたさまざまである。人間の社会は、様々な能力や個性を持った人々がそれぞれの役割を果たして支え合い、成り立っているのであり、適材適所で役割を果たすのがお互いのために良い関係を作り出す。

孔子は、要するに人々の適材適所の活用のことを述べているのであろう。なにも「君子」とか「小人」というように人間をパターン化しなければ表現できないことではない。

孔子がこのように上から目線で人間をパターン化するのは、これまで何度も指摘したように、彼が為政者の側ないしは政府高官の立場から人民を見ているからだと思われる。孔子の政治学は、すべからく上から目線のものだと言っても決して過言ではないであろう。『論語』にこの話が載っているのは、例によって「**子曰**」の話だからだと思われるが、今日的に見て、これは直接的な教訓とはならないように思われる。

三五　子曰、民之於仁也、甚於水火、水火吾見蹈而死者矣、未見蹈仁而死者也、

子曰わく、民の仁に於けるや、水火よりも甚だし。水火は吾れ蹈みて死する者を見る。未だ仁を蹈みて死する者を見ざるなり。

【現代語訳】

先生は次のように言われた。

「人民には仁徳は水や火よりも大切なものだ。私は、水や火に飛び込んで死んだ人は見たことがあるが、仁に飛び込んで死んだ人は見たことがない。」

【私の見解】

孔子の言う「人民にとっての仁徳」とは、この場合、単純化して言えば「礼を踏まえた他者への思いやり」というほどの意味であろうか。

それにしても、人民にとって仁徳は水や火よりも大切とは、いかにも理念に傾きがちの孔子らしい言葉である。現実には、水や火がなければ人は生きられないではないか。

さて、私の訳は右に述べたようなものだが、学者によっては、解釈を膨らませて訳している人もいる。ネットに載っていたものを引いてみる。


孔子様がおっしゃるよう、「水と火は人民日常生活の必要物で、これなくしては一日片時も生存し得ないが、仁を失ったら人の人たるゆえんがなくなり、生きがいのないことになるのだから、仁の方が人間にとって水や火よりも大切である。その上、水や火は生きるために必要ではあるけれども、時には水の底、火の中に踏み込んで溺れ死に焼け死ぬ者をも見ることだが、わしはまだ仁の道を踏んで死んだ者を見たことがない。それだのに人はなぜ仁に赴くことをためらうのであろうか。」（穂積重遠『新訳論語』）。


これは読み手の解釈が存分に盛り込まれた訳になっている。読み手によってある程度の幅を持って解釈できるのが『論語』というものなのだろう。

さて、この章が『論語』に載っているのは、孔子の思想の中核をなす「仁」に関する言葉であるから当然であろう。

わが国では、仁についての孔子の言葉に共感あるいは共鳴する『論語』読みが多いように思われるが、本家本元の中国や小中華を誇りにしている韓国の人々はどうだろう。一見するところ、嘘・騙し・欺瞞に満ち溢れているように思われてならないのだが、彼らには彼らなりの「仁」の読み方があるのであろう。

三六　子曰、當仁不讓於師、

子曰わく、仁に当たりては、師にも譲らず。

【現代語訳】

先生は次のように言われた。

「仁の道にかけては、師にも遠慮することはない。」

【私の見解】

これは、「仁」に対する孔子の基本的な姿勢を示したものだと言えるだろう。

すなわち、「仁」は誰憚る必要のないものであり、人間として生きるための最も大切な基本的素養なのだということを孔子は言っているのだ。

前章でも触れたように、「仁」が「礼を踏まえた他者への思いやり」だとすれば、わが国は「和」を貴ぶ国柄であり、肇国以来「仁」の国であるとも言えるのではないか。１４００年ほど前の、聖徳太子の十七条憲法の初めの言葉「和を以て貴しとなす」は余りにも有名だ。これは、肇国以来、わが国の国柄として息づいてきた精神を聖徳太子が十七条憲法に盛り込んだものだと伝えられている。

「和」は、文字通り互いを思いやってこそ成り立つものであり、わが国の『論語』読みの多くが、孔子の「仁」に共感ないし共鳴するのは、「和」と「仁」が互いに共鳴し合う概念であるからに他ならないと私は思う。

わが国は、国柄そのものが「和」であり「仁」であるわけだが、さて、『論語』の本家本元の中国の国柄はなんと表現すればよいであろうか。私の率直な感想で言えば、「信用ならない国」としか表現のしようがない。友好を深めるべき隣国であるだけに、残念である。

三七　子曰、君子貞而不諒、

子曰わく、君子は貞にして諒ならず。

【現代語訳】

先生は次のように言われた。

「君子は、どこまでも正しいが、頑固に我を張ることはない。」

※　金谷氏は訳文に関して、「馬鹿正直――『諒』は信の意味。ここでは善悪を考えずにどこまでもおし通すこと。『孟子』告子下篇＝君子の亮ならざるは、執わるるを悪めばなり。」と付記しておられる。

【私の見解】

さて、この章は短い言葉だが、「貞」と「諒」の解釈によって、かなり意味が異なってくるようだ。

たとえば、次のように訳している例もある。ネットから引用してみる。

先生――「できた人は堅いが、ガンコではない。」（魚返善雄『論語新訳』）。

孔子様がおっしゃるよう、「君子は、道理の正しいところは固く守って動かぬが、理非曲直を択ばずに初一念に執着するようなことはない。」（穂積重遠『新訳論語』）。

先師がいわれた。――

「君子は正しいことに心変りがしない。是も非もなく心変りがしないのではない。」（下村湖人『現代訳論語』）。

ちなみに、齋藤孝氏の訳はどうかというと、

先生がいわれた。

「君子は筋（すじ）を通すが、馬鹿正直に小さなことにこだわることはない。」

となっている。私には、この齋藤氏の訳がいちばん分かり易い気がする。

ただ、どの訳が正しいとか間違っているとか言うことはできないだろう。『論語』には言葉の説明（定義づけ）がないし、漢字は一文字一文字に解釈の幅があるのだから、日本語の訳がある程度ばらつくのは避けられないのだ。

要するに孔子は、「徳を備えた立派な人は、いつも正しいことを行なおうとするが、柔軟性も兼（か）ね備（そな）えている。」と言っているのだと私は解釈する。裏読みすれば、「いつも正しいことを行なおうとするが、柔軟性も兼ね備えているのが徳を備えた立派な人というものだ。」

ということになろうか。

この章でも、孔子は「君子は……」と言っているが、やはり私は、この「君子」と「小人」にどうも馴染めない。「君子」や「小人」という特別な人種が存在する訳ではないのにと、ついつい思ってしまう。これは、漢字という特殊な表意文字で成り立っている中国文化の癖なのだろう。

幸い、わが国には「君子」「小人」などといった人間を固定する言葉は一般的には存在しない。日本語の柔軟性に感謝したい気持ちだ。

「**貞而不諒**」（貞にして諒ならず。）、これは含蓄のある言葉だ。心に留めておきたいものである。

三八　子曰、事君敬其事而後其食、

子曰わく、君に事えては、其の事を敬して其の食を後にす。

【現代語訳】

先生は次のように言われた。

「主君に仕えたときは、仕事を優先し、俸禄のことは後回しにする。」

【私の見解】

またも、主君に仕える時の心得についての言葉である。孔子の頭からそれは離れることはないのだ。

主君に仕えるときは、何よりもまず職務に精励(せいれい)し、食録(しょくろく)のことは後回しにすべきだと、孔子は言っている。封建社会のもとで主君に仕えるというのは、元来(がんらい)そういうことなのだ。たとえば、わが国の江戸時代の場合も、主君に仕える武士に俸禄(ほうろく)のことをあれこれ言う権利はなく、定められた俸禄のもとで忠義を尽くすのが武士というものであった。

だから、孔子は何も特別なことを言っている訳ではない。当然のことをわざわざそのように言わなければならなかったのには、それなりの事情があったのであろう。

孔子は紀元前552年あるいは551年～紀元前479年の人と言われている。孔子の死後約二百五十年経った紀元前221年に秦の始皇帝が中国の初代皇帝となり、紀元前770年以来続いた春秋戦国時代は幕を閉じているから、孔子は春秋戦国時代のほぼ中期に生きていたことになる。

その間、封建諸侯は領地を争って戦いに明け暮れていたが、主君に仕える者たちの中には、必ずしも忠勤(ちゅうきん)に励(はげ)むことなく、食録(しょくろく)の高い方を求めて主君を替える者も後を絶たなかったのではないだろうか。騙(だま)しと陰謀(いんぼう)が当たり前のこととして渦巻(うずま)いていた時代である。

さもありなんということであろう。

そんな時代だったからこそ、孔子は、「忠」「信」「孝」などといった道徳律を説かざるを得なかったのであり、この章の「**子曰、事君敬其事而後其食**」もその一環に位置づくものだったと思われる。

「**事君敬其事而後其食**」は、当時の道徳律としては不動のものであったとしても、今日（こんにち）にもそのまま通用するというものではない。職務のことをほったらかしにして、給料のことばかりを考えているのは論外だが、給料取りが、自分や家族の生活のために給料の多寡（たか）に関心を持つのは、むしろ当然のことだと言えるだろう。

「**事君敬其事而後其食**」は、当時の道徳律として資料的理解に留めておくだけで十分ではないかと、私は思っている。

三九　子曰、有教無類、

子曰（しのたま）わく、教（おし）えありて類（たぐい）なし。

【現代語訳】

先生は次のように言われた。

「〔人は〕教育によって変わるものであり、〔生まれつき〕定まっているのではない。」

※　金谷氏は訳文に関して、「陽貨篇第二章参照。」などと付記しておられる。

【私の見解】

この言葉は、『論語』の中でも最も短い部類に属する。短いがゆえに解釈がさまざまに考えられる。

「**有教無類**」（教えありて類なし。）は、文字通りに訳せば「教育はあって種類はない。」ということだが、それでは何のことか分からない。そこで、私は右のように訳した。

しかし、読み手によって、解釈は様々である。ネットから拾ってみると次のような例がある。

先生――「教育のまえに、差別はない。」（魚返善雄『論語新訳』）。

孔子様がおっしゃるよう、「人は教育によって善とも悪ともなるもので、はじめから善人悪人の類別があるわけではない。」（穂積重遠『新訳論語』）。

先師がいわれた。――

「人間を作るのは教育である。はじめから善悪の種類がきまっているのではない。」（下村湖人『現代訳論語』）。

齋藤孝氏の訳は、次のようになっている。

先生がいわれた。

「教育は人を選ばない。（どんな種類の人間も教育によって向上する。）」

どの訳も少しずつニュアンスに違いがある。

金谷氏の付記にあるように、陽貨篇第二章には、

子曰、性相近也、習相遠也、

（子曰わく、性、相い近し。習えば、相い遠し。）

とあり、この言葉と併せ考えると、

先生は、次のように言われた。

「人は教育によって変わる。生まれつきの違いはない。」

と訳すことも可能である。この方が、孔子の言いたいことに近いように私は思う。

確かに、人は教育によって発展する。善人にもなれば悪人にもなる。その点では孔子の言う通りであるが、「**無類**」は言い過ぎだと私は思う。

教育の力を言いたいばかりに「**無類**」と言いたい気持ちは分からないではないが、生まれついた素質（そしつ）というものがあることも認めなくてはならない。

孔子は「理念の人」よろしく、教育の力を理想的に観じるあまり、人はそれぞれ異なった素質を持った個体として生まれてくることを、この際、見落としていたのではないだろうか。（後で見るように、孔子はこれと全く矛盾することも言っている）。

同じ教育を受けても、人は同じようには発達しないのであって、必ず人それぞれに違いが出てくるのが実相（じっそう）なのである。

「**子曰、有教無類**」は、孔子の考え方を知る資料にはなり得ても、現実的な指針にはならないと私は思う。

四〇　子曰、道不同、不相爲謀、

子曰わく、道同じからざれば、相い為に謀らず。

【現代語訳】

先生は次のように言われた。

「進む道が同じでなければ、互いに相談し合うことはない。」

【私の見解】

これは、孔子の学問（生き方）に対する考え方がいささか狭量であったことを示していると私は思う。

「進む道」と言っても、人の生き方は様々であり、極端に言えば人の数だけあると言っても過言ではない。したがって、「道が同じでなければ、互いに相談し合わない。」と言っていたのでは、交わりの中で生き方について互いに話し合うことはできないことになり、人間関係が実に味気ないものになってしまうであろう。

孔子の言う「道」が「政道」のことであるとすれば、彼が理想とするのは周王朝の政道であり、その政道への回帰こそが彼の悲願であった。彼は、それ以外の道のことを誰とも相談する気持ちはなかったのであろう。

孔子は、自分の理想をあまりにも高く確固として持っていたために、それ以外の生き方は認めたくなかったのだろうが、それでは人との関わりはスムーズに行くはずがない。孔子が、自分の考えに共鳴する弟子たちに対しては心を開いていろいろと説くことができても、社会一般からはそれほど信頼を得ることができなかった（と言われている）のはそのためだと思われる。

孔子が世間から「聖人」として崇められるようになるのは、彼の死後何百年も経った漢王朝の頃のことだそうだ。彼を教組と仰ぐ儒教が隆盛を極め、時の政権公認の「国教」になってはじめて、孔子は世間から受け入れられるようになったのだという。

聖人として崇められるようになったとはいっても、スムーズに聖人で居続けることができた訳ではない。ときの権力者の都合によって毀誉褒貶がはげしく、たとえば、共産党政権になってからも「批林批孔」の波に洗われている（この辺りのことについては、金谷治氏のご著書『孔子』に詳しい）。

「**子曰、道不同、不相爲謀**」は、儒学の中では値打ちのある言葉かも知れないが、今日的には教訓とするには当たらないと私は思う。

四一　子曰、辭達而已矣、

子曰わく、辞は達するのみ。

【現代語訳】

先生は次のように言われた。

「言葉は意味が伝わればそれでいい。」

【私の見解】

言葉が何かを伝えるためにあるのは言わずもがなのことである。なぜ孔子は、わざわざこのような分かりきったことを言ったのか。

おそらく、当時、言葉が真実を伝えず、嘘と騙しと陰謀をこととするような実態があったからではないだろうか。言葉が本来の役割を果たさず、嘘や騙しや陰謀の道具として使われている実態に、孔子は、我慢がならなかったのだと思われる。

あるいは、これは、中国の言語事情を反映した言葉だったのかも知れない。中国では宗族や種族がひとかたまりになって城塞に囲まれた村で生活し、その村を一歩出れば、言葉も通じない、文字も違う、そういう時代が長く続いたそうだ。だから、孔子は、言葉は最低限意味が伝わればそれでよいと言わざるを得なかったのだとも考えられる。

いずれにしても、そうでなければ、このような当たり前のことをわざわざ言う必要はないはずだ。日本で生まれ育った者には理解し難い言葉という他はない。

わが国には「言語明瞭意味不明」という言葉がある。言葉は明瞭にたくさん並べられているが、結局何を言っているのかよく分からないことを指す言葉だ。かつて、ある総理大臣の国会答弁が「言語明瞭意味不明」とよく揶揄されたものだ。

あの総理大臣は、早稲田大学在学中には雄弁会で名を挙げた弁舌家で、決して言葉の意味を知らなかった訳ではない。逆に、よく知っていたからこそ、持って回った言い方をして相手を煙に巻いていたのだと私は思うが、言葉は、このように時として意味を曖昧にするために悪用されることもある。

余談だが、孔子は「**辭達而已矣**」と言っているが、『論語』に見る孔子の言葉は、言葉の定義や説明が全くと言ってよいほどないために、意味がストレートに伝わらないことが多い。読み手によって解釈がまちまちになるのもそのためだ。皮肉という他はない。

四二　師冕見、及階、子曰、階也、及席、子曰、席也、皆坐、子告之曰、某在斯、某在斯、師冕出、子張問曰、與師言之道與、子曰、然、固相師之道也、

師冕見ゆ。階に及べり。子曰わく、階なり。席に及べり。子曰わく、席なり。皆な坐す。子これに告げて曰わく、某は斯に在り、某は斯にあり。師冕出ず。子張問いて曰わく、師と言うの道か。子曰わく、然り。固より師を相くるの道なり。


【現代語訳】

〔目の不自由な〕楽師の冕が訪ねてきた。階段のところまで来ると、先生は、

「階段ですよ。」

と言われ、席まで来ると、先生は、

「ここに掛けてください。」　と言われ、みなが坐ると、先生は、

「誰はそこに、誰はここに。」　と〔坐っている場所を冕に〕教えられた。学師の冕が退出すると、子張が、「〔あれが〕楽師に対する語り方の作法ですか。」

と言った。先生は、

「そうだよ。もちろん〔目の不自由な〕楽師を介助するときの作法だよ。」

と言われた。

※　金谷氏は訳文に関して、「楽師の冕――冕は人名。当時、楽師は盲人であった。」と付記しておられる。

【私の見解】　これは、盲人の楽師に対する孔子の気遣いについての逸話である。現在の感覚で言えば当然のことを孔子はしているわけだが、子張はわざわざ「**與師言之道與**」（師と

言うの道か。）と孔子に訊ねている。子張は、孔子の行為に感動して、そのように訊ねたのであろう。当時は、盲人など障害者に対する心づかいは一般的にずさんだったことが推察できる。わが国でも、つい最近まで、障害者に対する配慮はいい加減であった。まして二千五百年も前の中国のことなのだ。推して知るべしである。子張の問いに、孔子は、当然の如く「**然、固相師之道也**」（然り。固より師を相くるの道なり。）と答えている。この孔子の対応は、当時としては凄いことだったに違いない。理想主義者・孔子の面目躍如といったところである。

『論語』にこの話を収録したのは、『論語』を編集した儒者の勇断であっただろうと私は思う。孔子の行為でなかったら、おそらく、収録されなかったに違いない。

季氏第十六

一　季氏將伐顓臾、冉有季路見於孔子曰、季氏將有事於顓臾、孔子曰、求、無乃爾是過與、夫顓臾、昔者先王以爲東蒙主、且在邦域之中矣、是社稷之臣也、何以爲伐也、冉有曰、夫子欲之、吾二臣者、皆不欲也、孔子曰、求、周任有言、曰、陳力就列、不能者止、危而不持、顚而不扶、則將焉用彼相矣、且爾言過矣、虎兕出於柙、龜玉毀於櫝中、是誰之過與、冉有曰、今夫顓臾固而近於費、今不取、後世必爲子孫憂、孔子曰、求、君子疾夫舍曰欲之而必更爲之辭、丘也聞、有國有家者、不患寡而患不均、不患貧而患不安、蓋均無貧、和無寡、安無傾、夫如是、故遠人不服、則修文徳以來之、既來之則安之、今由與求也、相夫子、遠人不服、而不能來也、邦分崩離析而不能守也、而謀動干戈於邦内、吾恐季孫之憂、不在於顓臾、而在蕭牆之内也、

　季氏、将に顓臾を伐たんとす。冉有・季路、孔子に見えて曰わく、季氏、将に顓臾に事あらんとす。孔子曰わく、求よ、乃ち爾是れ過てること無からんや。夫れ顓臾は、昔者先王以て東蒙の主と為し、且つ邦域の中に在り。是れ社稷の臣なり。何を以てか伐つことを為さん。冉有曰わく、夫の子これを欲す。吾れ二臣は皆な欲せざるなり。孔子曰わく、求よ、周任に言あり曰わく、力を陳べて列に就き、能わざれば止むと。危うくして持せず、顚って扶けずんば、則ち将た焉んぞ彼の相を用いん。且つ爾の言は過てり。虎兕、柙より出で、亀玉、櫝中に毀るれば、是れ誰の過ちぞや。冉有曰わく、今夫れ顓臾は固くして費に近し。今取らずんば、後世必ず子孫の憂いと為らん。

孔子曰わく、求よ、君子は夫のこれを欲すと曰うを舍いて必ずこれが辞を為すことを疾む。丘や聞く、国を有ち家を有つ者は寡なきを患えずして均しからざるを患え、貧しきを患えずして安からざるを患うと。蓋し均しければ貧しきこと無く、和すれば寡なきこと無く、安ければ傾くこと無し。夫れ是くの如し、故に遠人服せざれば則ち文徳を修めて以てこれを来たし、既にこれを来たせば則ちこれを安んず。今、由と求とは夫の子を相け、遠人服せざれども来たすこと能わず、邦分崩離析すれども守ること能わず、而して干戈を邦内に動かさんことを謀る。吾れ恐る、季孫の憂いは顓臾に在らずして蕭牆の内に在らんことを。

※　金谷氏は読み下し文に関して、「伐つこと為さん――『為伐也』。唐石経・通行本では『伐為』とあって『也』字が無い。皇本はこの本と同じ。　に在らず――『在』字の下の『於』字は、『教典釈文』・通行本には無い。漢石経では下句の『在』の下にも『於』の字が有る。」と付記しておられる。

【現代語訳】

〔魯の〕季氏が今まさに顓臾の国を伐とうとしていた。冉有と季路（子路）が孔子にお目にかかって、

「季氏が今まさに顓臾に対して事を起こそうとしています。」

と申しあげた。孔子は、

「求（冉有）よ。もしやそなたが間違っているのではないか。あの顓臾の国は、むかし先王を東蒙の山の祭りの主催者と定めていた。その上、国境の内側にある。これは魯の国譜代の家来だ。どうして伐ったりするのだ。」

と言われた。〔そこで〕冉有が、

「あの方（季氏）が攻めたいと思っているのです。私たち二人はどちらも望んではおりません。」

と言うと、孔子は、

「求よ、周任の言葉に『ちからいっぱいに勤め、及ばなければやめる。』とあるが、危くても支えず、転んでも助けないならば、一体、付き添い人として何の役に立とうか。それにそなたは間違ったことを言っている。トラや野牛がオリを破り、亀甲や宝石が箱のなかでこわれたら、それはだれの責任かな。」

と言われた。冉有が、

「今あの顓臾は堅固な備えで〔季家の領地の〕費の町の近くにあります。今のうちに伐っておかないと後世にはきっと子孫の憂いとなりましょう。」

と言った。孔子は、

「求よ、君子というものは、自分の本心を率直にいわないで、あれこれといいわけをするのを憎むものだ。丘（私）が聞くところでは『殿や家老というものは、不足なことより、不公平を憂える。貧乏よりも、不安定を憂える』と言う。つまり公平であれば貧しいということもなく、仲よく和合すれば少ないということもなくなり、安定すれば危険もなくなるものだ。まあこういう次第だ。だから、遠方の人が従わないときは、文徳（ぶんとく）を修めて引き寄せ、そうしておいてから安定させるのだ。今、由（ゆう）（子路）と求（きゅう）は、あの方（季氏）を補佐していながら、遠方の人が従わないでいるのに引き寄せもできず、国がばらばらに分かれているのにそれを収拾（しゅうしゅう）することもできない。それなのに国内で戦争を起こそうと企てている。季孫（きそん）の憂いは顓臾にではなく、屏（へい）の内側にあることを私は恐れる。」

と言われた。

※　金谷氏は訳文に関して、「顓臾（せんゆ）――魯に保護されていた小国の名。季〔孫〕氏は魯の公室をおかして自分の領地をひろげていた。　あの助け役――『彼相』盲人のための相者（助け役）のこと。そのたとえで、季氏の家臣としての冉有らの怠りを責めている。　だれのあやまちかね――もちろん番人の責任だが、それと同様に、季氏のする事についてはお前も責任をのがれられないぞと、さきの冉有の責任回避をとがめた。　屏の内がわに……――国内につ

いて、公平と和合と安定をつとめるのでなければ、内乱が起こるぞということ。」と付記しておられる。

【私の見解】

さて、この章は、他の章と違う点がいくつか目につく逸話である。

一つは、他のほとんどの論語が「子曰」となっているのに対して、これは「孔子曰」となっていることである。おそらくこれは、『論語』の編集をしていた儒者が時を経て代わり、表記の手法が変わったためかも知れない。孔門の弟子が語り継いだ話ではないようだ。

二つは、他の章が短いのに対して、これはやたらと長いことである。孔子の言葉は一般に簡潔明瞭だが、この章はくどくどしい。おそらく、伝承の言葉がくどくどしかったのであろう。それを十分に整理しないまま『論語』に収めたためにこうなったものと思われる。

三つは、どうもこれは、孔子が実際に述べた言葉ではないような趣があることである。孔子は説明がましいことはほとんど言わない習性があり、他の章の言葉はあっけないほどに簡潔だが、この章はあまりにも説明がましい。

長々しくくどくどしいが、要するにこの章は、季氏に仕えていた冉有と季路が補佐役としての役目をしっかりと果たしていないことを、孔子が責めている話である。孔子は、「もっと必要な根回しをして、戦をしなくてもいいように努めよ。憂いは屏の内側にあるのだ。」と冉有と季路を叱咤しているのだ。

『論語』にこの話が収録された趣旨は、とうの昔に消滅しているのではないか。補佐役が果たすべき役割という点では、今日に通じる教訓を含んではいるものの、この章は、とりたてて教訓とすべきものではないように、私は思う。

二　孔子曰、天下有道、則禮樂征伐自天子出、天下無道、則禮樂征伐自諸侯出、自諸侯出、蓋十世希不失矣、自大夫出、五世希不失矣、陪臣執國命、三世希不失矣、天下有道、則政不在大夫、天下有道、則庶人不議、

孔子曰わく、天下道あれば、則ち礼楽征伐、天子より出ず。天下道なければ、則ち礼楽征伐、諸侯より出ず。諸侯より出ずれば、蓋し十世にして失わざること希なし。大夫より出ずれば、五世にして失わざること希なし。陪臣国命を執れば、三世にして失わざること希なし。天下道あれば、則ち政は大夫に在らず。天下道あれば、則ち庶人は議せず。

【現代語訳】

孔子は次のように言われた。

「天下に道理ある政治が行なわれているときは礼楽や征伐は天子から出てくる。天下に道理ある政治が行なわれていないときは礼楽や征伐は諸侯が起こす。諸侯が起こすときは、およそ十代続くことは滅多にない。大夫が起こしたときは五代続くことは滅多にない。陪臣（大夫の家臣）が国権を握ったときは三代続くことは滅多にない。天下に道理ある政治が行なわれていれば、政治は大夫の手などに握られることはなく、平民は政治の批判などしなくなる。」

【私の見解】

これも、孔子が直接言った言葉かどうかは疑わしい。「**孔子曰**」となっているところを見ると、長年言い伝えられたことが孔子の言葉のようにして伝わったものと思われる。弟子などが孔子から直接聞いた言葉であれば、「**子曰**」と表記されているはずであり、「**孔子曰**」とはならないはずだからである。

この話は、「**天下有道、……**」という書き出しになっている。前にも少し触れたが、中国は古来、「国」という概念が曖昧で、王の権力が及ぶ範囲を「天下」と認識していた。

これは、実は大問題で、王の覇権の及ぶ範囲が天下ということになると、国境は王の任意でどうにでもなることになる。

この考え方は、今日の中国共産党政権にも受け継がれている。彼らが、チベットや新疆(しんきょう)ウイグルや内モンゴルなどを「元々(もともと)中国の領土だ」などと言って憚(はばか)らないのはそのためである。国境を自分たちに都合良く勝手に広げる中国という国の不気味(ぶきみ)で恐ろしい本性は、何千年も前からのものなのだ。

中国の「天下」概念は不愉快極まりないものであり、私はそのような話に乗りたくはないが、『論語』を読み解くためには避(さ)けて通れないので、仕方なく「天下」表記に則(のっと)って考察せざるを得ない。

さて、これは、孔子が、「天下に道義が行なわれているときには、文武(ぶんぶ)の命令はすべて天子から出る。国権が大夫などに渡ることはない。天下に道義が行なわれている時には、民心は安定し、政治の批判などしなくなる。」と言っている話である。

本章の本題は、あくまでも「**天下有道、則禮樂征伐自天子出**」と「**天下有道、則政不在大夫、天下有道、則人不議**」にあるのであって、「**天下無道、則禮樂征伐自諸侯出、自諸侯出、蓋十世希不失矣、自大夫出、五世希不失矣、陪臣執國命、三世希望不失矣**」は、天下に道義が行なわれていない時に諸侯や大夫や陪臣が国権を取り仕切ったらどうなるか、の話であって、いってみれば、本題を説明するための付け足しのような部分である。

ところで、「**天下有道、則禮樂征伐自天子出**」(天下道(てんかみち)あれば、則(すなわ)ち礼楽征伐(れいがくせいばつ)、天子(てんし)より出ずる。）には、孔子の「天命信仰」を感じさせるものがある。

孔子歿後、だいぶ経ってから孔子を教組と仰ぐ儒教が成立し、天命思想が理論化され、皇帝による政権は易姓革命の思想によって担保されることになるが、その本源は、やはり孔子の天命信仰にあったと言うべきであろう。

繰り返しになるが、石平氏は、「孔子と儒教は直接関係ない。」と主張されている。確かに儒教の現出は、孔子の死後だいぶ経ってのことであり、孔子の直接知らないことであるが、儒教思想を儒教思想たらしめた大本が孔子の思想にあったということは否定できないだろうと私は思っている。孔子の思想がなければ、儒教の現出はなかったのだから。

三　孔子曰、禄之去公室五世矣、政逮大夫四世矣、故夫三桓之子孫微矣、

孔子曰わく、禄の公室を去ること五世なり。政の大夫に逮ぶこと四世なり。故に夫の三桓の子孫は微なり。

※　金谷氏は読み下し文に関して、「逮ぶ――唐石経・通行本では『逮』の下に『於』の字がある。」と付記しておられる。

【現代語訳】

孔子は次のように言われた。

「〔魯では〕爵禄(しゃくろく)を与える権力が公室を離れてから五代（宣公・成公・襄公・昭公・定公）になる。政治が大夫の手に移ってから〔季孫氏の例では〕四代（季武子・悼子(とうし)・平氏・桓子）になる。だからあの三桓（孟孫・叔孫・季孫）の子孫は衰えたのだ。」

※　金谷氏は訳文に関して、「三桓の子孫も……――三桓は孟孫・叔孫・季孫の三家のこと。共に魯の桓公から分かれたので三桓ともいった。三家が大夫の身分で国政を握ってから四代になったので、別の章でのべたように当然に衰えるべきときがきたというわけ。」と付記しておられる。

【私の見解】

これは、前章で述べたことの裏付けの話である。つまり、孔子がどうして「**天下無道、則禮樂征伐自諸侯出、自諸侯出、蓋十世希不失矣、自大夫出、五世希不失矣、陪臣執國命、三世希望不失矣**」と言ったのかの理由付けである。

まあ、孔子の考えを知る資料としての価値はあるとしても、これは、今日的には取り立てていうほどの話ではないと思われる。

この章も「**子曰**」ではなく「**孔子曰**」となっており、孔子の弟子が伝えた話ではないことが窺える。

ちなみに、「大夫」はいろいろな意味があるようだが、ここでは卿(けい)と士との中間に位置する「官吏」と考えてよさそうだ。

四　孔子曰、益者三友、損者三友、友直、友諒、友多聞、益矣、友便辟、友善柔、友便佞、損矣、

孔子(こうし)曰(のたま)わく、益者三友(えきしゃさんゆう)、損者三友(そんしゃさんゆう)。直(なお)きを友(とも)とし、諒(まこと)を友(とも)とし、多聞(たもん)を友(とも)とするは、益(えき)なり。便辟(べんぺき)を友(とも)とし、善柔(ぜんじゅう)を友(とも)とし、便佞(べんねい)を友(とも)とするは、損(そん)なり。

【現代語訳】

孔子は次のように言われた。

「有益な友だちが三種、有害な友だちが三種ある。正直な人を友とし、誠心の人を友とし、博学な者を友とするのは、有益だ。外見を飾る者を友とし、愛想の良い者を友とし、口(くち)の巧(うま)い者を友とするのは、有害だ。」

【私の見解】

これは、孔子がどのような人を友人にすればよいか、どのような人を友人にすればよくないかを述べたものである。

つまり、孔子は、正直で誠実でもの知りの人を友とするのは有益だが、体裁ぶった軽薄な口先だけの人を友とすると害があると言っている。

まあ、これは孔子の考えであって、考え方は人それぞれであろう。参考にするだけで十分ではないだろうか。

この章も「子曰」ではなく「孔子曰」となっている。同じ篇の中に「子曰」と「孔子曰」が混在しているのは妙な感じだが、聞き伝えを集めた本ゆえの宿命なのかもしれない。

五　孔子曰、益者三樂、損者三樂、樂節禮樂、樂道人之善、樂多賢友、益矣、樂驕樂、樂佚遊、樂宴樂、損矣、

孔子曰わく、益者三楽、損者三楽。礼楽を節せんことを楽しみ、人の善を道うことを楽しみ、賢友多きを楽しむは、益なり。驕楽を楽しみ、佚遊を楽しみ、宴楽を楽しむは、損なり。

※　金谷氏は読み下し文に関して、「三楽――『三楽（さんごう）』と読んで、以下の『楽しみ』を『ねがい』と読むのがふつう。」と付記しておられる。

【現代語訳】

孔子は次のように言われた。

「有益な楽しみが三種、有害な楽しみが三種ある。礼儀と雅楽（ががく）を折り目正しく行うのを楽しみ、人の美点を口にするのを楽しみ、優れた友だちの多いのを楽しむのは、有益だ。驕楽（きょうらく）（わがまま勝手）を楽（たの）しみ、佚遊（いつゆう）（怠（なま）け遊ぶこと）を楽しみ、宴楽（えんらく）（酒色（しゅしょく）に耽（ふけ）ること）を楽しむのは、有害だ。」

【私の見解】

これは、孔子がどのような楽しみが有益でどのような楽しみが有害かについて述べたものである。

つまり、孔子は、礼儀や音楽を楽しみ、人の美点を褒（ほ）め、優れた友だちの多いのを楽しむことは有益だが、わがまま勝手を楽しみ、怠けて遊びほうけることを楽しみ、酒色に耽（ふけ）ることを楽しむのは有害だ、と言っている。

まあ、これも、人それぞれであろう。何事も過度に過ごせば有益なものでも害になるし、ほどほどに過ごせば有害なものでも有益になる。孔子の言っていることは一つの考え、一つの尺度であり、囚われることはない。一つの智恵として心に留めておけばよいのではないだろうか。

この章も、やはり「子曰」ではなく「孔子曰」となっている。

六　孔子曰、侍於君子有三愆、言未及之而言、謂之躁、言及之而不言、謂之隠、未見顔色而言、謂之瞽、

孔子曰わく、君子に侍するに三愆あり。言未だこれに及ばずして言う、これを躁と謂う。言これに及びて言わざる、これを隠と謂う。未だ顔色を見ずして言う、これを瞽と謂う。

【現代語訳】

孔子は次のように言われた。

「君子のおそばにいて、三つの過ちがある。まだ言うべきでないのに言うのは軽はずみと言い、言うべきなのに言わないのは隠すと言い、〔君子の〕表情も見ないで話すのを向う見ずという。」

※　金谷氏は訳文に関して、「がさつ――『躁』は『噪』と同じで、騒がしい意味。」と付記しておられる。金谷氏は、私が「軽はずみ」と訳した部分を「がさつ」と訳しておられる。

【私の見解】

この章で言う「君子」は、「社会的地位のある立派な人」というほどの意味であろうか。はっきりしないので、「君子」と表記することにする。

さて、孔子は、「君子」のそばにいるとき、してはいけないことが三つあると言う。

一つは、言うべき時ではないのに言うこと、これは軽はずみである、

二つは、言うべきときに言わないこと、これは自分の考えを隠すことである、

三つは、「君子」の表情も見ないで言うこと、これは目が見えていないのと同じである、

この三つだと言っている。

なるほど、言われてみればその通りだが、これは、何も「君子」のそばにいるときに限らないのではないか。孔子の時代には、「君子」のそばにいるときの心得だったのだろうが、これは、一般的に、人と会話するときの基本だと言えよう。心したいものである。

この章も、やはり「**子曰**」ではなく「**孔子曰**」となっている。

七　孔子曰、君子有三戒、少之時、血氣未定、戒之在色、及其壯也、血氣方剛、戒之在鬭、及其老也、血氣既衰、戒之在得、

孔子曰わく、君子に三戒あり。少き時は血気未だ定まらず、之を戒むること色に在り。其の壮なるに及んでは血気方に剛なり、これを戒むること闘に在り。其の老いたるに及んでは血気既に衰う、之を戒むること得に在り。

【現代語訳】

孔子は次のように言われた。

「君子には三つの戒めがある。若いときは血気がまだ定まっていないから、性欲を戒める。壮年になると血気がまさに盛んだから、争いを戒める。老年になると血気はもう衰えるから、欲を戒める。」

【私の見解】

これは、孔子が「君子」には三つの戒めがあると言っている話である。

「君子」の意味はハッキリしない。内容的には、何も「君子」でなくても一般的に「人間」と言えばいいのではないか。

つまり、孔子は、人間というものには、年齢によって三つの戒めがあると言っているのだ。

一つは、若いときの戒めで、それは性欲である。

二つは、壮年のときの戒めで、それは人との「争い」である。

三つは、年老いてからの戒めで、それは「欲得」である。

ちなみに、孔子の言う「**少之時**」はだいたい思春期〜30歳くらい、「**壮**」は30歳〜40歳代、「**老**」は50歳以上と考えればいいだろうか。

戒めの中でも、性欲は最も厄介なものだが、これについては他の章のところで既に述べたので、これ以上は触れないでおく。

なるほど、この三つの戒めは、各年代の性を見事に衝いていると思われるが、人間はこのように単純化して説明できるものではないことも事実である。若くても争うことはあるし、壮年でも性欲の問題はつきまとう。年老いたら頑固になってつまらぬ争いごとに見えることもある。孔子の言っていることは、まあ、一つの見方として参考にすれば十分であろう。この章も、やはり「**子曰**」ではなく「**孔子曰**」となっている。

八　孔子曰、君子有三畏、畏天命、畏大人、畏聖人之言、小人不知天命而不畏也、狎大人、侮聖人之言、

孔子曰わく、君子に三畏あり。天命を畏れ、大人を畏れ、聖人の言を畏る。小人は天命を知らずして畏れず、大人に狎れ、聖人の言を侮る。

【現代語訳】

孔子は次のように言われた。

「君子には三つの畏れがある。天命を畏れ、大人（高い地位の人・徳のある人）を畏れ、聖人の言葉を畏れる。小人は天命を知らないので畏れず、大人になれなれしくし、聖人の言葉を侮る。」

※ 金谷氏は訳文に関して、「天命――古注には『順吉や逆凶が天の命。』とあり、運命的な窮極的理法のこと。ただし、新注では『天命とは、天が人や物に与えた正理。』 大人――有徳の先輩。また高位の人。」と付記しておられる。

【私の見解】

この章にも「君子」が出て来る。この場合は、「良くできた人」というほどの意味か。

孔子は、君子には三つの畏れがあると言っている。天命（運命）と有徳の先輩及び聖人の言葉、この三つである。

だが、「小人」（「君子」の反対で「できの悪い人」というほどの意味か）は、天命を心得ていないので畏れず、有徳の先輩にはなれなれしくし、聖人の言葉をばかにすると言っている。

人間を「君子」と「小人」にパターン化する孔子の手法には辟易するが、『論語』を解読するためには避けて通れないのがつらいところだ。

「天命」は孔子思想の特徴でもあり、孔子が天命を畏れていたことは『論語』のここかしこに表れている。大人（有徳の先輩）を畏れるというのは、徳のある人を敬う気持ちの表れであろう。「聖人」とは具体的な知恵や実績のある先人のことであり、そのような人たちの言葉を敬うのが「聖人の言葉を畏れる」ということであろう。まあ、言われてみればなるほどとそういうものか、と一応納得がいく。

ただ、「**小人不知天命而不畏也、狎大人、侮聖人之言、**」（小人は天命を知らずして畏れず、大人に狎れ、聖人の言を侮る。）は、今日では受け入れられない。上から目線で庶民をばかにしているようなこの言葉には、強い違和感を覚える。『論語』（儒学）の宿痾と言うべきであろう。

この章も、やはり「**子曰**」ではなく「**孔子曰**」となっている。

九　孔子曰、生而知之者、上也、學而知之者、次也、困而學之、又其次也、困而不學、民斯爲下矣、

　孔子曰わく、生まれながらにしてこれを知る者は上なり。学びてこれを知る者は次ぎなり。困みてこれを学ぶは又た其の次ぎなり。困みて学ばざる、民斯れを下と為す。

【現代語訳】

　孔子は次のように言われた。

「生まれながらにものをよく知っているのは一番上だ。学んで知るのはその次だ。困ってから学ぶのはまたその次だ。困っても学ばないのは、下等な人間だ。」

※　金谷氏は訳文に関して、「人民でも――徂徠の説によると、『そういうのが一般人民で最も下等だ。』」と付記しておられる。

【私の見解】

　これも、孔子の人間観を示す話であると言えようか。

　孔子は、まず、「**生而知之者**」（生まれながらにしてこれを知る者は上なり。）と言っている。私にはこれがよく分からない。「生まれながらにしてこれを知る者」とはどんな人のこ

となのだろう。そのような人がこの世にいるとはとても思えないのだが、「天才」というほどの意味で理解しておけばよいのだろうか。

「**學而知之者**」（学びてこれを知る者）を、孔子は「天才」の次に賢い人だと言っている。人は誰しも学んで初めていろいろなことを知るのであり、これは一般人の普通の姿であるはずだが、孔子は、これを天才の次だと言っている。

孔子は、さらに、追い込まれて学ぶ者をその次に置き、追い込まれても学ばない者を最も下等な人間だと言っている。

孔子はよほどパターン化して人間を区分けするのが好きなようだが、このような思考には私はどうもついて行けない。孔子の人間観の醜態を見た思いがする。

そもそも、人間というのはもっと流動的なもので、天才――学んで知る人――追い込まれて学ぶ人――追い込まれても学ばぬ人、というように、固定的に区分けすることなどできるはずのものではない。

ところで、『論語』には、「**子曰、有教無類**」（子曰わく、教えありて類なし。）とか「**子曰、性相近也、習相遠也**」（子曰わく、性、相近し。習えば、相い遠し。）のようにこの章の趣旨とは矛盾する言葉がいくつか載っている。これは『論語』が論理一貫したものではないことを物語っていると言えるだろう。

この章も、やはり「子曰」ではなく「孔子曰」となっている。

一〇 孔子曰、君子有九思、視思明、聴思聡、色思温、貌思恭、言思忠、事思敬、疑思問、忿思難、見得思義、

孔子曰わく、君子に九思あり。視るには明を思い、聴くには聡を思い、色には温を思い、貌には恭を思い、言には忠を思い、事には敬を思い、疑わしきには問いを思い、忿りには難を思い、得るを見ては義を思う。

【現代語訳】

孔子は次のように言われた。

「君子には九つの思いがある。見るときにははっきり見たいと思い、聞くときには漏らさず聞き取りたいと思い、顔つきは穏やかでありたいと思い、態度は恭しくありたいと思い、言葉には誠実でありたいと思い、仕事には慎重でありたいと思い、疑わしいことは問いただしたいと思い、怒れば後が面倒だと思い、利得を見ては道義を思う。」

【私の見解】

これも、孔子の人間観を示している話である。例によって、「君子」云々は馴染めないが、

孔子は、「君子」には思うことが次の九つあるという。

①見る時にはハッキリと見たい。
②聞く時には細部まで聞き取りたい。
③穏やかな顔つきでいたい。
④態度は恭(うやうや)しくありたい。
⑤言葉には誠実でありたい。
⑥仕事は慎重(しんちょう)にしたい。
⑦疑問がある時は問いただしたい。
⑧腹が立った時には後の難儀(なんぎ)を考えたい。
⑨儲け話がある時は正しいことかどうかを考えたい。

なるほど、面白い見方であり参考にはなるが、なんだかあまりにも類型的で現実離れしているように私は思う。この他にも思うことはいろいろあるに違いないのに……。

どうもこれは、孔子が実際に言ったことではないような雰囲気が行間から滲(にじ)み出ている。

この章も、やはり「**子曰**」ではなく「**孔子曰**」となっている。後世の誰かが孔子の名を借りて作文したものであろう。

一一　孔子曰、見善如不及、見不善如探湯、吾見其人矣、吾聞其語矣、隠居以求其志、行義以達其道、吾聞其語矣、未見其人也、

孔子曰わく、善を見ては及ばざるが如くし、不善を見ては湯を探るが如くす。吾れ其の人を見る、吾れ其の語を聞く。隠居して以て其の志しを求め、義を行ないて以て其の道を達す。吾れ其の語を聞く、未だ其の人を見ず。

【現代語訳】

孔子は次のように言われた。

「よいことを見れば及ばずながらも追いつこうとし、よくないことを見れば熱湯を探るように〔さっと身を退こうと〕する。私はそういう人を見た。私はそういう話も聞いた。世間から身を退いて一念を貫こうとし、正義を行なってその道を通そうとする。私はそういう話を聞いたことがあるが、そういう人はまだ見たことがない。」

【私の見解】

少し分かりにくい話だが、より分かり易く訳し直すと、

孔子は次のように言われた。

「よいことは必死に追いかけてでも行ない、悪いことからは素早く身を退く。私はそん

な人を見たことがあるし、そんな言葉を聞いたことがある。世間から引きこもって一念を貫き、正義の道をまっしぐらというようなことは話としては聞いたことがあるが、そういう人はまだ見たことがない。」

ということになろうか。

これも、やはり「子曰」ではなく「孔子曰」となっている。話の内容がどうも孔子が言ったとは思えないような趣がある。

一二　**齊景公有馬千駟、死之日、民無徳而稱焉、伯夷叔齊餓于首陽之下、民到于今稱之、其斯之謂與、**

〔孔子曰わく、誠に富を以てせず、亦た祇に異を以てす。〕斉の景公、馬千駟あり。死するの日、民徳として称すること無し。伯夷・叔斉、首陽の下に餓う。民今に到るまでこれを称す。其れ斯れをこれ謂うか。

※　金谷氏は読み下し文に関して、「孔子の曰わく……」——新注により、顔淵篇第一〇章のことばをここに移して読ん

だ。」などと付記しておられる。

【現代語訳】

孔子は、次のように言われた。

「詩経には『**誠不以富、亦祇以異**』（まこと富にはよらず、ただ異なるものによる。）とある。斉の景公は四頭だての馬車千台を持っていたが、死んだときには、人民は誰一人としてその徳を称える者がいなかった。伯夷と叔斉とは、首陽山の麓で餓死したが、人民は今に至るまで称えている。〔詩経の言葉は〕こういうことを言ったものだろうね。」

【私の見解】

金谷氏の付記によれば、原文にはない「**子曰、誠不以富、亦祇以異**」（子曰わく、誠に富を以てせず、亦た祇に異を以てす。）を読み下し文に付け足してあるという。このことは、顔淵第十二第一〇章のところでも「季氏篇第一二章の方で補って読んだ。」と付記してあった。つまり、「人の世は、富だけではない。」と詩経に書いてあるのは、次のようなことなのだと孔子が言ったとして、「**齊景公有馬千駟、……**」を解読しているのである。「**齊景公有馬千駟、……**」が、真に孔子の言葉かどうかは分からないが、これも一つの解釈なのであろう。

孔子が例として挙げたのは、「斉の景公は裕福だったが、死んだときに人々は誰も彼に世話になったと褒めなかった。しかし、山麓で飢え死にした貧乏人の伯夷と叔斉は、今でも人々に褒められている。」という話である。

確かに、世の中は富がすべてではない。人間関係は、富みに依らず情や関係性によって成り立っている部分が大いにある。

孔子は、ごく当たり前のことを言っているに過ぎないが、これは、ともすれば「カネが全て」に走りがちな世相への孔子らしい警鐘だったのであろう。

それにしても、『論語』は難解である。原文にはない言葉を他から補って解釈することが認められるのだ。こうなると、私のような素人はもはやお手上げである。

一三　陳亢問於伯魚曰、子亦有異聞乎、對曰、未也、嘗獨立、鯉趨而過庭、曰、學詩乎、對曰、未也、曰、不學詩無以言也、鯉退而學詩、他日又獨立、鯉趨而過庭、曰、學禮乎、對曰、未也、不學禮無以立也、鯉退而學禮、聞斯二者、陳亢退而喜曰、問一得三、聞詩、聞禮、又聞君子之遠其子也、

陳亢、伯魚に問うて曰わく、子も亦た異聞ありや。対えて曰わく、未だし。嘗て独り立てり。鯉趨りて庭を過ぐ。曰わく、詩を学びたりや。対えて曰わく、未だし。詩を学ばずんば、以て言うこと無し。鯉退きて詩を学ぶ。他日又た独り立てり。鯉趨りて庭を過ぐ。曰わく、礼を学びたりや。対えて曰わく、未だし。礼を学ばずんば、以て立つこと無し。鯉退きて礼を学ぶ。斯の二者を聞けり。陳亢退きて喜びて曰わく、一を問いて三を得たり。詩を聞き、礼を聞き、又た君子の其の子を遠ざくるを聞く。

【現代語訳】

陳亢が伯魚に、

「あなたは何か変わったことを教えられましたか。」

と訪ねた。〔伯魚は、〕

「いいえ。いつか一人で立っておられたとき、鯉（私）が小走りで庭を通りますと、『詩を学んだか。』と仰ったので、『いいえ。』と答えますと、『詩を学ばなければ何も話せないぞ。』ということで、鯉（私）はさがってから詩を学びました。別の日にまた一人で立っておられたとき、鯉（私）が小走りで庭を通りますと、『礼を学んだか。』と仰ったので、『いいえ。』と答えますと、『礼を学ばなければ役に立たぬぞ。』ということで、鯉（私）はひきさがってから礼を学びました。この二つのことを教えられました。」

と言った。陳亢は退出すると喜んで、

「一つのことを訊ねて三つのことが分かった。詩のことを教えられ、礼のことを教えられ、また君子が自分の子供を遠ざけているということを教えられた。」

と言った。

※　金谷氏は訳文に関して、「陳亢――学而篇第一〇章の陳子禽のこと」などと付記しておられる。

【私の見解】

さて、これは、孔子の門人の陳亢（陳子禽）が、孔子の子供の伯魚（鯉）に、父の孔子から特別なことを教えられたかどうかを訊ね、その回答から、詩のことと礼のことと孔子が自分の子供を特別扱いしないことの三つを教えられたと喜んだという話である。

取り立てて言うほどの話ではない。一通り読めば十分であろう。

一四　邦君之妻、君稱之曰夫人、夫人自稱曰小童、邦人稱之曰君夫人、稱諸異邦曰寡小君、異邦人稱之亦曰君夫人也、

邦君の妻、君これを称して夫人と曰う。夫人自ら称して小童と曰う。邦人これを称して君夫人と曰う。異邦に称して寡小君と曰う。異邦の人これを称して亦た君夫人と曰う。

【現代語訳】

君主の妻を、君主は「夫人」と呼び、夫人は自分のことを小童と言い、国内の人が呼ぶ時には君夫人と言い、外国に向かって言う時には寡小君と言い、外国の人が言う時にはやはり君夫人という。

※　金谷氏は訳文に関して、『当時、称号が乱れていたので、孔子が正したのだ。』と古注はいうが、新注では、この類の語が『論語』に入っている意味はよく分からない、としている。」と付記しておられる。

【私の見解】

私は右のように訳してみたが、どうもしっくりとこない。わが国に馴染みのある言い方で訳し直してみると、

国の殿様の妻〈の呼び方〉は、殿様が呼ばれる時は「奥」と言い、妻が自分自身を呼ぶ時は「わらわ」と言う。国民が呼ぶときは「奥方様」と言い、よその国に向かって言うと

きも「奥方様」と言う。そして、よその国の人が呼ぶときもやはり「奥方様」と言う。となろうか。この方が、私たち日本人には分かり易いのではないか。

さて、『論語』に載っている話は、ほとんどが誰が言った言葉か分かる表記になっているが、この章の話は誰が言ったか分からない言葉になっている。新注が言うように、この話が『論語』に載っている意味が私もよく分からない。

ネットで調べたところによると、「論語を記した門人のメモが誤って混入したか、或いは後世になって別の断簡が混入したものであろう。」と推測している例も見られる。（宮崎市定『論語の新研究』）。

私は、『論語』を編集した儒者が、当時の称号のことを後世に遺したいと考えて作文して載せたのではないかと思う。確たる根拠はない。真実は藪の中である。

論語　巻第八　終

論語　巻第九

陽貨第十七

一　陽貨欲見孔子、孔子不見、歸孔子豚、孔子時其亡也、而往拜之、遇諸塗、謂孔子曰、來、予與爾言、曰、懷其寶而迷其邦、可謂仁乎、曰、不可、好從事而亟失時、可謂知乎、曰、不可、日月逝矣、歳不我與、孔子曰、諾、吾將仕矣、

陽貨、孔子を見んと欲す。孔子見えず。孔子に豚を帰る。孔子其の亡きを時として往きてこれを拜す。塗に遇う。孔子に謂いて曰わく、来たれ。予れ爾と言わん。曰わく、其の宝を懐きて其の邦を迷わす。仁と謂うべきか。曰わく、不可なり。事に従うを好みて亟々時を失う、知と謂うべきか。曰わく、不可なり。日月逝く、歳我れと与ならず。孔子曰わく、諾。吾れ将に仕えんとす。

※　金谷氏は読み下し文に関して、「曰わく——不可なりを孔子の返答とするのがふつう。ここでは陽貨の自問自答とみる。」と付記しておられる。

【現代語訳】

陽貨が孔子に会いたいと思ったが、孔子は応じられなかった。そこで〔陽貨は〕孔子に豚肉を贈った。孔子は陽貨の留守を見はからってお礼に行かれた。〔ところが運悪く〕途中で〔陽貨に〕出逢ってしまった。〔陽貨は、〕孔子に向かって、

「来なさい。話がある。宝を胸に抱きながら国を迷わしていて、仁者と言えますか。言えますまい。政治をすることが好きなのにたびたびその機会を逃がす。これは智と言えますか。言えますまい。月日は過ぎ行き、年は待ってはくれません。」

と言った。孔子は、

「わかりました。私はいまに御奉公しましょう。」

と言われた。

※　金谷氏は訳文に関して、「陽貨――季孫氏の家臣、陽虎のこと。主家をおさえて魯の国政を握ったが、のちに失脚した。　大夫が士に贈り物をすると、士は大夫の家に出むいてあいさつしなければならなかった。『孟子』縢文公下篇にもこのことが見える。　見はからって――『時』の字は伺の意味。『時いて』と読んでよい。『孟子』で瞰とあるのも同じ。　御奉公しましょう――陽貨に仕えるというのでなく、もともと嫌いな人物だから、さからわない自然な答えで受け流した。」と付記しておられる。

【私の見解】

さて、これは、孔子が、主家をおさえて魯の国政をわが物とした陽貨を嫌っていたという話であるが、この話を語ったのは一体誰なのだろうか。二人のやりとりを弟子の誰かが見ていて伝えたのか、それとも、孔子が弟子の誰かに話したのが語り伝えられたものなのか、文章を読む限りでは分からない。孔子が陽貨を嫌っていたことを知っていた弟子の誰かが物語を作って言い伝えたのかも知れないが、そうであれば、「**孔子曰**」の表記はおかしいことになる。

いずれにしても、この話は私たち日本人にはどうでもいい話である。読み流すだけで十分だ。

二　**子曰、性相近也、習相遠也、**

子曰わく、性、相い近し。習えば、相い遠し。

【現代語訳】

先生は次のように言われた。

「〔人間は、〕生まれは似通っているが、しつけ（習慣や教養）で差が開く。」

【私の見解】

これは、やはり、孔子の人間観を表す言葉で、「人は生まれたときはあまり差はないが、学習や教育によって差ができる。」と言っている。

似たような言葉は、衛霊公第十五の第三九章にもあった。（**子曰、有教無類、**（子曰わく、教えありて類なし。）。習うことや教育を受けることによって人は変わることを言ったものだ。孔子の言っていることは、基本的にその通りである。

だが、衛霊公第十五の第三九章の所でも書いたが、人間にはもって生まれた素質というものがあり、いちがいに「**性相近也**」（性、相近し）とは言えない側面もある。習うことや教育を受けることは重要だが、万能ではないことも心得ておくべきであろう。

三　**子曰、唯上知與下愚不移、**

子曰わく、唯だ上知と下愚とは移らず。

【現代語訳】

先生は次のように言われた。

「ただとびきりの賢者とどん尻の愚者は〔永久に〕変わらない。」

【私の見解】

この章は、前章と同じ章に入る言葉であったものが、何かの間違いで別の章になったという説があるそうだ。

なるほど、そう言われてみれば、この章は、前章で述べたことの一部手直しのような趣がある。

つまり、前章で孔子は、「人は生まれたときはあまり差はないが、学習や教育によって差ができる。」と言っていた。しかし、この章では、「とはいいながら、とびきり賢い者とどん尻の愚か者は、学習や教育でもどうにもならぬ。」と言っているのである。

確かに、人には持って生まれた素質というものがあり、生まれたときからすでに「同じ」とは言えない宿命のようなものを背負ってはいる。

だが、孔子のように、「学習や教育によってもどうにもならぬ。」と言い切ってしまうと要らぬ誤解を生む。孔子の思考には、人間をどうしても固定的にタイプ別けしなければ収まらぬといった癖が見え隠れしていて、私はどうも馴染めない。

孔子が生きた時代には許されたかも知れないが、今の時代に「**唯上知與下愚不移**」（唯だ上知と下愚とは移らず。）などと学校の先生が生徒に言ったら大問題になるであろう。

教育は、人それぞれが持って生まれた素質を認め大切にしながら、その人の持ち味を引き出し伸ばすように配慮して進めることが求められる。孔子のように人の能力に見切りをつけたのでは、教育は成り立たなくなってしまう。

「**子曰、唯上知與下愚不移**」は、孔子の人間観あるいは教育観を知る資料としては有効だとしても、今日にも通じる教訓だとは思わない方がよい。

四　子之武城、聞絃歌之聲、夫子莞爾而笑曰、割雞焉用牛刀、子游對曰、昔者偃也、聞諸夫子、曰、君子學道則愛人、小人學道則易使也、子曰、二三子、偃之言是也、前言戲之耳、

子、武城に之きて絃歌の声を聞く。夫子莞爾として笑いて曰わく、鶏を割くに焉んぞ牛刀を用いん。子游対えて曰わく、昔者偃や諸れを夫子に聞けり、曰わく、君子道を学べば則ち人を愛し、小人道を学べば則ち使い易しと。子曰わく、二三子よ、偃の言是なり。前言はこれに戯れしのみ。

【現代語訳】

先生は、武城の町に行かれたとき、琴の音と歌声が聞こえてきた。先生は微笑んで、「鶏を割くのにどうして牛刀を使うのかな。」と言われた。子游は、

「以前、偃（私）は先生から、君子が人の道を学ぶと人を愛するようになり、小人が人の道を学ぶと使い易くなるとお聞きしました。」

と言った。先生は、

「諸君、偃の言うことは本当だ。さっき〔私が〕言ったのは冗談だよ。」

と言われた。

※　金谷氏は訳文に関して、「武城――魯の国に属する小さい町。子游がその宰（とりしまり）であった。雍也篇第一四章参照。」などと付記しておられる。

【私の見解】

さて、この章の話の中身は、要するに、武城のような小さな町で、大きな町で行なわれる絃歌の声が聞こえてきたことに対して、孔子が、「こんなちっぽけな村でそのような大げさな雅楽は必要ないではないか。」と言ったところ、武城のとりしまりの役にあった子游が孔子に反問し、孔子が「さっき言ったことは冗談だよ。」と言ったというものである。孔子が自分の言った言葉を弟子の子游の反問に遭ってすぐに取り消しているのだ。妙な話である。

この話は、おそらく後世の誰かが、孔子がいかに素直な人でちゃめっけがあったかを伝えるために創作したものではないだろうか。

いずれにしても、この話は、儀礼と雅楽を学ぶことを重視する孔子の本音が、民を支配する権力者の論理に立つものであることを示唆していることに変わりはない。

孔子の思想（儒学）はやはり支配者に奉仕する政治学であり、後の儒教が孔子を教祖として時の権力者に阿ったのも宜なるかなと思われる。

ちなみに、「**割雞焉用牛刀**」（鶏を割くに焉んぞ牛刀を用いん。）は、「取るに足らない小さなことを処理するのに、大がかりなことをすることはない。」という意味で、故事成語になっている。

五　公山不擾以費畔、召、子欲往、子路不説曰末之也已、何必公山氏之之也、子曰、夫召我者、而豈徒哉、如有用我者、吾其爲東周乎、

公山不擾、費を以て畔く。召く。子往かんと欲す。子路説ばずして曰わく、之くこと末きのみ。何ぞ必ずしも公山氏にこれ之かん。子曰わく、夫れ我れを召く者にして、豈に徒ならんや。如し我れを用うる者あらば、吾れは其れ東周を為さんか。

※　金谷氏は読み下し文に関して、「不擾――唐石経・通行本では『弗擾（ふつじょう）』とあり、『史記』では『不狃』とある。公山氏の名。」と付記しておられる。

【現代語訳】

公山不擾（こうざんふじょう）が費の町に立てこもって叛（そむ）いたとき、先生をお招きした。先生は招きに応じようとされた。子路は喜ばず、

「おいでになることもないでしょう。どうして公山氏などのところへ行かれるのです。」

と言った。先生は、

「私を招くのは、よくよくのことだ。もし私を用いる者がいれば、私は東周の国を興すのだが。」

と言われた。

※　金谷氏は訳文に関して、「公山不擾が……――公山氏は季氏の家臣。陽虎の反乱のあと季氏に叛いた。孔子の五十一、二歳ごろのことという。　東の周を……――孔子の理想とした周の盛時を東方の魯で再興しようという意味。」と付記しておられる。

【私の見解】

さて、費の町に立てこもって反乱した公山不擾に招かれたとき、孔子はその招きに応じようとした。弟子の子路が反逆者の招きに憤慨し、孔子を押しとどめたのは当然であったが、孔子は、「このわしを招くのだ。いい加減な気持ちからではあるまい。」と尊大に構え、「わしが仕官すれば、周王朝をこの東方に再興してみせようぞ。」と言い放っている。孔子がいかに仕官を熱望していたか、そして、いかに強く周王朝の再興を願っていたかがよく読み取れる逸話である。

この章の話は、孔子の人柄や思想の根源を知る上で有効な資料を提供しているとはいえ、今日的には取り立てて言うほどの価値はないだろう。一応読み流すだけで十分だと思う。

六　子張問仁於孔子、孔子曰、能行五者於天下爲仁矣、請問之、曰、恭寛信敏恵、恭則不侮、寛則得衆、信則人任焉、敏則有功、恵則足以使人、

子張、仁を孔子に問う。孔子曰わく、能く五つの者を天下に行なうを仁と為す。これを請い問う。曰わく、恭寛信敏恵なり。恭なれば則ち侮られず、寛なれば則ち衆を得、信なれば則ち人任じ、敏なれば則ち功あり、恵なれば則ち以て人を使うに足る。

【現代語訳】

子張が、仁について孔子にお訊ねした。孔子は、
「五つの徳で天下を治めることができれば、仁と言える。」
と言われた。〔子張が〕さらにお訊ねすると、先生は、
「恭・寛・信・敏・恵の五つだ。恭しければ侮られず、寛であれば人望を得るし、信があれば人から頼られ、機敏であれば功績があがり、恵み深ければうまく人を使える。」
と言われた。

【私の見解】

孔子は、仁の説明を相手によっていろいろと変えている。この章では、子張の問いに、『**恭寛信敏恵**』の五つのことを天下に行うことができたら仁と言える。」と答え、その理由を述べている。ここでも、政治に絡めて「仁」を語っている。当然ながら、孔子の「仁」は、あくまでも為政者の側に立った見方である。この章に於ける孔子自身の説明にそのことが滲み出ている。孔子の考える「仁」の概念を知る上で、貴重な資料と言えるだろう。

ところで、孔子は、「天下」という言葉を使っている。中国で言う「天下」とは、中国の皇帝が影響力を及ぼしている範囲のことを表しており、広い概念だ。

この章が『論語』に載っているのは、孔子の思想の中核をなす「仁」のことなので当然

であろう。

それにしても、中国の現実は、孔子の言う「仁」とはあまりにもほど遠い。孔子を聖人と仰ぎながら、孔子が唱えたことに違背する政治を延々と続けている。不思議なことである。

この章も「**孔子曰**」の表記になっている。内容的には、孔子自身の言葉のようにも思われるが、誰かの創作かも知れない。『論語』には分からぬことが多い。

七　仏肸召、子欲往、子路曰、昔者由也聞諸夫子、曰、親於其身爲不善者、君子不入也、仏肸以中牟畔、子之往也如之何、子曰、然、有是言也、曰不曰堅乎、磨而不磷、不曰白乎、涅而不緇、吾豈匏瓜也哉、焉能繫而不食、（仏肸の仏は、底本の原文では月偏に弗の旁。唐石経・通行本に従って仏に替えた。：山内注）。

仏肸、召く。子往かんと欲す。子路曰わく、昔者由や諸れを夫子に聞けり、曰わく、親ら其の身に於いて不善を為す者は、君子は入らざるなりと。仏肸、中牟を以て畔く。子の往くや、これを如何。子曰わく、然り、是の言有るなり。堅しと曰わざらんや。磨すれども磷がず。白しと曰わざらんや。涅すれども緇まず。吾れ豈に匏瓜ならんや。焉んぞ能く繫りて食らわれざらん。

※　金谷氏は読み下し文に関して、「●肸――唐石経・通行本では『●』は『仏』とある。（●は月偏に弗の旁。：山内注）。然り、是の言……――下文の皇本・清本の『曰』字を生かして読むと、『然れども、是の（以下のような）言も有り、曰わく、』というようにも読める。」と付記しておられる。

【現代語訳】

仏肸がお招きしたので、先生は行こうとされた。子路は、

「かつて由（私）は先生から、自分から善くないことをする者には、君子は与しないとお聞きしました。仏肸は中牟の町に立てこもって反乱を起こしております。先生が行かれるのは、どういうことでしょうか。」

と言った。先生は、

「そう、そういうことを言ったね。『研いでも薄くならないものは堅いと言わずにいられようか、黒土にまぶしても黒くならないものは白いと言わずにいられようか。』〔という諺がある〕。まさか私は、ぶらさがったままで人に食べられもしない苦瓜でもあるまいに。」

と言われた。

※　金谷氏は訳文に関して、「仏肸――晋の大夫の范氏の家宰として中牟町（今の河北省南西部の町―異説あり）をとりしまっていたが、孔子の六十三歳の時に謀叛したという（劉宝楠の説）。」と付記しておられる。

【私の見解】

さて、この章は、先に見た第五章とよく似た話である。

この章は、孔子がよほど仕官を願っていたことを示すエピソードと言ってよいだろう。謀叛を起こした仏肸に招かれて行こうとした。子路に、過去に自分が「君子は、善くないことをした者には与しないことだ。」と言ったことを理由に「行かれるのはいかがなものでしょう。」と言われると、孔子は、諺を引いて「悪い者にも染まらないことだってできる。」と言い、**「吾豈匏瓜也哉、焉能繫而不食」**（吾れ豈に匏瓜ならんや。焉んぞ能く繫りて食らわれざらん。）とまで言っている。孔子がどれほど仕官を望んでいたかが、痛々しいほどによく分かるではないか。

まあ、この話も、孔子という人を知る資料としての値打ちはあるものの、今日的には取り立てて言うほどのことではないように思われる。

八　子曰、由女聞六言六蔽矣乎、對曰、未也、居、吾語女、好仁不好學、其蔽也愚、好知不好學、其蔽也蕩、好信不好學、其蔽也賊、好直不好學、其蔽也絞、好勇不好學、其蔽也亂、好剛不好學、其蔽也狂、

子曰わく、由よ、女六言の六蔽を聞けるか。対えて曰わく、未だし。居れ、吾れ女に語げん。仁を好みて学を好まざれば、其の蔽や愚。知を好みて学を好まざれば、其の蔽や蕩。信を好みて学を好まざれば、其の蔽や賊。直を好みて学を好まざれば、其の蔽や絞。勇を好みて学を好まざれば、其の蔽や乱。剛を好みて学を好まざれば、其の蔽や狂。

※　金谷氏は読み下し文に関して、「由よ――『由』の下、唐石経・通行本では『也』字がある。」と付記しておられる。

【現代語訳】

先生が、

「由（子路）よ、そなたは六つの言葉の六つの弊害を聞いたことがあるかな。」

と言われた。由が、

「まだありません。」
とお答えすると、〔先生は、〕
「お坐り、私がそなたに話してあげよう。仁を好んで学問を好まないと、その害として愚か者になる。知識を好んでも学問を好まないと、その害としてどうしたらよいか分からなくなる。信義を好んでも学問を好まないと、その害として盲信してしまうことになる。正直を好んでも学問を好まないと、その害として窮屈になる。勇気を好んでも学問を好まないと、その害として乱暴者になる。剛強を好んでも学問を好まないと、その害として狂乱に陥ってしまう。」
と言われた。

※　金谷氏は訳文に関して、「泰伯篇第二章前半に似たことばがあり、ここでの『学』が『礼』になっている。」と付記しておられる。

【私の見解】

『論語』に載っている孔子の言葉は、決して学問的に論理一貫したものではない。どれも単発で前後関係に繋がりのない言葉の羅列である。

だが、単独の言葉が時として他の言葉と結びつくことがある。泰伯篇第二章前半とこの章の関係がまさにそうである。

金谷氏の付記にもあるように、この章の話は泰伯篇第二章前半とよく似ており、そこでは、何事も「礼」に依らなければうまく行かぬと戒めていた。ここでは何事も「学問」の裏付けがないとうまく行かぬと戒めている。

孔子の言う「……**不好學、**」（……学を好まざれば、）は、今日で言うところの「学問」＝「科学」に基づかなければという意味ではなく、孔子の保守主義に照らして類推すると、過去から積み上げられた「文化・礼式」に依らなければというほどの意味だと思われる。

このように解釈すれば、泰伯篇第二章前半の「礼に依らなければ」とこの章の「学問に依らなければ」は、表現が異なっているだけで内容はさほど変わらないと言えるであろう。

つまり、孔子の言う「仁」の実行は、周王朝の文化・礼式を理想とし、それに則ることが大切だということなのだと解釈できる。

孔子の言う「**六言六蔽**」の戒めは、あくまでも当時の価値観に基づくものであり、今日、それがそのまま当てはまる訳でないことは、言うまでもない。

九　子曰、小子、何莫學夫詩、詩可以興、可以觀、可以群、可以怨、邇之事父、遠之事君、多識於鳥獸草木之名、

子曰わく、小子、何ぞ夫の詩を学ぶこと莫きや。詩は以て興すべく、以て観るべく、以て群すべく、以て怨むべし。邇くは父に事え、遠くは君に事え、多く鳥獣草木の名を識る。

【現代語訳】

先生は次のように言われた。

「そなたたちは、どうしてあの詩というものを学ばないのだ。詩は心をかき立て、物事を見極めさせて、人々と仲よくさせるし、怨ませもする。近いところでは父にお仕えし、遠いところでは君にお仕えする。鳥獣草木の名まえもたくさん覚えられる。」

【私の見解】

これは、孔子が詩の効用を説き、弟子たちに詩を学ぶことを推奨している話である。

ここで孔子が言っている「**何莫學夫詩**」の「詩」とは『詩経』のことであろう。

私は『詩経』を読んだことがないので何とも言えないが、一般的に「詩」には、孔子のいうような効用があるように思われる。「**邇之事父、遠之事君**」は、直接的には今日の状況には合わないが、「父」や「君」を「仕事」や「職務」に置き換えて読めば、今日にも当てはまるであろう。

ところで、私たち日本人は、有り難いことに無意識のうちに「詩の文化」に浸って生きている。俳句・短歌・川柳・都々逸などの和歌は、日本人なら誰でも理解できるし作ることもできる。

辞世の句といって、死の間際にのこす詩の風習までもある。名士だけでなく、石川五右衛門や鼠小僧次郎吉といった盗人でさえ辞世の句をのこす国柄なのだ。

世界最古の歌集といわれている万葉集には、身分の上下に関係なく多種多様な人々の歌が収められている。和歌のもとでは人々は皆平等であったことが分かる。

このような国は、日本以外にはないのではないか。このことを孔子が知ったら、目を白黒させて驚くことであろう。

中国には「漢詩」があるが、これは日本の短歌や俳句とはまったく趣が異なる。かなりの教養が必要で、誰でも理解できて作れるというものではないようだ。漢詩には、どこか堅い雰囲気と現実逃避の趣があると指摘する識者もいるほどだ。

まあ、文化の違いで、どちらが良いとか悪いというつもりはないが、多様で柔軟な詩の文化を育んできたわが国を、私は誇りに思っている。

一〇　子謂伯魚曰、女爲周南召南矣乎、人而不爲周南召南、其猶正牆面而立也與、

子、伯魚に謂いて曰わく、女周南・召南を為びたるか。人にして周南・召南を為ばずんば、其れ猶お正しく牆に面して立つがごときか。

【現代語訳】

先生が伯魚に向かって次のように言われた。

「そなたは周南と召南の詩を学んだかい。人として周南と召南の詩を学ばなければ、それはちょうど塀をまん前にして立っているようなものだ。」

※　金谷氏は訳文に関して、「伯魚――孔子の子、鯉のこと。　周南と召南の詩――『詩経』の国風の最初の二地方の歌。周公と召公の徳化による道徳的なものとされる。」と付記しておられる。

【私の見解】

金谷氏の付記にあるように、拍魚は孔子の長男で、名は鯉、拍魚は字。50歳で孔子よりも先に亡くなったと伝えられている。

この章は、孔子が自分の長男に『詩経』の周南と召南を読むように薦めている話だ。それを身につけなければ、これから先一歩も進めないぞ、と言っているところを見ると、孔

子は、周南と召南の詩をとても重要視していたことが分かる。これは、仏教徒に『般若心経』を修めよと言っているようなものだと考えればいいだろうか。

この章は、孔子の『詩経』への思いを知る資料として貴重ではあるが、今日的に見てとりたてて重要な話とは思えない。一通り読めば十分ではないかと思う。

一一　**子曰、禮云禮云、玉帛云乎哉、樂云樂云、鐘鼓云乎哉、**

子曰わく、礼と云い礼と云うも、玉帛を云わんや。楽と云い楽と云うも、鐘鼓を云わんや。

【現代語訳】

先生は次のように言われた。

「礼だ礼だと言うが、玉や絹布のことだろうか。楽だ楽だと言うが、鐘や太鼓のことだろうか。」

【私の見解】

これは、孔子が、礼楽の本質は形式ではなくその精神にあることを語ったものである。

一般に礼式は服装や立ち居振る舞いに目が行きがちだし、雅楽は音を奏でる楽器に心が奪われがちだが、孔子はそのことを戒めたものと思われる。

まあ、この話は、一般的な意味に於いて今日にも通じるものがあるとはいえ、儒教その他の宗教に関わっていない限り、重要な話ではないように思われる。これも一通り読めば十分であろう。

一二　**子曰、色厲而内荏、譬諸小人、其猶穿窬之盗也與、**

子曰わく、色厲しくして内荏なるは、諸れを小人に譬うれば、其れ猶お穿窬の盗のごときか。

【現代語訳】

先生は次のように言われた。

「見かけは威厳があるが、内面はだらしがないのは、小人に譬えると、壁を破り塀を乗り越えて忍びこむこそ泥のようなものか。」

※　金谷氏は訳文に関して、「忍びこみの……――『穿』は壁をくぐりぬけること。『窬』は塀をのりこえることで、そうしたこそ泥。」と付記しておられる。

【私の見解】

これは、孔子が、政治に携わる者のことをたとえ話を交えて語っているものである。「**譬諸小人**」（諸れを小人に譬うれば、）と言っていることから、そのことが窺える。

つまり、孔子は、〔政治家というものは、〕うわべばかり偉そうにしていても、内心がしっかりしていなければ、それは下々のこそ泥のようなものだ、と言っているのだ。

ところで、「**譬諸小人**」（諸れを小人に譬うれば、）と言っているが、これは、孔子の思想の焦点がやはり政治に携わる公務員（それも高官）にあることを裏付けている。孔子の思想（儒学）は上から目線の政治学だと私が言う所以である。

この章の話は、一般化して教訓にすることもできるかも知れないが、まあ、孔子一流の考えだとして読み過ごしてもよいような話である。

一三　**子曰、鄉原徳之賊也、**

子曰わく、郷原は徳の賊なり。

【現代語訳】

先生は次のように言われた。

「村で善い人といわれる者の中には、えてして徳を損なう者がいるものだ。」

※　金谷氏は訳文に関して、「村で善い人……――『郷原』は『郷愿』と同じで、愿は善の意味。『孟子』尺心下篇の万章問章に詳しい説明があり、これという欠点もないかわりにまた何の取りえもない八方美人のこと。」と付記しておられる。

【私の見解】

さて、これは、「村で善人面をしている者こそ道義に反することをするものだ。」と孔子が言っている話である。孔子の人間観の一端を表していると言えよう。

孔子が、誰か具体的な者のことを頭に描いてそう言ったのか、それとも一般的にそうだという意味でそう言ったのかは分からないが、このような事例は、今日でも、まま、ある話である。

まして、嘘と欺瞞と騙しが日常の中国のことである。「善人面している者ほど気を付けろ。」というのは、当時としてはごく普通の智恵だったのであろう。

この話は、今日にも通じる教訓として心に受け止めておく必要がある。哀しいかな、あの手この手で人を騙す詐欺事件が後を絶たないご時世なのである。天才的な詐欺師ほど善人面（にんづら）をしているというから恐ろしい。

一四　**子曰、道聽而塗説、徳之棄也、**

子曰（しのたま）わく、道（みち）に聴（き）きて塗（みち）に説（と）くは、徳（とく）をこれ棄（す）つるなり。

【現代語訳】

先生は次のように言われた。

「道の途中で聞いたことをそのまま途中で話すのは、徳を棄（す）てる行為だ。」

【私の見解】

「**道聴而塗説**」（道（みち）に聴（き）きて塗（みち）に説（と）く）は、道ばたで聞いたことをそのまま道で他人に話すことで、ここから「道聴塗説（どうちょうとせつ）」という故事成語ができたという。

さて、孔子は、「道でどんなによいことを聞いても、それをよく考えて自分の身につけないで、すぐに道で他人にそのことを話してしまったのでは、徳を棄てるようなものだ。」と言っている。口の巧い軽薄者を嫌う孔子の性格がよく表れている言葉である。

誰でも、新しくてよい話を耳にすると、ついつい人にしゃべりたくなるのは人情というものだ。しかし、孔子は、よく玩味（がんみ）して自分のものにし、本当によいことだと思ったら実践してみよ、と言っているのであろう。心に留めておきたい言葉である。

一五　子曰、鄙夫可與事君也與哉、其未得之也、患得之、既得之、患失之、苟患失之、無所不至矣、

子曰わく、鄙夫は与に君に事うべけんや。其の未だこれを得ざれば、これを得んことを患え、既にこれを得れば、これを失わんことを患う。苟もこれを失わんことを患うれば、至らざる所なし。

※　金谷氏は読み下し文に関して、「与に――王引之は『与』を『以』と同じに読む。読み下しでは『与て』。あるいは読まなくてよい。」と付記しておられる。

【現代語訳】

先生は次のように言われた。

「品性下劣な男とはともに君にお仕えできないだろうね。彼が〔目ざす禄位を〕手に入れないうちは手に入れようと気に懸けるし、手に入れてしまうと失うことを心配する。もし

失うことを気に懸けると何をしでかすか分かったものではない。」

【私の見解】

これは、孔子が「品性下劣な者とは一緒に君にお仕えすることはできない。」と言ったという話である。孔子はその理由として、品性下劣な者は、

①地位を得ようとして気を揉む。

②ひとたび地位を手に入れるとそれを失うのではないかと気を揉む。

③地位を失うまいと気を揉み始めるとどんなことでもやりかねない。

の三つを挙げている。

「**鄙夫**」というのは「品性下劣な者」という意味だが、孔子の言葉は的を射ているだけに手厳しい。**鄙夫**は、自分の利のことばかりを気に懸け、真に君に仕えることの道義には無頓着だと、孔子は言っているのである。③は、自分の地位を守るために同僚を貶めたり上司に諂ったりなどといった悪行を指しているのであろう。

これは、今日の会社や官公庁などの勤め人にも言えることだ。職務のなんたるかをそっちのけにして、自分の出世のことばかりに気を揉んでいる人間はどこにでもいるものである。教訓としたい言葉である。

余談だが、この章を裏読みすれば、孔子自身に「**鄙夫**」の心裡があり、それを自ら戒め

た言葉ともとれなくもない。神ならぬ人間は、誰しもそのような弱みを抱えているものなのかも知れないのだ。

一六　子曰、古者民有三疾、今也或是之亡也、古之狂也肆、今之狂也蕩、古之矜也廉、今之矜也忿戻、古之愚也直、今之愚也詐而已矣、

子曰わく、古者、民に三疾あり。今や或いは是れ亡きなり。古えの狂や肆、今の狂や蕩、古えの矜や廉、今の矜や忿戻。古えの愚や直、今の愚や詐のみ。

【現代語訳】

先生は次のように言われた。

「昔は、人民に三つの病弊があったが、今ではどうやらそれはなくなった。昔の狂は自由奔放であったが、今の狂はしまりがない。昔の矜というのは折り目正しかったが、今の矜は強情でひねくれている。昔の愚か者は正直だったが、今の愚か者はずる賢い。」

【私の見解】

これは、人間が抱える三つの病弊（**民有三疾**）について、孔子が、その今昔の違いを指摘して歎息している話だ。

孔子が指摘する人間が抱える三つの病弊とは、**狂**と**矜**と**愚**である。右の私の訳をもう少し分かり易い言葉に訳し換えると、

昔は、人民に三つの病弊（びょうへい）があったが、今ではどうやらそれさえだめになった。昔の「狂」はのびのびとしていても筋が通っていたが、今の「狂」は気ままでやりたい放題だ。昔の「矜」はどこまでも折り目正しいものであったが、今の「矜」は人と争っているだけだ。昔の「愚」は真っ正直であったが、今の「愚」はごまかしだけだ。

となろうか。

これは、孔子の感じ方の問題なので何もいうことはないが、二千数百年前の孔子が、「昔は……」と言っているのが面白い。「昔」と「今」とを比較してあれこれ言うのは人間の性（さが）なのかも知れない。人間の考えることは昔も今も基本的に変わりはないようである。

一七　子曰、巧言令色、鮮矣仁、

子曰（しのたま）わく、巧言令色（こうげんれいしょく）、鮮（すく）なし仁（じん）。

※　金谷氏は読み下し文に関して、「学而篇第三章重出。」などと付記しておられる。

【現代語訳】

先生は次のように言われた。

「口が巧くて表情を飾る者には仁徳は少ない。」

【私の見解】

これと同じ言葉が学而編第三章にもあった。同じものがどうしてここにまた出ているのか分からない。おそらく、『論語』編集のミスであろう。【私の見解】はすでに述べているので、ここでは省略する。

一八　子曰、悪紫之奪朱也、悪鄭聲之亂雅樂也、悪利口之覆邦家、

子曰わく、紫の朱を奪うを悪む。鄭声の雅楽を乱るを悪む。利口の邦家を覆すを悪む。

※　金谷氏は読み下し文に関して、「唐石経・通行本では最後に『者』の字がある。『也』と道義。」と付記しておられ

る。

【現代語訳】

先生は次のように言われた。

「紫が赤よりも流行っているのが憎い。鄭の国の音曲が雅楽を乱すのが憎い。口の巧い者が国家を転覆させるのが憎い。」

【私の見解】

これも、孔子の個人的な嗜好話である。

当時は、赤などの原色が尊ばれたらしい。孔子は原色ではない紫が正色の赤を圧倒しているのを快く思っていなかったようだ。(ちなみに、中国では今日でも赤色は幸福の色だと考えられているそうだ)。また、孔子は宮中の雅楽こそ正統な音曲だと思っていたようで、鄭の国の音楽を卑俗だと言い、それが雅楽を乱すと言って憤っている。

さらに、孔子は口達者を忌み嫌っており、国家が口達者なものにいいようにされるのが許せなかったようだ。

今日的に見れば、この章の話はたわいないものであると言えよう。

一九　子曰、予欲無言、子貢曰、子如不言、則小子何述焉、子曰、天何言哉、四時行焉、百物生焉、天何言哉、

子曰わく、予れ言うこと無からんと欲す。子貢曰わく、子如し言わずんば、則ち小子何をか述べん。子曰わく、天何をか言うや。四時行われ、百物生ず。天何をか言うや。

【現代語訳】

先生は、

「私は、もう何も言いたくない。」

と言われた。子貢が、

「先生がもし何も仰らなければ、私ども門人は何を伝えましょうか。」

と言った。先生は、

「天は何も言わないが、四季は巡り、万物は生育している。天は何も言わない。」

と言われた。


【私の見解】


前後の説明がないので、この章の話は何を言っているのかよく分からない。

孔子が、いきなり「もう、何も言いたくない。」と言い、弟子の子貢が、「言っていただ

かないと困ります。私たちは何を伝えればよいのでしょう。」と言う。そこで孔子は、「天は何も言わないが、四季は巡り万物は生育している。天は何も言わないではないか。」と返す、といった話である。

要するにこれは、孔子が弟子たちに「私の言葉だけを頼りにしてはいけないよ。私が何も言わなくても、教えはあるではないか。」と言っている話なのであろう。

確かに、言葉以外にも教えられることは無尽にある。「心を開いて森羅万象をよく見よ。」と孔子は言っているのだ。

前にも触れたが、吉川英治も「われ以外みなわが師」と言っている。この章は今日の我々にも通じる話だと私は思う。心に留め、教訓としたいものである。

余談だが、『論語』は、この章のように、何の説明もなく唐突に話が進むところがあり、学者先生の説明がなければ素人にはとても分かりづらい話もけっこうある。読み手の解釈が入り込む余地が多いのもそのためであろう。

二〇　孺悲欲見孔子、孔子辭之以疾、將命者出戸、取瑟而歌、使之聞之、

孺悲、孔子に見えんと欲す。孔子辞するに疾を以てす。命を将なう者、戸を出ず。

瑟を取りて歌い、これをして聞かしむ。

【現代語訳】

孺悲が孔子に会いに来た。孔子は病気だと言って会われなかった。取り次ぎの者が戸口を出て行くと、〔先生は〕瑟を取って歌い、これをお聞かせになった。」、

※ 金谷氏は訳文に関して、「孺悲――『礼記』雑記下篇に、哀公の命をうけて、孔子から士の喪礼を学んだとある魯の人物。しかし『史記』の弟子伝にはこの名はない。 孺悲が紹介もなしにいきなり訪ねてきたからだという説もあるが、要するに何かの落ちどがあったのだろうというだけで、よく分からない。」と付記しておられる。

【私の見解】

さて、これもよく分からない話である。孺悲が会いに来たのに、それを「病気で会えぬ。」と言って断っておきながら、琴を弾いて歌い、孺悲に聞こえるようにしたというのだから、意地の悪い話だ。具体的に何があって孔子がこのような対応をしたのか、金谷氏の付記にもあるように謎である。誰がこの言葉を遺したのであろうか。この章も「子」ではなく「孔子」表記である。まあ、何があったのかはともかくとして、これは、今日的にはどうでもいい話だと私には思える。

二一　宰我問、三年之喪期已久矣、君子三年不爲禮、禮必壞、三年不爲樂、樂必崩、舊穀既沒、新穀既升、鑽燧改火、期可已矣、子曰、食夫稻、衣夫錦、於女安乎、曰、安、女安則爲之、夫君子之居喪、食旨不甘、聞樂不樂、居處不安、故不爲也、今女安則爲之、宰我出、子曰、予之不仁也、子生三年、然後免於父母之懷、夫三年之喪、天下之通喪也、予也有三年之愛於其父母乎、

宰我問う、三年の喪は期にして已に久し。君子三年礼を為さずんば、礼必ず壊れん。三年楽を為さずんば、楽必ず崩れん。旧穀既に没きて新穀既に升る、燧を鑽りて火を改む。期にして已むべし。子曰わく、夫の稲を食らい、夫の錦を衣る、女に於いて安きか。曰わく、安し。女安くんば則ちこれを為せ。夫れ君子の喪に居る、旨きを食らうも甘からず、楽を聞くも楽しからず、居処安からず、故に為さざるなり。今、女安くんば則ちこれを為せ。宰我出ず。子曰わく、予の不仁なるや。子生まれて三年、然る後に父母の懐を免る。夫れ三年の喪は天下の通喪なり。予や、其の父母に三年の愛あらんか。

※　金谷氏は読み下し文に関して、「期にして已に――『期』の字、『教典釈文』で或る本には『其』とあるという。それに従えば『其れ已だ久し。』　あらんか――漢石経には章末の『乎』字が無く、それに従えば『あり。』と断定に

なる。なお、この句の解釈には、反語に読んで宰我の愛がないと解する他、異説がすくなくない。」と付記しておられる。

【現代語訳】

宰我が、

「一年でも長いのに三年の喪は長過ぎます。君子が三年も儀礼をしなければ、儀礼はきっと廃れるでしょう。三年間も音楽をしなければ、音楽はきっとだめになるでしょう。古い穀物が無くなって新しい穀物が実り、火取りの木をこすって火を作りかえる、まる一年で〔喪を〕やめてもいいでしょう。」

と言った。先生が、

「〔三年の喪が明けないのに〕あの米を食べあの錦を着るのは、そなたにとっては何ともないのか。」

と言われた。〔宰我は、〕

「何ともありません。」

と言った。〔先生は、〕

「そなたが何ともないのなら好きにしなさい。一体、君子が喪に服しているときは、うまいものを食べてもうまくないし、音楽を聞いても楽しくないし、住居に居ても落ちつかない。だから一年で喪を切りあげるようなことをしないのだ。だが、そなたが何ともないのなら好きにしなさい。」

と言われた。宰我が退出すると、先生は、

「予（宰我）には、本当に親を思う情というものがない。子どもは生まれて三年たってやっと父母の懐から離れる。三年の喪というのは天下の通例だ。予（宰我）も父母から三年の愛を受けたであろうに。」

と言われた。

※　金谷氏は訳文に関して、「三年の喪――親が死んで二十五か月（王粛説）あるいは二十七か月（鄭玄説）、つまり足かけ三年、喪に服すること。一切の公務を退いて平常とは違った衣食住（礼の規定がある）で生活する。　火取りの木を……――堅い木をこすって火をきり出すのであるが、その木の種類が四季によって変えられ、それが一年でひとめぐりする習俗であった。　不仁――仁は愛情を主とした徳。親を思う情に欠けるので不仁といった。」と付記しておられる。

【私の見解】

さて、これは喪に関する礼の話である。

宰我(さいが)が「喪に服するのは一年でも十分なのに、三年は長過ぎます。」と言ったので、孔子は「予(よ)（宰我(さいが)）は不仁だなあ。」とそれを嘆き、喪が三年と決められている意味を説いている話である。

なるほど、当時の喪の規定を知る資料として、この章は有効だと言えようが、今日的には取り立てて言うほどのことではないように思われる。

喪の考え方は民族や宗教の違いによって様々だし、時代によっても変わるものである。まあ、参考程度に読めばよい話だと私は思う。

二二一　子曰、飽食終日、無所用心、難矣哉、不有博奕者乎、爲之猶賢乎已、

子曰(しのたま)わく、飽(あ)くまで食(く)らいて日(ひ)を終(お)え、心(こころ)を用(もち)うる所(ところ)なし、難(かた)いかな。博奕(はくえき)なる者(もの)あらずや。これを為(な)すは猶(な)お已(や)むに賢(まさ)れり。

【現代語訳】

先生は次のように言われた。

「腹いっぱいに食べるだけで一日を終え、何も考えずぼうとしている、困ったものだ。さいころ遊びや碁・将棋というのがあるだろう。それをするのは何もしないよりはましだ。」

【私の見解】

これは、物事について考えないで、ただ腹いっぱい食べて一日を過ごす、そんな生き方を孔子が戒めている話である。

中国では、何よりも先ず腹いっぱい食べることが最優先のこととして考えられてきた歴史がある。孔子の時代もそうだったのであろう。この章の話は、そのことを裏付けているようである。

中国だけの話ではない。今日の日本も同じような有様ではないだろうか。高齢者が増え、仕事もなく、何も考えず、ただ腹いっぱい食べてテレビを観て過ごす、そんなお年寄りの姿が彷彿としてくる。

「**不有博奕者乎、爲之猶賢乎已**」（博奕なる者あらずや。これを為すは猶お已むに賢れり。）と言っているが、まあこれは、趣味を持つことの効用を言っているとも解釈できる。

体力や知力のある若者が、仕事もせず趣味三昧というのは論外だが、仕事のできなくなった高齢者がせめて趣味を持って思考を巡らすのは、健康を維持・増進させるためにもよいことであろう。

二千数百年も前の言葉が今日でもそのまま通用するというのが、なんとも愉快である。

人間の営みや考えることは、昔も今も基本的に大きく変わってはいないということか。

二三　子路曰、君子尚勇乎、子曰、君子義以爲上、君子有勇而無義爲亂、小人有勇而無義爲盗、

子路曰く、君子、勇を尚ぶか。子曰わく、君子、義以て上と為す。君子、勇ありて義なければ乱を為す。小人、勇ありて義なければ盗を為す。

【現代語訳】

子路が、

「君子は勇を貴びますか。」

と言った。先生は、

「君子は正義を最も大切にする。勇気があって正義のない君子は、乱を起こす。勇気があって正義のない小人は盗人になる。」

と言われた。

※　金谷氏は訳文に関して、「上に立つ者・下々の者――『君子・小人』はここでは在位者と被治者とをさす。」と付

記しておられる。

【私の見解】

これは、孔子が人間には「道義」あるいは「正義」が大切だと言っている話である。例によって、孔子が、政治に携わる者を「君子」と呼び、庶民を「小人」と呼んでいるのは、孔子が思考の焦点を為政者や官僚に置いていたことの証左であり、私はどうも馴染めない。

しかし、「君子」「小人」を受け入れなければ『論語』の解読はできない。なんとも厄介なことだ。

さて、孔子は、「**君子義以爲上**」（君子、義以て上と為す。）と言っている。そして、「**君子有勇而無義爲亂**」（勇ありて義なければ乱を為す。）と言っている。これは、どんな場合でも真理であろうか。

本来、「正義」は相対的な概念である。立場や周辺状況などによって「正義」は変化するものだ。だから、「正義がなければ反乱を起こす。」というのは、当たらない場合もある。正義に基づいて反乱を起こす（反乱を起こすのが正義）という場合もあるからだ。

もし孔子の言葉が絶対真理ならば、反乱の所産である「革命」は、すべて不正義の所産ということになり、「革命」とは「天命が改まる」ことだとする儒教の「易姓革命」理論は根本的な矛盾を抱えていることになる。

孔子はまた、「小人有勇而無義爲盗」（小人、勇ありて義なければ盗を為す。）と言っているが、これもなんだか変だ。庶民が盗みを働くのは、「不正義」故とは限らない。追い詰められて、やむを得ず正義の反撃を加える手段として盗みを働くこともあり得る。例えば、年貢を不当に搾り取られて餓死寸前まで追い詰められた農民が、生死を懸けて米倉を襲うこともあるのだ。孔子の考えは、常に支配者の側に立ったもので、ステレオタイプの考え方だと言えよう。

そもそも、どうして「君子」に正義が欠けると反乱を起こし、「小人」に正義が欠けると盗みを働くなどとパターン化しなければならないのか。人間を「君子」「小人」に分けて論じる孔子の思考手法そのものに、やはり、根本的な無理があるように思われる。

二四　子貢問曰、君子亦有悪乎、子曰、有悪、悪稱人之悪者、悪居下流而訕上者、悪勇而無禮者、悪果敢而窒者、曰、賜也亦有悪乎、悪徼以為知者、悪不孫以爲勇者、悪訐以爲直者、

子貢問いて曰わく、君子も亦た悪むこと有りや。子曰わく、悪むこと有り。人の悪を称する者を悪む。下に居て上を訕る者を悪む。勇にして礼なき者を悪む。果敢にして窒がる者を悪む。曰わく、賜や亦た悪むこと有りや。徼めて以て知と為す者を悪む。不孫にして以て勇と為す者を悪む。訐きて以て直と為す者を悪む。

※　金谷氏は読み下し文に関して、「亦た――漢石経にはこの字は無い。下に居て――『下流』の流の字は漢石経に無く、それがよい。有りや――『乎』の字、皇本・清本は『也』とあり、『曰』以下を子貢のことばとみる。徼めて――『徼』の字、新注は伺察なりといい、『うかがう』と読む。今、古注による。」と付記しておられる。

【現代語訳】

子貢が、

「君子でもやはり〔人を〕憎むことがありますか。」

とお訊ねした。先生は、

「憎むことがある。他人の悪口を言う者を憎み、下位に居りながら上の人を誹謗する者を憎み、勇ましいが礼儀のない者を憎み、決断力があるが道理を弁えない者を憎む。」

と答えられ、

「賜（子貢）よ、そなたも〔人を〕憎むことがあるか。」
と言われた。〔子貢は、〕
「〔他人の智恵を〕掠め取って自分の智恵にする者を憎みますし、傲慢を勇気だと思っている者を憎みますし、〔他人の隠しごとを〕暴いて正直だと思っている者を憎みます。」
と言った。

※　金谷氏は訳文に関して、「皇侃らの説によって、ここから子貢のことばとみると、『賜（わたくしめ）にもまた憎むことがあります。』となって、下につづく。」と付記しておられる。

【私の見解】

金谷氏の付記にもあるように、解釈がいろいろあって素人の私にはかなり難解な章だ。

さて、子貢に「君子でも人を憎むことがありますか。」と問われて、孔子は、「ある。」と答えて、次の四つの場合を挙げている。

①「**悪称人之悪者**」（人の悪を称する者を悪む。）
②「**悪居下流而訕上者**」（下に居て上を訕る者を悪む。）
③「**悪勇而無禮者**」（勇にして礼なき者を悪む。）

④「**悪果敢而室者**」（果敢にして室がる者を悪む。）

この内、②は、孔子が支配者の側に立って物事を考えていることを端的に示している。彼は、政権の体制を是として、それに刃向かうことを「悪」と考えているのだ。あとの三つは、まあ、孔子の道徳観を反映したもので、尤もなことだと思われる。

孔子に「そなたも人を憎むことがあるか。」と反問されて、子貢は、次の三つの場合を挙げている。

①「**賜也亦有悪乎**」（徼めて以て知と為す者を悪む。）

②「**悪不孫以爲勇者**」（不孫にして以て勇と為す者を悪む。）

③「**悪訐以爲直者**」（訐きて以て直と為す者を悪む。）

このうち①と②はまあ分かるとしても、③は少し違和感がある。これは、「**吾黨之直者異於是、父爲子隱、子爲父隱、直在其中矣**」（吾が党の直きは是れに異なり。父は子の為めに隠し、子は父の為めに隠す。直きこと其の中に在り。）と孔子が言った（子路第十三第一八章）こととどこか通底していて、わが国で言う「正直者」の概念とは齟齬をきたしているように思われる。

それはともかくとして、この章の話は、孔子と子貢がどんなときに人を憎むかの話であり、彼らの考えを知る資料としての価値はあるが、それ以上でもそれ以下でもないと私は思う。
ただ、儒者たちにとっては重い話であろう。『論語』に収録されているのはそのためだと思われる。

二五　子曰、唯女子與小人、爲難養也、近之則不孫、遠之則怨、

子曰わく、唯だ女子と小人とは養い難しと為す。これを近づくれば則ち不孫なり。これを遠ざくれば則ち怨む。

【現代語訳】

先生は次のように言われた。
「女と小人だけは養い難い。近づけるとつけあがり、遠ざけると根に持つ。」

【私の見解】

これは、孔子の人間観の本質を端的に示している言葉だと言えよう。
女性を見下し、小人つまり下々の者を小馬鹿にしている孔子の心裡が見事に露呈している。要するに、孔子は支配者あるいは為政者の感覚で人間を観ていたことが分かる。
孔子が生きた時代には許されたかも知れないが、今どきこのようなことを言えば、即アウトである。三千余人に及ぶ弟子を抱えた教育者の人間観がこのようであっては、行なわれる教育も上から目線の庶民蔑視のものになるのは必定であろう。

事実、これまで見てきたように、孔子の思想（儒学）は、基本的に支配者側に立った政治学であり、人間を「君子」と「小人」に識別してパターン化するものである。そして、教養の高い君子集団が教養のない小人集団を支配し引っ張っていかなければならないとするものだ。

孔子の死後数百年経って中国の国教と化した儒教は、まさしく孔子のこの思想を元にしたもので、孔子を教組として祭り上げている。

儒学（儒教）と共産主義は似通っていると私は思う。たとえば日本共産党は、『前衛』という機関雑誌を出しているが、私の感想では、これは、まさしく自覚したエリート集団が無自覚で教養のない大衆を引っ張っていくというコンセプトで編集されているものだ。

中国が共産主義革命によって今日あるのも、決して偶然ではないと思われる。中国をがんじがらめに拘束してきた儒教と共産主義は、表現が違うだけで、その本質はほとんど同じだと私は思っている。

儒教は天命思想を基底にした理念的な儒教論理で、共産党は「科学的社会主義」という名のバーチャルな共産主義論理で、それぞれ一定の規制を外からはめて人民を統制しようとするものであり、その根本には一般大衆である人民を蔑視する考えが横たわっている。何度も触れたように、「中国をダメにしたのは孔子である。」と李相哲氏は指摘しておられる。確かに孔子の儒学を元にした儒教（朱子学も含む）が今日の中国を決定づけたという点ではその通りであるが、孔子は、もっと古くからあった中原土着の人間観を受け継いで言葉にしただけであり、中国をダメにした責任の全てを孔子一人に被せることにはそうとう無理があるように思われる。『論語』（儒学―儒教）は、そのまま中原（中国）の国柄を表しているのだと私は観ている。

同じ儒教国である韓国も、形は自由主義で民主主義の国のように見えてはいるが、その実は民主主義とはほど遠いものだ。中国と同様儒教の論理で縛られ、あの豊田有恒氏が喝破されたように、「こうであるはずだ」とか「こうであるべきだ」という理念で物事を判断する「はずべき国」なのだ。そればかりか、情が優先する情治国家でもあるのである。

ちなみに、わが国では、千数百年前に聖徳太子が「十七条憲法」を定め、その最初の部分で「**以和爲貴**」（和を以て貴しと為す。）と謳っているが、これは、肇国以来の国柄として伝わった和を貴ぶ気風を、聖徳太子が言葉にされたものだ。中国や韓国とわが国とでは、国の成り立ちの昔から国柄がこのように根本的に違うのである。

話が思わぬ方向に膨らんでしまったが、「**子曰、唯女子與小人、爲難養也、近之則不孫、**

遠之則怨」はそれほど大きな問題を孕む言葉であり、「儒学（儒教）」の醜い本質を曝け出している言葉なのだと私は思う。

『論語』には、女性のことが殆ど出て来ない。この章は数少ない例の一つである。孔子は、女性のことがほとんど念頭に無かったものと思われる。

それもそのはず、中国では、昔から女は一人前の人間とは認めない考え方が根強かったようで、夫婦が別姓であるのも元を質せばそれが原因ではないかと思われる。共産主義革命後の1950年、婚姻法によって表向き「男女平等」の考え方が導入され、夫婦双方が自分の姓名を用いること（夫婦別姓）が法律上正統化されたが、前にも触れたように、夫にとって「妻は敵」の間柄（岡田英弘『妻も敵なり』）のままであり、「夫婦は完全には信用しない（石平『中国五千年の虚言史』）関係なのである。

その点、わが国は天照大神を祖神とする国だ。形はどうであれ、心持ちの深いところでは女性が大切にされてきたことは疑いようがない。わが国では一家の財布を妻に任せている家庭が多いが、これはその何よりの証拠ではないだろうか。中国とは大違いである。

二六　子曰、年四十而見悪焉、其終也已、

子曰わく、年四十にして悪まるるは、其れ終わらんのみ。

【現代語訳】

先生は次のように言われた。

「四十歳になっても憎まれるのでは、もうお終いだね。」

※ 金谷氏は訳文に関して、「四十になって——『四十にして惑わず。』で、人格の定まるとき。」などと付記しておられる。

【私の見解】

金谷氏の指摘通り、孔子は「爲政第二第四章」で「**四十而不惑**」（四十歳にして惑わず。）と宣明していた。この考えに立って「**年四十而見悪焉、其終也已**」（年四十にして悪まるるは、其れ終わらんのみ。）と言ったのであろう。

まあしかし、これは孔子の見立てであって、必ずしもこれに拘泥することはない。今や「人生百年」と言われる時代である。四十歳までちゃらんぽらんで人から憎まれていたとしても、それからでも遅くはない。心を入れ替え、生き方を改めることも可能だと思った方がよい。

恥ずかしながら、不肖私は、孔子が「**七十而従心所欲、不矩踰**」（七十にして心の欲する所に従って、矩を踰えず）と言った七十歳を超えてから、これまでの人生を反省することが多くなった。人に嫌がられ、憎まれてきた過去を振り返りながら、少しでもよい人生を歩みたいと思いながら今を生きている。

孔子流に言えば、「もうお終いだね。」ということになるだろうが、私は、気づいたことを奇貨として心を入れ替え、改めるべきは改めて、残り少なくなった人生を前向きに歩もうと思っている。嫌な思いをさせた多くの方々に心の底から「ごめんなさい」を言いながら一日一日を懸命に生きて行く。これ以外に、私にはもはや残された道はないのだ。

微子第十八

一　**微子去之、箕子爲之奴、比干諫而死、孔子曰、殷有三仁焉、**

微死はこれを去り、箕子はこれが奴と為り、比干は諫めて死す。孔子曰わく、殷に三仁あり。

【現代語訳】

微子は去り、箕子は奴隷となり、比干は諫めて殺された。孔子は、「殷には三人の仁者がいた。」と言われた。

※　金谷氏は訳文に関して、「微子――紂の腹違いの兄。微に封ぜられた子爵。周になってから宋に封ぜられて殷の祖先の祭りをつづけた。　箕子――紂の叔父。箕に封じられた子爵。　比干――紂の叔父。紂によって心臓をえぐり取られた。」と付記しておられる。

【私の見解】

これは、殷王朝の紂王が余りにも無道であった頃、紂王を諫め非業の運命を辿った微子・箕子・比干の三人を孔子が「三仁」と称えた話である。

殷王朝は周によって滅ぼされ、微子は周王朝によって宋に封ぜられ、殷の祖先の祭りをつづけたと伝えられている。孔子はその周を理想の王朝と考えていた。

この章の話は、孔子がどのような人物を「仁者」と呼んでいたかを知る資料としては有効だとしても、今日的にはどうでもいい話だと私は思う。

それはそれとして、孔子は、本篇の第二四章で「**悪居下流而訕上者**」（下に居て上を訕る者を悪む。）と言っていたが、本章の話はそれと矛盾しているように思われる。『論語』には、時としてこのように相矛盾することが書かれている。これは、孔子から直接話を聞いて収録したのではなく、言い伝えのまた言い伝え的に伝わった話を収めたための齟齬であろうか。「**孔子曰**」の表記がそれを暗示しているように思われる。

二　柳下惠爲士師、三黜、人曰、子未可以去乎、曰、直道而事人、焉往而不三黜、枉道而事人、何必去父母之邦、

柳下恵、士師と為り、三たび黜けらる。人の曰わく、士未だ以て去るべからざるか。曰わく、道を直くして人に事うれば、焉くに往くとして三たび黜けられざらん。道を枉げて人に事うれば、何ぞ必ずしも父母の邦を去らん。

【現代語訳】

柳下恵は士師（司法官）になったが、三度もクビになった。ある人が、「あなたはそれでもなおこの国を去らないのですか。」

と言った、〔柳下恵は、〕
「道理を通して人に仕えれば、どこへ行っても三度はクビになります。道理を曲げて人に仕えるくらいなら、何も父母の国を去る必要もないでしょう。」
と言った。

※ 金谷氏は訳文に関して、「柳下恵――魯の賢大夫。衛霊公篇第一四章参照。」などと付記しておられる。

【私の見解】

金谷氏の付記にあるように、柳下恵の話は衛霊公篇第一四章に次のように出ていた。

子曰、臧文仲其竊位者與、知柳下恵之賢、而不與立也、

（子曰わく、臧文仲は其れ位を盗める者か。柳下恵の賢を知りて与に立たず。）

これは、柳下恵の優れていることを知りながら一緒にお仕えをしなかった臧文仲を、孔子が批判したものだ。

この章は、三度もお役目をクビになっても魯の国に見切りをつけて他国へ行かなかった柳下恵の話である。

彼は、人に「見切りを付けて他国へ行っては……。」と言われても、節を曲げず、魯の国に居続けた。

当時は、柳下恵のような生き方は賞賛に値するものだったのだろう、その性根を称える意味で、この話は『論語』に収録されたものと思われる。

しかしまあ、今となってはどうでもいい話のように思われる。

三　齊景公待孔子曰、若季氏則吾不能、以季孟之間待之、曰、吾老矣、不能用也、孔子行、

斉の景公、孔子を待つに曰わく、季氏の若きは則ち吾れ能わず。季孟の間を以てこれを待たん。曰わく、吾れ老いたり、用うること能わざるなり。孔子行る。

【現代語訳】

斉の景公が孔子を待遇するについて、

「季氏のようにはできないが、季氏と孟氏の間ぐらいで待遇しよう。」

と言った。〔やがてまた、〕

「私も年を取った。用いることはできない。」

と言った。孔子は〔斉の国を〕去って行かれた。

※　金谷氏は訳文に関して、『史記』は孔子四十歳ごろのこととするが、もっと後年のこととみられる。」と付記しておられる。

【私の見解】

斉の国は、周王朝の頃に太公望が建てた国だ。桓公の代に管仲の活躍で覇者となったと伝わっている。

この章は、その斉の君主であった景公（紀元前547～紀元前490）に、「（魯の国の家老の）季氏と孟氏との間ぐらいの待遇で用いよう。」と言われ、やがて「わしももう年だ。用いることはできぬ。」と言われて、孔子が斉の国を去ったという話である。

孔子は、かつて魯の国の大夫をしていたが、23代君主の昭公が季孫氏に追放されて斉へ亡命した時、孔子も一緒に亡命した（『史記』には35歳の時と記されているそうだ）。景公から声がかかったのはそのあとのことと思われる。金谷氏は孔子が40歳よりもあとのことだと付記しておられるが、はっきりしたことは分からないようだ。

ともあれ、この章は、孔子や儒学を研究している人たちには関心の高い話題であろうと思われる。『論語』にこの話が収録されているのもそのためだと思われるが、私のような門外漢にはさほど重要な話とは思えない。この章の話は、単なる史実の伝承の趣があり、こういうこともあったのかと、心に留めておくだけで十分だと思われる。

四　齊人歸女樂、季桓氏受之、三日不朝、孔子行、

斉人（せいひと）、女楽（じょがく）を帰（おく）る。季桓子（きかんし）これを受（う）く。三日（みっか）朝（ちょう）せず。孔子（こうし）行（さ）る。

※　金谷氏は読み下し文に関して、「魯の定公十三年、孔子五十六歳のときのこと。孔子が魯の政界に活躍してその国力がのびたので、斉の国ではそれを妨害するために女楽（じょがく）を送りこんだ。」と付記しておられる。

【現代語訳】

斉（せい）の人が女性歌舞団をおくってきた。季桓子（きかんし）はそれを受け入れて三日も朝廷に出なかった。孔子は〔魯の国を〕去って行かれた。

【私の見解】

この章は、孔子が魯の国を追われて放浪の旅に出るきっかけになった話である。この章では、孔子は魯の国の政治に失望して魯を出奔したことになっているが、三桓氏との権力闘争に敗れて出奔したとの説が有力である。出奔すると、孔子はまず衛に赴き5年ほど滞在した。そのあと晋・宋・鄭・陳・蔡などを放浪し、紀元前484年に魯へ舞い戻った。69歳の時だという。

この年、実子の孔鯉が50歳で亡くなり、孔子72歳の時に顔回が41歳で亡くなり、73歳の時に子路が衛の内乱に巻きこまれて憤死した。実子や愛弟子の死という不幸に見舞われた孔子は、子路が亡くなった翌年、74歳で失意のうちに生涯を閉じたと伝えられている。

この章は、孔子が中原を彷徨うことになるきっかけとなった話であるので、儒者たちにとってはとても重い話に違いない。『論語』に載っているのは当然であるが、今日的には取り立てて言うほどの話とは思えない。前章と同様、この章の話も単なる史実の伝承の趣があり、ああそうだったのか、と心に留めておくだけで十分だと思われる。

五　**楚狂接輿歌而過孔子、曰、鳳兮鳳兮、何徳之衰也、往者不可諫也、來者猶可追也、已而已而、今之從政者殆而、孔子下欲與之言、趨而辟之、不得與之言、**

楚の狂接輿、歌いて孔子を過ぐ、曰わく、鳳よ鳳よ、何ぞ徳の衰えたる。往く者は諫むべからず、来たる者は猶お追うべし。已みなん已みなん。今の政に従う者は殆うし。孔子下りてこれと言わんと欲す。趨りてこれを辟く。これと言うことを得ず。

※　金谷氏は読み下し文に関して、「孔子を過ぐ――清本は『孔子』の下に『之門』の二字がある。道で行き違ったのと、家の前を通ったのとの違いがある。　何ぞ――漢石経では『何而』とあり、『いかんぞ』と読む。」と付記しておられる。

【現代語訳】

楚のもの狂いの接輿が歌いながら孔子のそばを通り過ぎた。

「鳳よ鳳よ、何と徳の衰えたことよ。過ぎたことは諫めることはできない、これからのことはまだ間に合う。やめろ、やめろ、今の政治に関わると危いぞ。」

孔子は降りて彼と話をしようとされたが、小走りして避けて行ったので、話すことができなかった。

※　金谷氏は訳文に関して、「もの狂いの接輿――乱世をあきらめて狂人のまねをしている隠者。　鳳――鳳凰。治世に現れて乱世に隠れる瑞鳥。孔子にたとえる。歌の内容は早くこの世に見きりをつけて隠者になれと孔子にすすめ

ている。車を――建物の上からとする説もある。原文はじめの『過孔子』と『過孔子之門』との異同に関係する。」と付記しておられる。

【私の見解】

さて、この章は、なにか怪しい雰囲気のある話である。「隠者」なるものが、通りすがりに孔子に、「政治に関わることはやめなさい。危ない、危ない。」と言い、孔子がその男と話をしようとすると、その男は逃げた、という。

「孔子」表記になっていることからすると、孔子の弟子以外の誰かがその様子を見ていて、言い伝えた話のようだが、なんだか、作り話くさい。隠者が孔子のことを瑞鳥の鳳凰にたとえて呼んでいるところなど、まったく「物語」そのものである。

おそらく、後世の儒者が孔子の偉大さを後世に伝えるために創作した話なのであろう。そのような作為も『論語』には盛り込まれているのだということを、この章は教えてくれているように思われる。

六　長沮桀溺耦而耕、孔子過之、使子路問津焉、長沮曰、夫執輿者爲誰、子路曰、爲孔丘、

曰、是魯孔丘與、對曰是也、曰是知津矣、問於桀溺、桀溺曰、子爲誰、曰爲仲由、曰是魯孔丘之徒與、對曰、然、曰滔滔者天下皆是也、而誰以易之、且而與其從辟人之士也、豈若從辟世之士哉、耰而不輟、子路行以告、夫子憮然曰、鳥獸不可與同群也、吾非斯人之徒與而誰與、天下有道、丘不與易也、

長沮・桀溺、耦して耕す。孔子これを過ぐ。子路をして津を問わしむ。長沮曰わく、夫の輿を執る者は誰と為す。子路曰わく、孔丘と為す。曰わく、是れ魯の孔丘か。対えて曰わく、是れなり。曰わく、是れならば津を知らん。桀溺に問う。桀溺曰わく、子は誰とか為す。曰わく、仲由と為す。曰わく、是れ魯の孔丘の徒か。対えて曰わく、然り。曰わく、滔滔たる者、天下皆な是れなり。而して誰か以てこれを易えん。且つ而其の人を辟くるの士に従わんよりは、豈に世を辟くるの士に従うに若かんや。耰して輟まず。子路以て告す。夫子憮然として曰わく、鳥獣は与に群を同じくすべからず。吾れ斯の人の徒と与にするに非ずして誰と与にかせん。天下道あらば、丘は与に易えざるなり。

※　金谷氏は読み下し文に関して、「子路以て——『子路行以』の『行』字は漢石経・『史記』に無く、それがよい。また下の『夫子』は漢石経では『孔子』とある。」と付記しておられる。

【現代語訳】

長沮と桀溺が並んで〔畑を〕耕していた。孔子がそこを通られて、子路に渡し場を訊ねさせられた。長沮は、

「あの馬車の手綱を持っているのは誰か。」

と言った。子路は、

「孔丘です。」

と言うと、〔長沮は、〕

「それって、魯の孔丘か。」

と言った。〔子路が、〕

「はい。」

と答えると、〔長沮は、〕

「それなら渡し場は知っているだろう。」

と言った。〔子路は〕桀溺に訊ねた。桀溺は、

「あんたは誰です。」

と言うので、〔子路は、〕

「仲由です。」

と言った。〔桀溺は、〕

「ということは、孔丘の弟子か。」

と言った。〔子路が、〕

「そうです。」

と答えた。〔桀溺は、〕

「天下は全て蕩蕩と流れる。これは誰にも変えられぬ。まあ、お前さんも人間を棄てる人に従うより、いっそこの世を棄てる人に従った方がましじゃないかな。」

と言って、種の土かけを止めなかった。子路が〔先生に〕申しあげると、先生は憮然として、

「鳥と獣とはいっしょに暮らすことはできぬ。私はこの人間の仲間と一緒に居なくて誰と一緒に居るのか。天下に道理ある政治が行なわれているのなら、丘（私）が世直しすることはない。」

と言われた。

※　金谷氏は訳文に関して、「孔子の弟子でむだな骨折りをするよりは、われわれ隠者の仲間入りをせよということころ。」と付記しておられる。

【私の見解】

さて、これも隠者が出て来る話である。隠者は、渡し場のことを訪ねた子路に「孔子についていても無駄な骨折りだ。隠者になったらどうだ。」と言っている。そのことを子路が孔子に報告すると、孔子は憮然として、「**鳥獣不可與同群也、吾非斯人之徒與而誰與、天下有道、丘不與易也**」（鳥獣は与に群を同じくすべからず。吾れ斯の人の徒と与にするに非ずして誰と与にかせん。天下道あらば、丘は与に易えざるなり。）と言ったということだが、いかにも物語といった匂いのする話である。

この話は、子路か孔子が言い伝えなければ残るはずのない話だが、隠者じかけの作り話と見た方が正解であろう。おそらく、孔子を尊崇する儒者の誰かが、偉大な孔子と子路の逸話を後世に伝えるために創作したものだと思われる。「**孔子**」表記もそれを暗示している。『論語』に載っている話でもあり、儒者たちにとっては重いものであろうが、私のような門外漢には、ほとんど値打ちのない話である。

七　**子路從而後、遇丈人以杖荷蓧、子路問曰、子見夫子乎、丈人曰、四體不勤、五穀不分、敦爲夫子、植其杖而芸、子路拱而立、止子路宿、殺雞爲黍而食之、見其二子焉、明日子路**

行以告、子曰、隱者也、使子路反見之、至則行矣、子路曰、不仕無義、長幼之節、不可廢也、君臣之義、如之何其可廢也、欲潔其身而亂大倫、君子之仕也、行其義也、道之不行也、已知之矣、

子路従いて後れたり。丈人の杖を以て蓧を荷なうに遇う。子路問いて曰わく、子、夫子を見るか。丈人曰わく、四体勤めず、五穀分かたず、孰をか夫子と為さん。其の杖を植てて芸る。子路拱して立つ。子路を止めて宿せしめ、鶏を殺し黍を為りてこれに食らわしめ、其の二子を見えしむ。明日、子路行きて以て告す。子曰わく、隠者なり。子路をして反りてこれを見えしむ。至れば則ち行る。子路曰わく、仕えざれば義なし。長幼の節は廃すべからざるなり。君臣の義はこれを如何ぞ其れ廃すべけんや。其の身を潔くせんと欲して大倫を乱る。君子の仕うるや、其の義を行なわんとなり。道の行なわれざるや、已にこれを知れり。

※　金谷氏は読み下し文に関して、「其れ廃すべけんや——『其可廃也』、唐石経・通行本は『其廃之』。」と付記しておられる。

【現代語訳】

子路がお供(とも)をしていて遅れたとき、杖(つえ)で竹籠(たけかご)を荷(に)なった老人に出逢(であ)った。子路が、

「あなた、うちの先生を見ましたか。」

と訊(たず)ねると、その老人は、

「手足も働かさず、五穀も作らないで、誰を先生と言う。」

と言って、その杖をつき立てて草取りを始めた。子路が両手を胸に組みあわせて立っていると、子路を自分の家に案内して一泊させ、鶏をしめたり、黍飯(きびめし)をたいたりして彼をもてなしたうえに、自分の二人の息子をひきあわせた。翌日、子路が〔先生のところに〕行ってそのことを報告すると、先生は、

「隠者だ。」

と言われて、子路にひき返してもう一度会わせようとされた。〔子路が〕行ってみると〔老人は〕もういなかった。子路は、

「仕官していなければ〔君臣の〕大義は無いが、長幼(ちょうよう)の折り目は依然(いぜん)としてある。君臣の大義もどうして捨てられよう。〔それを捨てているのは〕わが身を清くしようとして人としての大切な道を乱しているのだ。君子が仕えるというのは、その大義を行なうのである。〔今の世の中に〕道理ある政治が行なわれていないというのは、とっくに分かっている。」

と言った。

※ 金谷氏は訳文に関して、「五穀も作らず――五穀は黍・稷・麻（あるいは稲）・麦・菽。『分』は『糞』と同じ、植え作ること。新注では見分けることとする。　手足も働かさず……――勤労を知らない子路（あるいは孔子）を責めたとみるのがふつうであるが、老人自身のこととみて、二句の『不』の字を意味のない助字として読むなどの説もある。　留守の子供に向かって――鄭注の説。新注もそれを承けるが、また原文の『子路』と『曰』の間に『反子』の二字がぬけていて、『子路反る。子の曰わく、』とあるのが正しいかも知れない、ともいう。下文が孔子のことばとなる。」と付記しておられる。

【私の見解】

さて、これも、後付けの物語という匂いが強い話である。前章と同様、後世の儒者の誰かが、偉大な孔子の足跡を後世に伝えるために創作した話であろう。

子路が孔子の指示で引き返し、「隠者といえども、長幼の折り目は捨てられないのと同じように、道義を行なうという大義のために君子は諸侯にお仕えしなければならないのだ。」と隠者の子供に向かって語っているところなどは、まさしく、創作された物語そのものの様相を呈していると私には感じられるのだが、さて、どうであろうか。

八　逸民、伯夷、叔齊、虞仲、夷逸、朱張、柳下恵、少連、子曰、不降其志、不辱其身者、伯夷叔齊與、謂柳下恵少連、降志辱身矣、言中倫、行中慮、其斯而已矣、謂虞仲夷逸、隠居放言、身中清、廃中權、我則異於是、無可無不可、

逸民は、伯夷・叔齊・虞仲・夷逸・朱張・柳下恵・少連。子曰わく、其の志を降さず、其の身を辱しめざるは、伯夷・叔斉か。柳下恵・少連を謂わく。志を降し身を辱しむ、言は倫に中り、行ない慮に中る、其れ斯れのみ。虞中・夷逸を謂わく、隠居して放言し、身は清に中り、廃は権に中る。我れは則ち是れに異なり、可も無く不可も無し。

【現代語訳】

世捨て人は、伯夷と叔齊と虞仲と夷逸と朱張と柳下恵と少連である。先生は、

「その志を捨てず、わが身を辱めなかったのは、伯夷と叔齊か。」

と言われた。柳下恵と少連のことを、

「志を捨てて身も辱めたが、言うことには道理があり、行動には思慮があった。まあそんなところだね。」

と批評された。虞中・夷逸のことを、

「隠れ住んで言いたいことを言っていたが、身の処し方は清らかで、世の捨て方も程よか

った。私はそれとは違う、可も無く不可も無くだ。」

と批評された。

※ 金谷氏は訳文に関して、「虞仲――呉の泰伯の弟の仲雍の曾孫。周の武王の時にさがし出されて諸侯となった。夷逸・朱張・少連のことはよく分からない。柳下恵は衛霊公第一四章の注を参照。進もうときめも……――古注の説。新注もこれに近く、『仕うべき時に仕える。』という。徂徠は道の行なわれるか行なわれないかをきめてかからないことだという。」と付記しておられる。

【私の見解】

これも、後世の誰かが創作した物語のような気がする。

孔子は伯夷など数名の人物評をした挙げ句、「**我則異於是、無可無不可**」（我れは則ち是れに異なり、可も無く不可も無し。〈金谷氏は、**無可無不可**を「進もうときめもしなければ退こうときめもしない。」と訳しておられる。〉：山内注）と自己評価しているが、『論語』の他の言葉が簡潔に語られていて説明的でないのに比べると、これは異様な感じを受ける。

まあ、この章の話は、今日的には取り立てて言うほどのものではないように思われる。

前章と同様、一読すれば十分であろう。

九　大師摯適齊、亜飯干適楚、三飯繚適蔡、四飯缺適秦、鼓方叔入于河、播鼗武入于漢、少師陽擊磬襄入于海、

大師摯は斉に適く。亜飯干は楚に適く。三飯繚は蔡に適く。四飯缺は秦に適く。鼓方叔は河に入る。播鼗武は漢に入る。少師陽・撃磬襄は海に入る。

【現代語訳】

楽官長の摯は斉の地に去り、亜飯の干は楚の地に去った。三飯の繚は蔡の地に去り、四飯の缺は秦の地に去り、つづみかたの方叔は河内の地に去り、鼗をならす武は漢の地に逃げ、大師の補佐官の陽と磬を打つ襄は海中の島に逃げた。

※　金谷氏は訳文に関して、「殷の末――『漢書』とその注による。古注新注とも孔子の時代とするが、よくない。」と付記しておられる。

【私の見解】

さて、この章は、他の『論語』の言葉とは全く異質である。誰の言葉というのではなく、殷王朝の末期の音楽の乱れに関する楽師たちの身の処し方を説明したものだ。

今日的にはたわいない話である。これが『論語』に載っている意味が、私にはよく分か

らないが、殷王朝の音楽の乱れを後世に伝えるためだったのかも知れない。

一〇　**周公謂魯公曰、君子不施其親、不使大臣怨乎不以、故舊無大故、則不棄也、無求備於一人、**

周公、魯公に謂いて曰わく、君子は其の親を施てず、大臣をして以いざるに怨みしめず、故旧、大故なければ、則ち棄てず。備わるを一人に求むること無かれ。

【現代語訳】

周公が魯公に向かって、

「君子は親族のことを忘れず、重臣に用いられないからといって不平を持たせないようにし、古くからの臣下は大過がなければ見捨てないものだ。一人に完全を求めてはいけない。」

と言われた。

※　金谷氏は訳文に関して、「魯公――周公旦の子の伯禽で、魯の最初の君」と付記しておられる。

【私の見解】

これは、兄の武王を助けて紂王を討ち、武王の死後はその子・成王を助けて周王朝の基礎固めをしたといわれる周公旦（文王の子）が、自分の子の魯公（伯禽）に「上に立つ者」の心得を語っている話である。

周公旦は、要するに「親族や旧臣を大切にせよ。一人に完全をもとめてはならぬ。」と言っているのだ。孔子は、その周公旦を理想の君主としていた。

『論語』にこれが載っているのは、この考え方が儒学（という名の政治学）の根幹に触れるものだからであろう。儒学を元にして生まれた儒教の政治論理に宗族（あるいは家族）主義があるのも、宜なるかなである。中国や朝鮮半島の国々が儒教流の宗族主義に毒されているのは、もはや衆目の一致するところであろう。

余談だが、呉善花氏は、儒教のしがらみが韓国をダメにしていると幾つものご著書に書いておられる。とりわけ、２０１９年初版の『韓国を蝕む儒教の怨念　反日は永久に終わらない』には、儒教の本質と儒教に毒されたどうにもならない韓国の実態が実に分かり易く克明に書かれている。

一一　周有八士、伯達、伯适、仲突、仲忽、叔夜、叔夏、季随、季騧、

周に八士あり、伯達・伯适・仲突・仲忽・叔夜・叔夏・季随・季騧。

【現代語訳】

周には八人の人物がいた。伯達と伯适と仲突と仲忽と叔夜と叔夏と季随と季騧がそれである。

※　金谷氏は訳文に関して、「時代も事蹟もよく分からない。伯・仲・叔・季は長幼の順序。古注に、四度の双生児でみな立派になったので記録しただけだという。」と付記しておられる。

【私の見解】

これも、『論語』に載っている他の言葉とは趣の異なる話である。

孔子が理想とした周王朝のことである。優れた八士がいたことを記録に残し、後世に伝えようとして『論語』に収録したのであろう。

この章の話は、中国の歴史や『論語』（儒学）などを研究している学徒にとっては資料としての価値はあるであろうが、門外漢には、今日的に何ほどの値打ちもない話である。

論語　巻第九　終

論語　巻第十

子張第十九

一　**子張曰、士見危致命、見得思義、祭思敬、喪思哀、其可已矣、**

子張曰わく、士は危うきを見ては命を致し、得るを見ては義を思い、祭りには敬を思い、喪には哀を思う。其れ可ならんのみ。

【現代語訳】

子張が次のように言った。

「士人は危険に遭遇すれば命を懸け、利得を前にしては道義を考え、祭りでは敬うことを思い、喪のときには哀しみを思う。それならば、士と称するに足るであろう。」

【私の見解】

これは、孔子の弟子の子張が、「士人」の資質というか心得というか、そういうことについて述べた話である。日頃、孔子から指導を受けていた事柄なのであろう。

ここでいう「士」とは、教養のある立派な官吏のことで、周の時代には卿・大夫・士の階級になっていたということだ。

子張は「**士見危致命**」（士は危うきを見ては命を致し。）と言っているが、この言葉は、今日でもそのまま通用するのではないだろうか。危険に遭遇して是も非もなく逃げるようでは「士」とはいえまい。子張がわざわざこう言わざるを得なかったのは、当時の中国では、「士」の名に恥じるような行為が目に余っていたのかも知れない。

今ロシアがウクライナを侵略し、酷いことをしている。ウクライナの人たちは自由と人間の尊厳と領土を守るために果敢に反撃している。まさに「士」の奮闘である。日本で同じようなことが起こったらどうだろう。

平和が当たり前で感覚が麻痺している「教養のある立派な官吏」たちは、真っ先に尻尾を巻いて逃げ隠れするのではないか。とりわけ、この期に及んでも、国を守るという自覚が毛の先ほどもなく、「憲法9条を命を懸けて守り抜く」と宣っている共産党や立憲民主党の議員さんたちは、逃げの先頭に立つことだろう。

子張は「**見得思義**」（得るを見ては義を思い、）とも言っているが、中国では、当時から賄賂などが横行し、政治が汚れていたであろうから、子張の言葉はそれへの警鐘だったのだろう。今日でも賄賂は頭の痛い問題である。官吏たる者、この言葉をしっかりと頭にたたき込むべきである。

「祭思敬、喪思哀、其可已矣」（祭りには敬を思い、喪には哀を思う。其れ可ならんのみ。）は、「士」でなくても心得るべきことであろう。「祭り」は鬼神や先人などへの感謝であり、「喪」は関係のあった人の死を悼み悲しむ礼そのものなのだ。子張がこのようなことを言っているということは、当時中国では、祭りや喪の在り方が乱れていたのかも知れない。

余談だが、私が校長をしていたとき、「私の家では、祝祭日に国旗を掲揚することにしています。」と私が言ったとたんに、一人の社会科の教員が怒りだしたことがある。『祝祭日』というのは神社に関わる言葉だ。『祝日に関する法律』はあるが『祝祭日に関する法律』はない。学校という公の場で『祝祭日』などという言葉を使うべきではない。」というのが彼の主張だった。

彼は、日本人でありながら日本の国柄が微塵も分かっていなかったのだ。左傾化して日本人の心を失ってしまった戦後教育の、これが哀れな結果なのである。

二　**子張曰、執徳不弘、信道不篤、焉能爲有、焉能爲亡、**

子張曰わく、徳を執ること弘からず、道を信ずること篤からずんば、焉んぞ能く有

り と為さん。焉んぞ能く亡しと為さん。

【現代語訳】

子張が次のように言った。

「広い徳を身に付けず、確信を持って道義を信じない、そんなことでは居ても居なくても同じだ。」

【私の見解】

これは、子張が人間観の一端を言い表したものである。

子張は、徳があっても広く窮めることもなく、人の道を信じていても確固たる信念を持っていないようでは、居ても居なくても同じだ、と言っている。いかにも、孔子直伝の人間観のような気がする。「居ても居なくても同じ」とは、ずいぶんな言い方である。

人間は、そう単純に物事に打ち込めるものではない。ほどほどのところで他に目移りがして徳を窮めることも確固とした信念をもって道義を追求することも出来ないのが普通ではないだろうか。そのようなごくありふれた人間の生き方には、これまで見てきたように、孔子は殆ど目を向けていない。理想を掲げて、上から目線で人間をパターン化する。子張もこの孔子の人間観をそのまま受け継いでいることがよく分かる。

『論語』にこの言葉が載っているのは、子張の言葉であるからでもあるが、なによりも、これが儒学に於ける人間観を表しているからであろうと思われる。

この章の子張の言葉は、まあ、一つの考え方ではあるが、私は同調できない。普通の人間には酷すぎる言葉だと思われる。

三　子夏之門人問交於子張、子張曰、子夏云何、對曰、子夏曰、可者與之、其不可者距之、子張曰、異乎吾所聞、君子尊賢而容衆、嘉善而矜不能、我之大賢與、於人何所不容、我之不賢與、人將距我、如之何其距人也、

子夏の門人、交わりを子張に問う。子張曰わく、子夏は何とか云える。対えて曰わく、子夏曰わく、可なる者は之に与し、其の不可なる者はこれを距がんと。子張曰わく、吾が聞く所に異なり、君子賢を尊びて衆を容れ、善を嘉して不能を矜む。我れの大賢ならんか、人に於いて何の容れざる所あらん。我れの不賢ならんか、人将に我れを距がん。これを如何ぞ其れ人を距がんや。

※　金谷氏は読み下し文に関して、「距がん――唐石経・通行本では『拒』とあるが、二字は通用する。」と付記しておられる。

【現代語訳】

子夏の門人が人との交わり方を子張に訊ねた。子張が、

「子夏は何と言ったか。」

と言うと、〔門人は、〕

「子夏さんは『ためになる人と交わり、ためにならない人とは交わるな。』と言われました。」

と答えた。子張は、

「私が〔先生から〕聞いたこととは違う。君子は優れた人を尊び、一般の人々も包容し、善い人を褒めてだめな人にも同情する。自分がとても賢いならば、どんな人も包容できるだろうし、自分が劣っていたら、人が自分を拒むだろう。〔自分の方から〕人を拒むことはないのだ。」

と言った。

【私の見解】

これは、人との交際について、子夏と子張の言葉を取り上げた話である。

子夏は弟子に、「**可者與之、其不可者距之**」（可なる者は之に与し、其の不可なる者はこれを距がん。）つまり、「よい人と交際してよくない人はことわるように。」と言ったという。

この子夏の言葉は、孔子の「**無友不如己者**」（己れに如かざる者を友とすること無かれ。）（学而第一第八章）と通底している。

ところが、子張は、子夏の言葉を「**異乎吾所聞**」（吾が聞く所に異なり）と打ち消して、「君子」の在り方を説き、「**如之何其距人也**」（これを如何ぞ其れ人を距がんや。）つまり、「どうしてまた人を拒むことがあろうか。」と言っている。

子張の方こそ、孔子の教えとは違うように思われる。

子張も、「君子」の在り方を説く中で「**我之不賢與、人将距我**」（我れの不賢ならんか、人将に我れを距がん。）つまり「こちらが劣っているのなら、向こうがこちらを断るだろう。」と言っており、「**無友不如己者**」（己れに如かざる者を友とすること無かれ。）を相手が実行することを認めているのであり、その説明には相矛盾することが含まれていると読めるが、さて、どうであろうか。孔子の教えを踏まえているのは、子夏の方だと私には思える。

「**無友不如己者**」（己れに如かざる者を友とすること無かれ。）は孔子の言葉として重いものがあり、儒学の人間観の中核をなすものだと私は思っている。私が『論語』（儒学）を心から好きになれない原因の一つがこれである。

四　**子夏曰、雖小道必有可觀者焉、致遠恐泥、是以君子不爲也、**

子夏曰わく、小道と雖も必ず観るべき者あり。遠きを致さんには泥まんことを恐る。是を以て君子は為さざるなり。

【現代語訳】

子夏が次のように言った。

「取るに足りないことでも、必ず見るべきものはある。しかし、遠大なことをしようとすると〔それは〕邪魔になる恐れがある。だから、君子は取るに足りないことはしないのだ。」

※　金谷氏は訳文に関して、「為政篇第一六参照。」などと付記しておられる。

【私の見解】

金谷氏の付記にあるように、孔子は為政篇第一六章で「**子曰、攻乎異端、斯害也已矣、**」(子曰わく、異端を攻むるは斯れ害のみ。)と言っている。つまり、これは「聖人の道と違ったことを研究するのは、ただ害があるだけだ。」という意味である。

この章で子夏は、これと似たようなことを言っている。つまり、「一技一芸の小さな道にも、それなりに意義はあるものだが、遠大な人生の理想を窮めようとすると却って害になる。」と言っているのだ。そう述べた上で、「だから、君子はそれをしないのだ。」と念押しをしている。これは、孔子の教えそのものを子夏が代弁したものであろう。

要するに孔子は、孔子流の理想を掲げて「君子の道を邁進する」こと以外は取るに足らない些末なことという認識だったことが窺える。

「君子」などという人間の理想像を設定すること自体がそもそもの間違いだ。私は、どうもこの孔子の考え方（人生観）には同調できない。

わが国には「芸は身を助ける。」という格言がある。これは、「一芸に秀でておれば、それで食っていける。」というほどの意味だが、同時に、一芸の道を邁進し、その道を窮めることの尊さを言ったものだともとれる。私は、この考え方に共感する。

「人間国宝」と呼ばれる人たちは、まさに一芸を窮めた人たちだ。孔子流の理想からすれば一見些細でつまらぬことのように見えても、その人が「これだ！」と思って打ち込む姿には神々しいほどの魂が籠もっている。日本文化の神髄を支えているのもそれだ。

『論語』に盛り込まれた孔子の思想は、この章に表象されるように、要するに現実離れした理念論である。孔子の思想（儒学）を元とする儒教が理念によって人々を縛る教義を溜めているのも、宜なるかなと言えよう。

五　子夏曰、日知其所亡、月無亡其所能、可謂好學也已矣、

子夏曰わく、日々に其の亡き所を知り、月々に其の能くする所を忘るること無し。学を好むと謂うべきのみ。

【現代語訳】

子夏が次のように言った。

「一日一日自分の知らないことを知り、月ごとに覚えていることを忘れないように努める、〔それでこそ〕学問好きというものだ。」

【私の見解】

これは、子夏が「学問好き」とはどういうことかを語ったものである。

子夏が言っていることは、特別のことではない。学問をする人なら誰でも認識することではないだろうか。ただ、乱世に、このようなことをさらりと言えるのが、凄いと言えば凄い。子夏が孔子譲りの「理念家」だったことが窺える。

六　子夏曰、博學而篤志、切問而近思、仁在其中矣、

子夏曰わく、博く学びて篤く志し、切に問いて近く思う、仁其の中に在り。

【現代語訳】

子夏が次のように言った。

「広く学んで篤い志を持ち、〔物事について〕鋭い問いかけをして身近な問題に当てはめて考える。仁の徳はその中にある。」

【私の見解】

これは、子夏が、仁徳というものは日々の学問の中で自ずと育まれると語っている話である。

「**博學而篤志**」（博く学びて篤く志し）は、「いろいろなことを学んで篤い志を持って」というほどの意味であろう。また、「**切問而近思**」（切に問いて近く思う）は、「何事にも探究心をもって考え、物事を身近な問題としてとらえる」というほどの意味であろう。その中に仁徳、つまり人への思いやりや愛情が育つ、と子夏は言っているのだ。

なるほど、そういうものかと考えさせられる言葉である。孔子の教えを忠実に守っていることが窺える。孔門の高弟である子夏の面目躍如といったところか。

七　子夏曰、百工居肆以成其事、君子學以致其道、

子夏曰わく、百工、肆に居て以て其の事を成す。君子、学びて以て其の道を致す。

【現代語訳】

子夏が次のように言った。

「職人たちは仕事場に於いて仕事を完成し、君子は学問を学んで人の道を窮める。」

【私の見解】

これは、この篇の第四章の「**子夏曰、雖小道必有可觀者焉、致遠恐泥、是以君子不爲也**」（子夏曰わく、小道と雖も必ず観るべき者あり。遠きを致さんには泥まんことを恐る。是を以て君子は為さざるなり。）に通底する言葉であると思われる。

職人を一段も二段も低く見、「君子」を学問して道を窮める高尚な人間として捉えているところが、なんともいやな感じだ。

子夏は孔子の教えをそのまま表現しているのであろう。これが儒学の人間観なのである。それを反映してか、中国では歴史的に職人が軽く見られ、職人の仕事は長続きがしないそうだ。その点、わが国は根本的に国柄が異なる。

たとえば、わが国には聖徳太子が招聘した宮大工が578年に創業した「金剛組」という世界最古の建設会社（現在は高松建設の傘下に入っているそうだ）があるが、中国にはこのような例は皆無であるという。さもありなんである。

八　**子夏曰、小人之過也必文、**

子夏曰わく、小人の過つや、必ず文る。

【現代語訳】

子夏が次のように言った。

「小人が過ちをすると、必ず取り繕う。」

※　金谷氏は訳文に関して、「学而篇第八章＝過てば則ち改むるに憚ることなかれ。また、衛靈公篇第三〇章参照。」などと付記しておられる。

【私の見解】

金谷氏の付記にあるように、この章の言葉は、学而篇第八章や衛靈公篇第三〇章と関わりのある言葉である。

ちなみに、衛靈公篇第三〇章には、「**子曰、過而不改、是謂過矣**」（子曰わく、過ちて改めざる、是れを過ちと謂う。）とある。

これまで何度も出てきている言葉だが、「小人」とは、「下々の教養のない者」という意味で、人を小馬鹿にした言葉である。「君子」はその逆に「教養の高い為政者」とか「よくできた立派な人」ということで、孔子の思想の主人公とでも言える人間像である。

このように人間を差別的に識別して、子夏は、「小人というのはどうしようもない人間で、間違ったことをすると誤魔化そうとする。」と見下しているのである。なんとも嫌な言葉である。

このような人間差別の悪癖は、中国では歴史を一貫しているようである。今日でも、例えば日本国や日本人を「小日本」「小日本人」と愚弄して平気なのだ。儒学（儒教）の人間観は、払拭し難いほどに中国の人々の心に染み込んでいることが分かる。

九　子夏曰、君子有三變、望之儼然、即之也温、聽其言也厲、

子夏曰わく、君子に三変あり。これを望めば儼然たり、これに即けば温なり。其の言を聴けば厲し。

【現代語訳】

子夏が次のように言った。

「君子には三つの変化がある。離れて見ると厳然とし、近くで見ると柔和であたたかく、話を聞くと烈しい。」

※　金谷氏は訳文に関して、「皇侃いう、他人からみて『変』というだけで、君子自身に変化はないと。述而篇第三七章参照。」などと付記しておられる。

【私の見解】

これは、子夏が「君子」のことを表現した言葉である。

子夏は、「君子」は離れて見たときは厳かで、そばによると穏やかで、話を聞くと言葉が烈しく厳しい、と言っているが、これは、金谷氏の付記にあるように、述而篇第三七章で述べられていたこととどこか似通っている。

すなわち、述而篇第三七章には次のようにあった。

子温而厲、威而不猛、恭而安、
(子は温にして厲し。威にして猛ならず。恭しくして安し。)

この場合の「子」は言うまでもなく孔子のことである。

ここの章で子夏が言っている「君子」は、必ずしも孔子を指していないかもしれないが、孔子をイメージして言っているのは間違いないだろう。

ともかくも、人間を「君子」などと格別視するのは、どうもいただけない。「君子」を云々する裏には必ず「小人」という「下々のどうにもならない人間」がイメージされているのであり、上から目線の人間観であることに変わりはない。

子夏は、孔子をイメージして、尊敬の意を込めて「**君子有三變、望之儼然、則之也温、聽其言也厲**」と言ったのであろう。まあ、孔子の高弟としてはやむを得ないことかもしれないが、私は、その発想に同調できない。

『論語』（儒学）の人間観は、そのまま、今日の中国の人間観に反映されているように思われる。中国政府の人を食ったような、そして、人を小馬鹿にしたような、高飛車な物言いは、そのことを端的に表していると言えるのではないか。

一〇　子夏曰、君子信而後勞其民、未信則以爲厲己也、信而後諫、未信則以爲謗己也、

子夏曰わく、君子、信ぜられて而して後に其の民を労す。未だ信ぜられざれば則ち以て己れを厲ましむと為す。信ぜられて而して後に諫む。未だ信ぜられざれば則ち以て己れを謗ると為す。

【現代語訳】

子夏が次のように言った。

「君子は〔人民に〕信用されてはじめてその人民を使う。〔人民から〕信用されていないのに使うと、〔人民は〕自分たちは苦しめられているととるものだ。〔君子は君主に〕信用されると〔君主を〕諫める。まだ信用されていない〔のに諫める〕と〔君主は君子が〕自分のことを悪く言っていると思うものだ。」

【私の見解】

これは、子夏が君子の心得について述べたものだ。

つまり、子夏は、「君子は人民に信用されてから人民を使う。」と言っている。「信用されていないのに人民を使うと反発を受ける。」と言う。また、「君主を諫めるのは、君主から信用されてからであり、信用されていないうちに諫めると悪口を言っていると思われる。」と言っている。

この子夏の言葉は何処まで真理か分からないが、「なるほどそういうものか。」と一応受け止めることはできる。ただこの言葉は、当時の乱世を背景にしたものだということを念頭に置いて受け止める必要がある。

子夏がここで言っている「君子」はあくまでも政権に与する官僚を意味しているし、「人民」は権力者に支配される無力な民を意味していることを見落としてはならない。

今日の会社組織を念頭に置いて言えば、「君子」を「上司」に「人民」を「社員」に「置き換えて考えればよいのかもしれないが、そうすると、子夏が本当に言いたいこととは意味が離れてしまうだろう。

つまり、子夏の言葉は、あくまでも当時の社会背景に於いて通用するものだと考えたほうがいい。その言葉の背景には、どこまでも孔子流の人間観があるのであり、それを今日風に翻訳（ほんやく）して教訓を得ようとするのは邪道（じゃどう）だと私は思う。

一一　子夏曰、大徳不踰閑、小徳出入可也、

子夏（しか）曰（い）わく、大徳（だいとく）は閑（のり）を踰（こ）えず。小徳（しょうとく）は出入（でいり）して可（か）なり。

【現代語訳】

子夏が次のように言った。

「大きい徳については規範（きはん）を逸脱（いつだつ）するな。小さい徳については多少のでこぼこは構わない。」

※　金谷氏は訳文に関して、「新注では『ふみ越えなければ、』と上を条件文にみる。『荀子』王制篇には、大節も小

節も善いのは上等の君、大節が善く小節に出入りのあるのは中等の君、大節が悪ければ小節は善くともだめ、とある。」と付記しておられる。

【私の見解】

子夏は、徳を「大徳」と「小徳」に区別して、徳の在り方について述べている。

「大徳」とは、おそらく「忠恕」とか「君に忠、父母に孝」といった根本的な道徳のことであろうし、「小徳」は「礼儀作法」といった生活上のこまごまとした道徳のことであろう。その上で、子夏は、「大徳は基本を踏み外してはならないが、小徳は多少の出入りは許される。」と言っているのだ。

この考え方は、おそらく周の国の文化・文明を理想とする孔子の思想を反映したものであろう。大徳も小徳も、規範（きはん）は周のそれに基づいて言っているのであろう。

要するに、徹底した懐古的保守主義なのである。これを今日の道徳観に当てはめても意味がない。あくまでも、当時の範疇（はんちゅう）のものなのだ。

まあ、儒学の道徳観を知る資料としては有効だとしても、今日的（こんにちてき）にはそれほどの価値はないと思われる。現代風に当てはめて教訓を得ようとする向きもあるようだが、儒学の本質を思うと、私は賛成できない。

一二　子游曰、子夏之門人小子、當洒掃應對進退則可矣、抑末也、本之則無、如之何、子夏聞之曰、噫、言游過矣、君子之道、孰先傳焉、孰後倦焉、譬諸草木區以別矣、君子之道、焉可誣也、有始有卒者、其唯聖人乎、

子游曰わく、子夏の門人小子、洒掃応対進退に当たりては則ち可なり。抑々末なり。これを本づくれば則ち無し。これを如何。子夏これを聞きて曰わく、噫、言游過てり。君子の道は孰れをか先にし伝え、孰れをか後にし倦まん。諸れを草木の区にして以て別あるに譬う。君子の道は焉んぞ誣うべけんや。始め有り卒わり有る者は、其れ唯だ聖人か。

【現代語訳】

子游が、

「子夏の門下の若者たちは掃除や応対や作法についてはうまくやっているが、それは些末なことだ。根本のことが抜けている。どうしたことか。」

と言った。子夏はそれを聞くと、

「ああ、言游（子游）は間違っている。君子の道はどれを先に伝え、どれを後回しにしていい加減にしていいというものではない。これを草木に譬えれば、種類に応じて〔育て方が〕違うようなものだ。君子の道はごまかしが利かない。終始一貫全てが揃っているのは、

聖人だけだろう。」

と言った。

【私の見解】

これは、子游と子夏の人間観（あるいは教育観）の違いを取り上げた話である。

子游が、子夏の門下生のことを「日常の些末なことはよくできるが、もっと根本のことはできていない。どうしたことか。」と言った。

それを聞いた子夏が、「子游は勘違いをしている。人として道は、どれがさきでどれを後というものではない。弟子の能力に合わせて指導するのであって、無理強いしてもうまくいくものではない。全てが揃っているのは聖人だけだよ。」と言ったという話だ。

子游の指摘も尤だし、子夏の教育観もなるほどと言えるものだ。やり方はいろいろあっていい。要は、成果がどうかということだと私は思う。

子夏は「**君子之道**」と言っている。これは、一般的には「立派な人間への道」ということだろうが、具体的には「官吏への道」のことを言っているものと思われる。子夏は、孔子の思想の神髄を踏まえて、いかに立派な官僚を育て上げるかを念頭に置いて話していると見て間違いはないだろう。

この話が『論語』に載っているのは、おそらく、子夏の考え方を後世に伝えようとしてのことであろうと思われるが、今日的にはあまり参考になる話ではないように思われる。

一三　子夏曰、仕而優則學、學而優則仕、

子夏曰わく、仕えて優なれば則ち学ぶ。学びて優なれば則ち仕う。

【現代語訳】

子夏が次のように言った。

「仕官して余力があれば学び、学んで余力があれば仕官する。」

【私の見解】

これは、読み方によって解釈が分かれる話かも知れない。

仕官すると（つまり官吏になると）いろいろと気も遣うしストレスも溜まる。なかなか心のゆとりも時間のゆとりもできず、学問することもままならぬ。そこで、子夏は、「**仕而優則學**」（仕えて優なれば則ち学ぶ。）と言ったのだろう。

また、学問に励むと、そのことに没頭し、他のことは考えられなくなる。仕官するゆとりが生じる余地がなくなる。そこで、子夏は、「**學而優則仕**」（学びて優なれば則ち仕う。）と言ったものと解釈できる。

つまり、子夏は、仕官と学問の両方をいっぺんに満足させることは難しいと言っているのだと私は読む。仕官も学問も片手間なことはするな、と子夏は言っているのだと私は思う。ただ、これは私の読み方（解釈）に過ぎない。ネットで調べてみると、次のような訳があった。

子夏の言うよう、「学問が十分に進んで余力ができたらはじめて仕官すべきである。そして仕官した以上全力を役向きにそそぐべきは当然だが、しかし余力があったら学を廃することなく絶えず勉強して、智徳を増進し人物を大成すべきである。ところが仕官をすると学問を放棄してしまうのが官吏の通例で、それは甚だ宜しくない。」（穂積重遠『新訳論語』）。

これは、子夏の言葉を入れ替えて、後半の言葉を先に訳し、前半の言葉を後に訳したものだ。その手法が面白い。訳文も凝っている。このような膨らんだ解釈もあるのだと、感心させられた。

いずれにしても、子夏の言っていることは、今日でも一般的に通用することかも知れない。教訓とするのもよし、しないのもまたよし、というところか。

一四　子游曰、喪致乎哀而止、

子游曰わく、喪は哀を致して止む。

【現代語訳】

子游が、

「喪には、この上なく悲しむことだ。」

と言った。

※　金谷氏は訳文に関して、「八佾篇＝喪は其の易めんよりは寧ろ戚め。」と付記しておられる。

【私の見解】

これは、子游が「喪」の本来の姿を語った話である。

似た話は、金谷氏の付記にあるように、八佾篇第四章に次のようにあった。

林放問禮之本、子曰、大哉問、禮與其奢也寧儉、喪與其易也寧戚

（林放、礼の本を問う。子曰わく、大なるかな問うこと。礼は其の奢らんより寧ろ倹せよ。喪は其の易めんよりは寧ろ戚め。）

これは、林放の問いに孔子が答えたものだが、子游も、「喪は、悲しむことにこそ意味があるのであって、それ以上でもそれ以下でもない。」と同じ趣旨のことを言っている。このような当たり前のことをわざわざ言っているということは、当時、虚礼が目に余っていたのであろう。

また、このような当たり前の言葉を『論語』に載せているということは、「喪」の本来の姿を後世に伝えようとしてのことと思われる。儒家は「葬儀屋」だったという指摘があるのもなるほどと思われる。

これはまあ、儒学の一端を知る資料にはなり得ても、今日取り立てて言うほどのことではない。

一五　子游曰、吾友張也、爲難能也、然而未仁、

子游曰わく、吾が友張や、能くし難きを為す。然れども未だ仁ならず。

【現代語訳】

子游が次のように言った。

「私の友だちの張（子張）は、他人のできないことをやってのける。けれども、まだ仁者ではない。」

【私の見解】

これは、孔門十哲の一人で文学に強いと言われた子游が、同門の子張のことを批評した言葉である。

子游は、「友人の子張はなかなかのやり手だが、まだ仁の人とは言えぬ。」と言っている。要するに、子張には他者への愛情や誠意が足りぬと言っているのだ。子游は、このようなことを何故、どんな場面で、言ったのか。『論語』には説明がないので分からない。

しかし、わざわざ言っているということは、言わなければならない事情があったのであろう。

興味は尽きないが、憶測や推量をしても確かめようがない。何か事情があったのであろうということを想像するに留める他はない。

まあ、今日の私たちにとっては、どうでもいい話である。

一六　曾子曰、堂堂乎張也、難與竝爲仁矣、

曾子曰わく、堂堂たるかな張や、与に並んで仁を為し難し。

【現代語訳】

曾子(そうし)が次のように言った。

「張は、堂々たるものだ。だが、一緒に仁の道を進むのは難(むずか)しい。」

※　金谷氏は訳文に関して、「鄭注に『子張は容儀は盛んだが仁道に薄かったからだ。』という。」と金谷氏の付記にある。

【私の見解】

これは、孔門の曾子が、同門の子張のことを批評している話である。

曾子は、子張について「堂々たる大人物だが、どうも助け合って仁の道を歩むことは難しいね。」と言っている。子游も同じようなことを言っていたから、子張は、やはり他者への愛や思いやりが足りなかったのであろう。金谷氏の付記にもそのようにある。

前章同様、曾子がこのようなことを何故、どんな場面で、言ったのか。『論語』には説明がないので分からない。憶測や推測をしても、確かめようがないので、これ以上の詮索(せんさく)はやめておく。

この話も、今日的にはどうでもいいことのように思われる。

一七　曾子曰、吾聞諸夫子、人未有自致也者、必也親喪乎、

曾子曰わく、吾れ諸れを夫子に聞けり、人未だ自ら致す者有らず。必ずや親の喪か。

※　金谷氏は読み下し文に関して、「自ら致す者――『自致也者』、漢石経も同じ。唐石経・通行本では『自致者也』。」と付記しておられる。

【現代語訳】

曾子が次のように言った。

『人が自分を出しつくすというのはなかなかないことだ。あるとすれば親の喪のときだろう。』と私は先生からお聞きしたことがある。」

【私の見解】

これは、曾子が、「人間は自分の本性を曝け出すということは滅多にないが、あるとすれば親が死んだときぐらいだろう、と先生（孔子）から聞いた。」と話した逸話である。

まあ、どうでもいいような話だ。どうしてこれが『論語』に収録されているのかわからない。恐らく『孝経』を著したほどの曾子の言葉であるので、収録されたのであろう。

しかし、これも、今日的には取り立てて言うほどの話ではないと思われる。

一八　曾子曰、吾聞諸夫子、孟莊子之孝也、其他可能也、其不改父之臣與父之政、是難能也、

曾子曰わく、吾れ諸れを夫子に聞けり。孟莊子の孝や、其の他は能くすべきなり。其の父の臣と父の政とを改めざるは、是れ能くし難きなり。

※　金谷氏は読み下し文に関して、「能く――皇本・清本には『能』字はない。」と付記しておられる。

【現代語訳】

曾子が次のように言った。

『孟荘子の孝行というのは、他のことはともかく、父親の家来と父親の政治のやり方を改めなかったというのは、なかなか真似しにくいことだ。』と私は先生からお聞きしたことがある。」

※　金谷氏は訳文に関して、「孟荘子――魯の大夫、仲孫氏（孟孫氏と同じ）、名は速。荘はおくり名。父は献子、名は蔑。」と付記しておられる。

【私の見解】

これは、曾子が魯の大夫・孟荘子の親孝行ぶりを語った話である。

曾子は、孔子から聞いた話として、孟荘子が父親の死後も父親の重臣とその政治方式を改めなかったことは真似のできないほど素晴らしい親孝行だと言っているのだ。

これが当時の親孝行観というものだったのだろう。親孝行にも融通性に欠ける保守思想が垣間見える。

これが今日もそのまま通用するかと言えば、必ずしもそうではないだろう。例えば、社長であった親が亡くなって、その子が後を継いで改革し、以前にも増して繁栄したという話は枚挙にいとまがない。

『論語』にこの話が載っているということは、『論語』（儒学）が基本的に融通性の無い保守政治思想だったことを物語るものだと言えるだろう。まあ、今日ではあまり参考にはならない話だ。

一九　孟氏使陽膚爲士師、問於曾子、曾子曰、上失其道、民散久矣、如得其情、則哀矜而勿喜、

孟氏、陽膚をして士師たらしむ。曾子に問う。曾子曰わく、上其の道を失いて、民散ずること久し。如し其の情を得ば、則ち哀矜して喜ぶこと勿かれ。

【現代語訳】

孟氏が陽膚を士師（罪人を扱う官）に就かせたとき、〔陽膚は〕曾子にお訊ねした。曾子は、

「上の者が正しい政治の道を失って、人民も離散してすでに久しい。もし犯罪の実情をつかんだら、哀れみをかけてやり、〔罪状をつかんだのを手柄に思って〕喜んではならぬ。」と言った。

※　金谷氏は訳文に関して、「陽膚――曾子の門人。」と付記しておられる。

【私の見解】

これは、孟氏が、自分の弟子の陽膚を「士師」の職につけたときに、陽膚は曾子に職務の心得を訊ねた。曾子は「罪人に哀れみをかけてやって、喜んではならぬ。」と指導したという逸話である。

当時は、戦乱の世で政治も道理を失い、人民も緩んでいたのだろう。曾子は、そのことを指摘して陽膚に心得を語ったのだろうと思われる。大した話ではない。一通り読めば十

分だと私は思う。

二〇　子貢曰、紂之不善也、不如是之甚也、是以君子悪居下流、天下之悪皆帰焉、
子貢曰わく、紂の不善や、是くの如くこれ甚だしからざるなり。是を以て君子は下流に居ることを悪む。天下の悪皆な焉れに帰す。

【現代語訳】

子貢が次のように言った。
「紂王の悪行も、それほどひどくはなかったのだが、〔紂王が下流に流されたので、〕君子は下流にいるのをいやがる。この世の悪事がみなそこに集まってくるのだから。」

※　金谷氏は訳文に関して、『列子』楊朱篇＝世界じゅうの善はみな舜と禹と周公と孔子へ。世界じゅうの悪はみな桀と紂へ。」と付記しておられる。

【私の見解】

さて、これは、子貢が、「君子は下流にいるのを嫌がる。」と言ったという話である。

殷の第30代帝王・紂王は、酒池肉林の豪遊で知られている。その放蕩や暴政は、暴君の代名詞となっているほどだ。周の武王によって滅ぼされ、殷は滅亡した。

紂王が暴君の極みのように言われているのは、滅ぼされた帝王は徹底的に貶められるのが古来中国の常であり、本当に暴君であったかどうかは分からない。夏の桀も滅ぼされたあと暴君の極みのように言われた。これも真実かどうかは不明である。金谷氏の付記にもあるように、紂と桀は世界中の悪の権化のように扱われているのだ。

子貢は、その紂王について「**紂之不善也、不如是之甚也**」（紂の不善や、是くの如くこれ甚だしからざるなり。）と言っている。これは、おそらく、子貢が、滅ぼされた帝王は徹底的に貶められるという中国古来の悪弊を知っていたからではないか。

要するに、子貢は、「人間はひとたび落ちると世の中の悪をみな背負い込む。」と言っているのだ。中国という国の本質の一端を見事に言い当てていると言えるだろう。

儒学を元とする儒教が天命思想に基づいて易姓革命理論を唱えたのも、儒学そのものが中国古来の土着思想を取り込んだものだったことを、この章は示唆しているように思われる。

二一　**子貢曰、君子之過也、如日月之蝕焉、過也人皆見之、更也人皆仰之、**

子貢曰わく、君子の過ちや、日月の蝕するが如し。過つや人皆なこれを見る、更むるや人皆なこれを仰ぐ。

※　金谷氏は読み下し文に関して、「「蝕――唐石経・通行本では『食』。」と付記しておられる。

【現代語訳】

子貢が次のように言った。

「君子の過ちは日食や月食みたいなものだ。過ちをすると誰もがその影を見るし、改めると誰もがその光を仰ぐ。」

【私の見解】

これは、子貢が、「君子は過ちがあっても隠し立てをしないので、誰にでも気づかれる。過ちを改めると誰でもがそれを仰ぐ。」と言っている話である。

学而第一第八章に「**子曰、……、過則勿憚改**」（子曰わく、……、過てば則ち改むるに憚ること勿れ。）とあり、孔子は、君子は間違いを犯しても隠し立てすることなく直ぐに改めるものだと言っていた。

また、子罕第九第二四章にも「**子曰、法語之言、能無従乎、改之爲貴、……**」(子曰わく、法語の言は、能く従うこと無からんや、これを改むるを貴しと為す。……)とあり、孔子は君子というものは、正しい言葉に接したら、自分をそれに合わせて改めることが大切だと説いていた。

さらに、本篇第八章では、「**子夏曰、小人之過也必文**」とあり、子夏が「教養のないつまらぬ人間は、過ちをするとうわべを取り繕って誤魔化す。」と言っていた。

これらは、いずれも、過ちを犯したときにどのような態度をとるのかについて、君子と小人の違いを言ったものだ。子貢は、その流れを受けて、「君子の過ちは日食や月食のようなものだ。」と言っているのである。

なるほどと、首肯できる部分もないわけではないが、人間を「君子」と「小人」にパターン化する孔子思想(儒学)にはほとほとげんなりで、私はもう関わりたくない気持ちだ。

二三　衛公孫朝問於子貢曰、仲尼焉學、子貢曰、文武之道、未墜於地、在人、賢者識其大者、不賢者識其小者、莫不有文武之道焉、夫子焉不學、而亦何常師之有、

衛の公孫朝、子貢に問いて曰わく、仲尼焉にか学べる。子貢曰わく、文武の道、未だ地に墜ちずして人に在り。賢者は其の大なる者を識し、不賢者は其の小なる者を識す。文武の道あらざること莫し、夫子焉にか学ばざらん。而して亦た何の常師かこれ有らん。

【現代語訳】

衛の公孫朝が子貢に、

「仲尼は誰から学んだのですか。」

と訊ねた。子貢は、

「周王朝の文王と武王が伝えた人としての道は、現在も生きています。賢い人ならその大道を心得ていますし、賢くない人でもその小道ぐらいは心得ています。文王・武王の道はどこにでもあります。孔先生は誰にでも学ばれました。決まった先生などは持っておられません。」

と答えた。

※ 金谷氏は訳文に関して、「仲尼――孔子のあざ名。文王・武王の道――周の文王と武王とが伝えた道。孔子の理想とした周初の文化の伝統。」と付記しておられる。

【私の見解】

さて、これは、衛の国の家老・公孫朝が子貢に「仲尼（孔子）は何処で学んだのですか。」と訊ねたことに対して答えた話である。

金谷氏の付記にもあるように、孔子は周王朝の文王・武王の時代を理想としており、文王・武王が遺した道義は現在も生きていて、孔子はそれを引き継いでいる、と子貢は言っているのだと理解できる。要するに、この章の話は、「孔子の道は周の道」を表現したものだと言えそうだ。

これが『論語』に載っているのは、儒学的には重い話だからであろうが、今日的には、もはやどうでもいい話だ。

二三　叔孫武叔語大夫於朝曰、子貢賢於仲尼、子服景伯以告子貢、子貢曰、譬諸宮牆也、賜之牆也及肩、闚見室家之好、夫子之牆也數仞、不得其門而入者、不見宗廟之美百官之富、得其門者或寡矣、夫子之云、不亦宜乎、

叔孫武叔、大夫に朝に語りて曰わく、子貢は仲尼より賢れり。子服景伯以て子貢に告ぐ。子貢曰わく、諸れを宮牆に譬うれば、賜の牆や肩に及べり、室家の好きを闚い見ん。夫子の牆や数仞、其の門を得て入らざれば、宗廟の美・百官の富を見ず。其の門を得る者、或いは寡なし。夫の子の云うこと、亦た宜ならずや。

※ 金谷氏は読み下し文に関して、「諸れ――唐石経以下みな『之』。清本は漢石経と同じ。闚い――通行本では『窺』とある。二字は通用する。」と付記しておられる。

【現代語訳】

叔孫武叔が朝廷で大夫に、

「子貢は仲尼よりもすぐれている。」

と言った。子服景伯がそのことを子貢に知らせると、子貢は、

「屋敷の塀に譬えるならば、賜（私）の塀の方はやっと肩までですから家の中の小ぎれいなのを覗くことができますが、先生の塀の方は五、六仞もあって、その門から中に入らなければ、宗廟の美しさや役人たちの豊かさを見ることはできません。その門を探し当てるのが容易ではありませんので、あの方（叔孫）がそう言われたのも、無理のないことかも知れません。」

と言った。

※ 金谷氏は訳文に関して、「叔孫武叔――魯の大夫。叔孫氏、名は州仇。武はおくり名。五、六仞――『数仞』の仞は深さ高さをはかる単位で、ほぼ両手を左右にのばした長さ。約一・五メートル。当時の七尺あるいは八尺という。」と付記しておられる。

【私の見解】

さて、これは、魯の国の家老の叔孫武叔が「子貢の方が仲尼より優れている。」と言ったのを子貢が耳にして、「孔先生は私などより遙かに立派で、比べものにもなりません。」とたとえ話を交えて言っている話である。

最後の「**得其門者或寡矣、夫子之云、不亦宜乎**」（其の門を得る者、或いは寡なし。夫の子の云うこと、亦た宜ならずや。）は、孔子の偉大さが分からぬ叔孫武叔への子貢の痛烈な皮肉である。

子貢にしてみれば当然の言葉であっただろう。話としては興味が尽きないが、これも、今日的にはどうでもいい話のように思われる。

二四　叔孫武叔毀仲尼、子貢曰、無以爲也、仲尼不可毀也、他人之賢者丘陵也、猶可踰也、

仲尼如日月也、人無得而踰焉、人雖欲自絶也、其何傷於日月乎、多見其不知量也、

叔孫武叔、仲尼を毀る。子貢曰わく、以て為すこと無かれ。仲尼は毀るべからざるなり。他人の賢者は丘陵なり、猶お踰ゆべきなり。仲尼は日月なり、得て踰ゆること無し。人自ら絶たんと欲すと雖も、其れ何ぞ日月を傷らんや。多に其の量を知らざるを見るなり。

【現代語訳】

叔孫武叔が仲尼のことを悪くいったので。子貢は、

「そんなことは仰らない方がよいかと存じます。仲尼先生は誹ることなどできるものではありません。他の賢者は丘陵のようなもので踏み越えて行くこともできましょうが、仲尼先生は日や月のようなもので、越えることなどできません。誰かが自分から拒絶したくても、日や月にとっては痛くも痒くもありません。却って、身のほど知らずを暴露することになるだけです。」

と言った。

※　金谷氏は訳文に関して、「ことになるだけ――原文の『多』は『祇』と同じで、『適』の意。古注は『適足』の二字で解釈する。」と付記しておられる。

【私の見解】

さて、この章は、前章の続きのような話である。

叔孫武叔が孔子のことを悪く言ったので、子貢は、前章で言ったことよりも直接的にそして痛烈に「孔先生の偉大さは日や月のようなもので越えることなどできません。孔先生のことを悪く言えば、身のほど知らずを曝け出すことになりますよ。」と言ったのである。

儒者たちにとっては限りなく重い話であろう。それ故にこそ『論語』に載っているのだろうが、私のような門外漢には、どうでもいい話だ。

二五　陳子禽謂子貢曰、子爲恭也、仲尼豈賢於子乎、子貢曰、君子一言以爲知、一言以爲不知、言不可不愼也、夫子之不可及也、猶天之不可階而升也、夫子得邦家者、所謂立之斯立、道之斯行、綏之斯來、動之斯和、其生也榮、其死也哀、如之何其可及也、

陳子禽、子貢に謂いて曰わく、子は恭を為すなり。仲尼、豈に子より賢らんや。子貢曰わく、君子は一言以て知と為し、一言以て不知と為す。言は慎しまざるべからざるなり。夫子の及ぶべからざるや、猶お天の階して升るべからざるがごときなり。夫子にして邦家を得るならば、所謂これを立つれば斯に立ち、これを道びけば斯に行い、これを綏んずれば斯に来たり、これを動かせば斯に和す。其の生くるや栄え、其の死するや哀しむ。これを如何ぞ其れ及ぶべけんや。

※ 金谷氏は読み下し文に関して、「夫子にして――『夫子』の下に唐石経・通行本では『之』の字がある。」と付記しておられる。

【現代語訳】

陳子禽が子貢に向かって、

「あなたは謙遜されているのです。仲尼がどうしてあなたよりも賢いものですか。」

と言った。子貢は、

「君子はただ一言で知者とも言われるし、ただ一言で愚者とも言われる。言葉は慎重でなければならない。先生が及びもつかないお方であることは、ちょうど天には梯子をかけても上れないようなものだ。先生がもし国家をお治めになれば、いわゆる『これを立つればここに立ち、これを導けばここに行なわれ、これを安んずればここに来たり、これを動かせばここに和らぐ。』とあるように、先生が生きておられれば栄え、亡くなられれば〔皆が〕悲しむ。私ごときが及べるお方ではない。」

と言った。

※　金谷氏は訳文に関して、「あなた――『子』。陳子禽（名は亢）は孔子の門人とも、子貢の門人ともいう。ここでは後者に近く、それなら『先生』と訳してよい。　いわゆる――以下は理想的な政治のあり方をのべる古語である。下文の『其生』『其死』の二句も合わせて古語とみることもできる（太宰春台説。」と付記しておられる。

【私の見解】

さて、これも、「あなたは、仲尼（孔子）よりも優れています。」と言われて、子貢がそれを打ち消している話である。

子貢は、「孔先生には私などとてもとても及びもつかない。それはちょうどはしごをかけても天には上れないのと同じだ。」と言っている。そして、理想的な政治の在り方を述べる古語を挙げて、「ひとたび孔子が国をお治めになれば、その理想を実現されるのであり、私など及びもつかない。」と言っているのだ。孔子の高弟として子貢は心の底からそう思い、そう言ったのであろう。

『論語』にこの話が収録されているのは当然であろう。儒学者としては傾聴すべき重い言葉に違いないのだ。

とはいえ、この章の話も、私のような儒学の門外漢にはどうでもいい話のように思われる。

余談だが、陳子禽（ちんしきん）について、金谷氏は「孔子の門人とも、子貢の門人ともいう。」と書いておられる。一般的には、子貢の弟子と目（もく）されているらしい。

いずれにしても、陳子禽（ちんしきん）が子貢のことを「子」と敬語で呼んでいるのは当然としても、孔子のことを「仲尼（ちゅうじ）」と敬称をつけずに呼んでいるのは、腑（ふ）に落（お）ちない。

堯曰（ぎょうえつ）第二十

一　堯曰、咨爾舜、天之曆數在爾躬、允執其中、四海困窮、天祿永終、舜亦以命禹、曰、予小子履、敢用玄牡、敢昭告于皇皇后帝、有罪不敢赦、帝臣不蔽、簡在帝心、朕躬有罪、無以萬方、萬方有罪、罪在朕躬、

周有大賚、善人是富、雖有周親、不如仁人、百姓有過、在予一人、

堯曰わく、咨、爾舜、天の歴数、爾の躬に在り。允に其の中を執れ。四海困窮。天禄永く終えん。舜も亦た以て禹に命ず。〔湯〕曰わく、予れ小子履、敢えて玄牡を用て、敢えて昭かに皇皇后帝に告す。罪あるは敢えて赦さず、帝臣蔽さず、簡ぶこと帝の心に在り。朕が躬罪あらば、万方を以てすること無けん。万方罪あらば、罪は朕が躬に在らん。

周に大賚あり、善人是れ富む。周親ありと雖も仁人に如かず。百姓過ち有らば予れ一人に在らん。

※　金谷氏は読み下し文に関して、「四海困窮……――新注は『四海の苦しむことあらば……永久につきよう。』と条件文にするが、『永終』は吉祥の辞であるから誤り。今、閻若璩の説に従う。湯――新注に補うべしとあるのに従う。」と付記しておられる。

【現代語訳】

堯が、

「ああ、なんじ舜よ。御身に天命が下った。まことにほどよき中道の政治を行え。天下が困窮している。天の恵みが永久に続かんことを。」

と言った。舜もまた〔天子の位を譲るときに〕同じ言葉を禹に告げた。〔禹は夏王朝を建てたが、後に出た桀という暴君を湯が討って殷王朝を建てた。その湯は、〕

「不肖履（湯の名）は、敢えて黒の牡牛をお供えし、はっきりと偉大なる上帝に申し上げます。罪ある者（夏の桀王）は決して許しませぬ。上帝の臣下は隠さず、御心のままに選びましょう。わが身に罪があれば、〔私を罰して、〕万民を罰したもうな。万民に罪あれば、その罪はわが身にあります。」

と言った。〔殷王朝の末期に暴君の紂王が出た。その紂王を討った周の武王は、〕

「周には天の賜物があり、善人が多い。濃い親戚があっても、仁の人には及ばぬ。人民に過ちがあれば、その責めはわが一身にある。」

と言った。

※　金谷氏は訳文に関して、「禹につげた――堯・舜・禹と帝位が譲られたが（禅譲）、禹は夏王朝を開いて子孫に伝え、桀に至って殷の湯に攻め滅ぼされる（放伐）。この章は、堯から周の武王まで、古代の聖天子の言葉を集めたもの。　わが身に……――新注では以下の文を湯が諸侯に宣言したものとみる。　武王はいった――以下の語は『書経』泰誓中篇に類似文があり、武王の宣言とされている。」と付記しておられる。

【私の見解】

この章の解釈は読み手によって様々だが、私は金谷氏の付記を踏まえて訳した。歴史的な背景を考慮して、誰の言葉かを見定めながら訳さなければ意味が通らない。金谷氏の訳を基本にして、いろいろな人の訳を参照しながら訳したが、もう一つよくわからない。

さて、孔子の思想（儒学）の中では、というより、中国ではと言った方がよいかもしれないが、堯・舜・禹・湯・武王は古代の聖天子として崇められており、この章は、金谷氏の付記にあるように、堯から周の武王までの古代中国の聖天子の言葉を集めたものである。『論語』は孔子や弟子などの言葉を集めたものだが、本篇の第一章～第三章はその範疇から外れると言ってよいだろう。

堯・舜・禹・湯・武王の言葉は、儒学にとっては大切なものであるに違いないが、中国の国柄と歴史を貫いている精神を知る資料としての値打ちはあっても、今更どうでもいいようなものではないかと私は思う。

二　謹權量、審法度、修廢官、四方之政行焉、興滅國、繼絶世、擧逸民、天下之民歸心焉、所重民食喪祭、

権量を謹み、法度を審かにし、廃官を修むれば、四方の政行なわれん。滅国を興し、絶世を継ぎ、逸民を挙ぐれば、天下の民、心を帰せん。重んずる所は、民、食、喪、祭。

※　金谷氏は読み下し文に関して、「この章、新注は前につづけて武王のこととするが、他書に『孔子曰、』とする引用もあって疑わしい。　重んずる所……――新注では『民に重んずる所は……』（道春点、後藤点）、あるいは『重んずる所は民の……』（闇斎点）。」と付記しておられる。

【現代語訳】

はかりや枡目を正しくし、礼楽制度をきちんと定め、すぐれた官職を整備すれば、四方の政治はうまくゆく。滅んだ国を復興させ、絶えた家を復興させ、世すて人を用いれば、天下の民は心を寄せる。大切にすべきは人民と食糧と喪と祭りである。

【私の見解】

これは、誰が言った言葉かはきりしない。武王の業績としている識者もいる。孔子の思想（儒学）で大切なこととして考えられている事柄を並べたとも考えられる。

これも、今更どうという話でもないように思われる。

三　**寛則得衆、信則民任焉、敏則有功、公則民説、**

寛なれば則ち衆を得、信なれば則ち民任じ、敏なれば則ち功あり、公なれば則ち説ぶ。

※　金谷氏は読み下し文に関して、「信なれば……——皇本・清本にはこの一句は無く、漢石経と同じ。この章は陽貨篇第六章に似た文があり、それによって『公』の字を『恵』に改める説もある。篇首からここまでもと一章。」と付記しておられる。

【現代語訳】

寛であれば人望が得られ、信があれば人民から信用され、機敏であれば功績が上がり、公平であれば人々に悦ばれる。

【私の見解】

この章は、金谷氏の付記にあるように、この篇の第一章と第二章に続くもので、もとは一つの章であったようである。

したがってこの章は、中国の伝説的聖天子などの業績を述べた後のまとめとして挙げられた可能性が高い。

しかし、金谷氏の付記にあるように、この章と似た話は陽貨篇第六章にも「孔子曰」として出ているから、『論語』の編集ミスとも考えられる。

真実のところはよく分からない。おしなべて『論語』とはそういうものであろう。

四　子張問政於孔子、曰、何如斯可以従政矣、子曰、尊五美屏四悪、斯可以従政矣、子張曰、何謂五美、子曰、君子恵而不費、勞而不怨、欲而不貪、泰而不驕、威而不猛、子張曰、何謂恵而不費、子曰、因民之所利而利之、斯不亦恵而不費乎、擇其可勞而勞之、又誰怨、欲仁而得仁、又焉貪、君子無衆寡、無小大、無敢慢、斯不亦泰而不驕乎、君子正其衣冠、尊其瞻視、儼然、人望而畏之、斯不亦威而不猛乎、子張曰、何謂四悪、子曰、不教而殺、謂之虐、不戒視成、謂之暴、慢令致期、謂之賊、猶之與人也、出内之吝、謂之有司、

子張、孔子に問いて曰わく、何如なれば斯れ以て政に従うべき。子曰わく、五美を尊び四悪を屏ければ、斯れ以て政に従うべし。子張曰わく、何をか五美と謂う。子曰わく、君子、恵して費えず、労して怨みず、欲して貪らず、泰にして驕らず、威にして猛からず。子張曰わく、何をか恵して費えずと謂う。子曰わく、民の利とする所に因りてこれを利す、斯れ亦た恵して費えざるにあらずや。其の労すべきを択んでこれに労す、又た誰をか怨みん。仁を欲して仁を得たり、又た焉をか貪らん。君子は衆寡と無く、小大と無く、敢えて慢ること無し、斯れ亦た泰にして驕らざるにあらずや。君子は其の衣冠を正しくし、其の瞻視を尊くして、儼然たり、人望みてこれを畏る、斯れ亦た威にして猛からざるにあらずや。子張曰わく、何をか四悪と謂う。子曰わく、教えずして殺す、これを虐と謂う。戒めずして成るを視る、之を暴と謂う。令を慢くして期を致す、これを賊と謂う。猶しく人に与うるに出内の吝なる、これを有司と謂う。

【現代語訳】

子張が孔子に、

「どのように政治に携わればよいでしょうか。」

とお訊ねした。先生は、

「五つの立派なことを尊び、四つの悪いことを退ければ、政治に携わることができる。」

と言われた。子張が、

「五つの立派なこととは何でしょうか。」

と言うと、先生は、

「君子は、恵みを与えてもばらまきはしない。苦労をしても怨まず、欲しいものがあっても貪らず、泰然として驕慢にならず、威厳があっても烈しくない〔この五つだ。〕」。

と言われた。子張が、

「恵みを与えてもばらまかないとはどういうことですか。」

と言うと、先生は、

「人民が利益としていることを適切に与える、これこそ恵みを与えてもばらまかないということではなかろうか。自分で苦労すべきことを選んで苦労をするのだから、誰を怨むことがあろう。仁を求めて仁を得るのだから、何を貪ることがあろう。君子は〔相手が〕大勢か小勢か小官か大官かに拘わらず決して侮らない、これこそ泰然として驕慢にならないことではなかろうか。君子は服装や冠を正しくし、真っ直ぐ前を向いて厳然としていると、人々は見て畏敬の念を持つ。これが威厳があっても烈しくないということではないかな。」

と言われた。子張が、

「四つの悪いこととは何ですか。」

と言った。先生は、

「教え導きもしないで死刑にする、これを虐といい、戒めることもなく成果を調べる、これを乱暴と言う。命令をゆるくしていて期限までに追いこむ、これを賊といい、どうせ人に与えるのに、お金の出し惜しみをする、これを役人根性という〔この四つだ。〕。」

と言われた。

※　金谷氏は訳文に関して、「利益としていることを……――山の禽獣の利、渚の魚塩の利などを、そのままに保護し助長すること。　教えもしないで……――道徳教育もせずにいて、罪を犯したからと死刑にすること。」と付記しておられる。

【私の見解】

さて、『論語』も終わりに近づいた。この章はやや長い言葉である。子張が孔子に、政治に携わるための心得を訊ね、それに孔子が答えた話である。

孔子は、五つの立派なことを尊び、四つの悪いことを退けたら政治に携わることができる、と言った。

五つの立派なこととは、私流に解釈すると、

① 上に立つ者が恵んでもばらまきをしないこと、
② 自分が懸命に行なったことを誇りにすること、
③ 必要以上に求めないこと、
④ ゆったりと構えて高ぶらないこと、

⑤　居ずまいを整えて威厳を保っていること、

だという。

そして、四つの悪いこととは、これも私流に解釈すると、

①　導きもしないで罪を犯したからと死刑にすること、

②　指導もしないで成績評価をすること、

③　ハッキリと命令しないで期限までに追い込むこと、

④　ケチケチした役人根性、

だという。

なるほど、含蓄のある見解である。これらのことは、今日でも政治家の教訓となりそうだ。政治家に限らず、組織の中で上に立つ者にとっても教訓になりそうである。

ところで、この章の話は、後世の儒者の誰かが、孔門の高弟である子張とその師である孔子の名を使って創作したもののような趣がある。『論語』に載っている他の言葉は、一般にくどくどしくなく、語句の説明も基本的にない、単純然としたものがほとんどだが、この章の話は、それとは対極にあるような文章構成になっている。

それに、初めの部分の「孔子」という表記も、後世の誰かの創作を連想させる。

真実のところは分からないが、『論語』（儒学）が孔子の政治学であることを考えれば、

その「まとめ」としてこの章のような話を創作したと見ても、あながち間違ってはいないような気がする。

五　孔子曰、不知命、無以爲君子也、不知禮、無以立也、不知言、無以知人也、

孔子曰わく、命を知らざれば、以て君子たること無きなり。礼を知らざれば、以て立つこと無きなり。言を知らざれば、以て人を知ること無きなり。

【現代語訳】

孔子は次のように言われた。

「天命が分からなければ、君子とはいえない。礼が分からなければ、世に立つことはできない。言葉が分からなければ、人を知ることはできない。」

【私の見解】

いよいよ『論語』も最終章である。最終章が「**天命**」「**礼**」「**言葉**」でまとめられているのが、なんとも示唆的である。これまでたくさんの論語（言葉）を読んで来たが、孔子の思想を端的に表せばこの三つの要素に集約できるのかも知れない。

『論語』を見る限り、「**天命**」について孔子は多くを語ってはいないが、天命論は、孔子の思想の背骨のようなものと言っても間違いないだろう。「**不知命、無以爲君子也**」（命を知らざれば、以て君子たること無きなり。）は、「君子」に求められる基本的な素養を言ったものだ。儒学を元にした後世の儒教が、教義の中心に天命論を据えているのも頷けるというものである。畢竟、この天命論が易姓革命論を支え、革命による王朝の正統性を担保することになったのだと思われる。

「**礼**」は、孔子の思想の中核を為すと言っても過言ではないだろう。『論語』のまとめに「**礼**」を持ってきたのも必然性があってのことだと思われる。孔子が描く道徳像の最も重きを為す「仁」を実体たらしめるのも「**礼**」なのである。「**不知禮、無以立也**」（礼を知らざれば、以て立つこと無きなり。）はそのことを端的に指摘したものだと言えよう。

そして、「**言葉**」である。これまで見て来たように、孔子は口の巧い軽薄者を軽蔑している。それは「**言葉**」の力というか重みというものを大切に考えているからこそであろう。中国は、古来、嘘と騙しと欺きの国柄である。「だまされない」ことが生きて行くための最も根本的な心得なのだ。そのためにも、しっかりと「**言葉**」に向き合わなければならないのである。「**不知言、無以知人也**」（言を知らざれば、以て人を知ること無きなり。）にはそのことが集約されていると私は思う。

ところで、『論語』の最終章を飾るこの章の言葉は、孔子が言ったものかどうか疑わしい。

孔子が弟子に直接言った言葉であれば、「**孔子曰、……**」ではなくて「**子曰、……**」となっているはずである。おそらく、『論語』を編集した儒者が、孔子の思想全体を俯瞰して、「**天命**」「**礼**」「**言葉**」の三要素に集約したものと思われる。

　余計なお世話かもしれないが、私は、「**天命**」「**礼**」「**言葉**」に集約される孔子の思想（儒学）をとても脆いものだと思っている。なぜなら、「**天命**」を知ると言っても、それは、畢竟、受け止める人間の主観に左右されるものであり、実体のない「変数」に過ぎないからである。また、「**礼**」を知るといっても、それは、国や時代や人種などによって変わるものであり、時として互いにぶつかり合い、諍いの種にもなるものだからである。さらに「**言葉**」はそれこそ文化そのものであり、個々に見ればそれぞれの人生が端的に詰まっているものであって、国や時代や人種などによって限りなく変わるものだからである。

　つまり、この三つの要素は、孔子の思想（儒学）がまったくもって脆いものであることを表象していると言っても過言ではないだろう。

　中国は、この脆くて危うい儒学（儒教）によって束縛されて、身動きがとれなくなった国として今日まで存在して来たと言えるのではないか。

論語　巻第十　終

おわりに——『論語』の本質を見誤ってはならない！

わが国では、『論語』は古くから人倫徳目として人口に膾炙され、わが善男善女は、そこに示された人の道に反することをしないよう、『論語』を行動の鑑とし、戒めとしてきた。

一方、『論語』の本家本元の中国や儒教の影響を強く受けてきた朝鮮半島の国々は、虚飾にまみれ、平気で嘘をつき、約束を破り、わが国を不当に貶めるなどの悪逆非道な振る舞いを繰り返して来た。「これは一体どうしたことか？」というのが、このたび私が『論語』全文を読み通してみようと思い立った動機であった。

『論語』の評価は、人によって様々である。

たとえば、私が私淑して止まない碩学の渡部昇一氏は、同じく碩学の谷沢栄一氏（日本文学者・元関西大学教授・故人）との共著『人生は論語に窮まる』で『論語』をとても高く評価しておられるし、石平氏は、『論語』は「善」の書であると言い、中国を反倫理・反道徳の国にしたのは儒教であって、「『論語』に罪はない。」と言い切っておられる。一方、李相哲氏は、「孔子が中国をダメにした。」と言い、加瀬英明氏は「『論語』はインチキだ。」と強い口調で指摘しておられる。

『論語』を通読し吟味した今、私は、日本で『論語』を人倫徳目として崇めるのは、日本の「和」の文化というフィルターを通して解釈し、いいとこ取りしてきた結果なのであって、『論語』の本質は決してそのようなものではないのではないか、という思いを強くしている。

中国や朝鮮半島の国々の人倫や道徳に悖る粗雑な振る舞いは、本文で何度も触れたように、『論語』の道徳観に反する考えや行動の結果ではなく、中国の国柄を取り込んだ『論語』を彼らなりの読み方をして行動に生かした結果なのだと思われる。

『論語』は、石平氏が言われるような「善」の書ではないと私は思う。それは、中国古来の抜き差しならない人間不信を基底にした人間観が息づいている書であり、その人間不信がある故に展開せざるを得なかった理想主義の道徳論を編み込んで、上から目線で語る独特の政治学の書なのだと私は思う。孔子は、中国古来の人間観を言葉にしたに過ぎないのであって、それだけにいっそう『論語』の抱える問題は深刻なのだと言えるのではないだろうか。

本文で再三触れたが、『論語』について私が特に違和感を覚えるのは、孔子が、人間を「君子」と「小人」にパターン化し、高みから論じていることである。日本では「君子」を「徳の高い立派な人」と読み替え、「小人」を「徳の低いつまらぬ人間」と読み替えているのが一般的だが、それは孔子の言った本来の意味ではないように思われる。「君子」「小人」は、中国で自生した土着の人間観そのものであって、日本語に訳すことは本来不可能なものだというのが私の見立てである。

☆　☆　☆　☆　☆

『論語』を読み終えて、儒学や儒教などのことが私なりに分かった気がします。中国に染みついた世界観・国家観・人間観は、私たち日本人が考えるものとは基本的に異質なものだということを思い知らされました。

中国は深い闇に閉ざされた国だと私は思います。「儒学―儒教」が描く世界観・国家観・人間観が中国に居座り続ける限り、中国を蔽うこの闇は、未来永劫決して晴れることはないに違いありません。

本書は、『論語』を信奉して朝に夕に朗誦しているわが国の善男善女にはきっと不興であろうと思います。素人の戯言と一笑に付されるのがオチだと観念してはいますが、このような『論語』の読み方もあったのかと一考していただければ、望外の喜びです。

最後まで読んでいただいた皆様に、心から感謝申し上げます。有り難うございました。

令和4年　冬至

山内勇吉

〈著者略歴〉　昭和18年8月、島根県八束郡本庄村（現在の松江市本庄町）で出生。37年4月、証券会社に入社。39年3月、証券会社を退社。同年4月、大学に入学。43年3月、大学を卒業。同年4月、大阪府立学校教員に採用。平成7年4月、大阪府立学校教頭に着任、10年4月、大阪府立学校校長に着任。15年3月、校長を退職。同年4月、大学にアドミション・オフィサーとして就職。その後、専門学校教員などを歴任。現在は無職。

〈主な著書〉『学校の先生が国を滅ぼす』（産経新聞出版）、『反日組織・日教組の行状』（飛鳥新社）、『反日教育の正体』（愛育社）、『保守論壇に垣間見える危うい「自虐史観」の痕跡』（銀河書籍）、『戦後70年もう「平和ボケ」とは言わせない』（愛育社）、『日本共産党の仮面を剥ぐ』（愛育出版）、『保守の顔をした左翼を叩く』（銀河書籍）、『私本歎異抄』（銀河書籍）など。

論語の正体（下巻）

二〇二三年　七月二十日 初版発行

著者　山内 勇吉

印刷・製本　株式会社 ジョイントワークス

発行人　伊東 英夫

発売所　株式会社 愛育出版
〒一一六－〇〇一四 東京都荒川区東日暮里五－六－七
TEL　〇三（五六〇四）九四三一
FAX　〇三（五六〇四）九四三〇

乱丁、落丁がありました場合にはお取替えいたします。

ISBN978-4-911091-06-7